儒道同源

谭明冉等·著

山东人民出版社·济南
国家一级出版社 全国百佳图书出版单位

图书在版编目（CIP）数据

儒道同源/谭明冉等著. --济南：山东人民出版社，2019.8

ISBN 978-7-209-10765-5

Ⅰ. ①儒… Ⅱ. ①谭… Ⅲ. ①儒家-研究 ②道家-研究 Ⅳ. ①B222.05 ②B223.05

中国版本图书馆CIP数据核字(2019)第002268号

儒道同源

RUDAO TONGYUAN

谭明冉　等著

主管单位　山东出版传媒股份有限公司
出版发行　山东人民出版社
出 版 人　胡长青
社　　址　济南市英雄山路165号
邮　　编　250002
电　　话　总编室（0531）82098914
　　　　　市场部（0531）82098027
网　　址　http://www.sd-book.com.cn
印　　装　山东新华印务有限责任公司
经　　销　新华书店

规　　格　16开（169mm×239mm）
印　　张　19
字　　数　250千字
版　　次　2019年8月第1版
印　　次　2019年8月第1次
ISBN 978-7-209-10765-5
定　　价　48.00元

“文化三源”丛书编委会

总　序

王清宪

2013年11月26日，习近平总书记视察山东，在曲阜发出“大力弘扬中华传统文化”的号召，强调着眼于“四个讲清楚”，推动中华优秀传统文化创造性转化、创新性发展，强调一个国家、一个民族的强盛，总是以文化兴盛为支撑的，中华民族伟大复兴需要以中华文化发展繁荣为条件。这充分彰显了以习近平同志为核心的党中央高度的文化自觉与坚定的文化自信，对于系统研究、传承弘扬中华优秀传统文化，进一步增强文化自信，具有重大的理论意义和指导意义。

文化自信，是更基础、更广泛、更深厚的自信，是更基本、更深层、更持久的力量。它源于深刻的文化自知，源于对自身优秀传统的礼敬。中国的文化自信，是建立在华夏5000多年文明传承基础之上的。坚定文化自信，必须回到中华文化的源头，探寻“根”和“魂”，明辨“枝”与“脉”。

孔子创立的儒家学说以及在此基础上发展起来的儒家思想，对中华文明产生了深刻的影响，是中国传统文化的重要组成部分。孔子“祖述尧舜，宪章文武”“述而不作，信而好古”，集上古文化之大成；孟子则“述仲尼之义”“道阐尼山”，对孔子的思想学说进行深化与发展，开启了儒学发展的新局面。孔孟之道影响深远，中国历代都非常重视，认为它就像布帛粟菽，民生日用不可或缺。然而在历史上，孔孟之道也受到了很多的怀疑、指责乃至揶揄、谩骂，时至今日，诸多误解与偏见仍然存在。对孔孟之道进行正本清源，就是要还原本来，采集“原浆”，揭示中华优秀传统文化的价值之源，使今天的我们依然可以将其与现代社会、当代思想相结合，从而获得解决当代人类所面临诸多难题的重要启示。

孔子好学而博学，他“学无常师”，曾前往洛邑向老子请教，老子以“深藏若虚”“容貌若愚”“毋以有己”等告之。对于老子“因应变化于无为”的“虚无”之道，孔子显然颇为钦佩，他感慨曰：“其犹龙邪！”不论孔子还是老子，他们的学说都是在中国古代文明漫长发展的历史进程中结出的硕果。孔子问学于老子，是中国文化发展史上的重大事件。读懂孔老对话，也就领会了中国文化的要旨。老子贵“无”，孔子重“有”，看似截然不同，其实中华文化正是以“有”“无”之道开启众妙之门，将其视为“一”而不是割裂开来，恰如“同一轴轩的两极”，相反相成，相生相养，辩证统一。其实，最懂老子者莫若孔子，而孔子亦何尝不是把老子引为知己与同道。遗憾的是，后世更多强调二者学说之异，反倒是忽略了两位思想家在理想境界及思想来源上的一致性。只有认识清楚儒家与道家的同源性、互补性，才能真正汲取中国智慧，坚守中华文化立场。

正所谓“天下一致而百虑，同归而殊途”，儒、墨、道、法各家无不关注社会现实，以治世安邦为己任，皆“务为治者也”。在孔子看来，要实现天下大治，每一位社会成员都应该具备良好的公德意识和公共意识。立天下之正位，行天下之大道。只有“天下为公”，方能实现“天下大同”。这正是中华民族一以贯之、最为深沉的理想追求，直至今天依然是中华民族的梦想。通过梳理、阐发“天下为公”的文化之源、大道之理，我们更为深刻地领会到，中国特色社会主义植根于中华文化的沃土，走中国特色社会主义道路，是历史的选择、人民的选择，具有无比坚实的底蕴。中华优秀传统文化正是我们坚定中国特色社会主义道路自信、理论自信、制度自信、文化自信的不竭源泉。

“问渠那得清如许，为有源头活水来。”中华文化恰似一条奔流不息的大河，只有找到“源头”，才能“不畏浮云遮望眼”，讲清楚“历史的中国”与“现在的中国”；只有保护好“活水”，才能坚定文化自信，坚持中华文化立场，讲好“中国故事”。

在习近平总书记视察山东曲阜五周年之际，我们组织专家学者，从培育和树立文化信仰与价值追求出发，着眼于“四个讲清楚”，深入挖掘和阐发以孔子及儒家思想为代表的中华优秀传统文化，编写了“文化三源”(《孔孟正源》《儒道同源》《公道文源》)丛书。丛书既追根溯源，探寻中华民族的文化基因，又正本清源，还历史和文化以本来面目，研究传统文化的时代价值，有助于我们深刻认识和把握中国特色社会主义文化的渊源、立场，结合新时代新使命新要求，深入贯彻落实习近平新时代中国特色社会主义思想，坚守文化立场、坚定文化自信、振奋民族精神，为实现“两个一百年”奋斗目标、实现中华民族伟大复兴中国梦提供强大精神动力、凝聚磅礴力量。

立足伟大变革的中国，我们的研究还刚刚开启；置身一日千里的时代，我们的研究永远都是进行式。“嘤其鸣矣，求其友声”，“如切如磋，如琢如磨”，期待各位方家指正！

目　录

导　论　同源互补：儒家和道家对中华文化复兴的意义

习近平总书记强调，中华传统文化是我们民族的“根”和“魂”，“优秀传统文化是一个国家、一个民族传承和发展的根本，如果丢掉了，就割断了精神命脉。我们要善于把弘扬优秀传统文化和发展现实文化有机统一起来，紧密结合起来，在继承中发展，在发展中继承”[①]；“要加强对中华优秀传统文化的挖掘和阐发，努力实现中华传统美德的创造性转化、创新性发展”[②]。儒家和道家作为中国传统文化的刚柔、阴阳两面，体现了中国文化进取而持重、包容而自新的特色。这种文化，强调和谐，注重对欲望的调适，将人培育成温和敦厚的君子。虽然中华文化在功利技术层面比不上西方现代工商文明，但是它强调的人与自然、人与社会、人与人的和谐共存却是人类持续性发展的必然选项。其“大同之世”和“民胞物与”是构建

---

① 《习近平谈治国理政》第二卷，外文出版社2017年版，第313页。

② 《完善和发展中国特色社会主义制度　推进国家治理体系和治理能力现代化》，《人民日报》2014年2月18日。

中华民族共同体和人类命运共同体的核心价值；其“道法自然”和“和而不同”是达到人与自然和谐共生的必然手段。特别是中华民族的“家国一体观”代表着人类文化发展的共性，而希腊（西方）的“家国分离观”乃是人类文明发展的断裂[①]。这种家国一体的思维方式塑造了中华民族保家卫国、重和谐统一而反分裂冲突的优良传统。习近平总书记在中国人民对外友好协会成立60周年纪念活动上的讲话（2014年5月15日）中提出的“四观”概念——天人合一的宇宙观、协和万邦的国际观、和而不同的社会观、人心和善的道德观[②]，正是其很好的体现。

张光直认为，中国文明时代的亲族制度和国家的统一关系，就是中国古代的宗法制度。“氏族或宗族在国家形成后不但没有消失、消灭或重要性减低，而且继续存在，甚至重要性还加强了。”[③]相比较而言，在古希腊，“地缘的团体取代亲缘的团体。即在人与人的关系中，亲属关系愈加不重要，而地缘关系则愈加重要，最后导致国家的产生”[④]。据此，张光直将人类文明的发展分为两类：一个是连续性的，世界式的或非西方式的；一个是突破性的，西方式的。前者的代表是中国，后者的代表是希腊。前者将原始社会中人与世界的关系、人与自然的关系延续下来；而后者则经过技术、贸易等新

---

① 张光直：《考古学专题六讲》，文物出版社1986年版，第18页。

② 习近平：《在中国国际友好大会暨中国人民对外友好协会成立60周年纪念活动上的讲话》，《人民日报》2014年5月16日。

③ 张光直：《考古学专题六讲》，第12页。

④ 张光直：《考古学专题六讲》，第14页。

因素的产生而造成一种对自然生态系统束缚的突破。[①]中国这种连续式的文明使中国人格外重视人与自然、人与人之间的和谐。道家的“自然”和儒家的“仁”，道家倡导的“至德之世”和儒家主张的“大同之世”都是对这种和谐的具体表述和实施。庄子说：“故至德之世，其行填填，其视颠颠。当是时也，山无蹊隧，泽无舟梁；万物群生，连属其乡；禽兽成群，草木遂长。是故禽兽可系羁而游，鸟鹊之巢可攀援而窥。”(《庄子·马蹄》)庄子的描述虽然是寓言，但是如果我们到加拿大等自然环境保护较好的国家，会发现鸟兽与人确实非常亲近，它们一点也不害怕人类。这也反映出，在远古素朴天真的时代，人与人、人与自然的关系要简单、和谐得多。

中国的连续式文明使氏族公社中的公有制度和血缘亲情得以延续。马克思曾说：“在东方专制制度下，从理论上讲并没有财产，但这恰恰掩盖了作为基础的部落或公社的财产。”[②]其实，马克思所说的这种公有制一直存在于中国的宗法家庭中。中国的宗法家庭几乎都是以家长或族长为首的血缘集团，在这个集团中实行公有制，所有个体在利益上不分你我，都将自己的利益和荣誉融入家族之中。历代政府的人口统计都是以“户”而不是以“口”为单位，这也说明中国的家是一个小型的公有集团。这种公有使家庭成员能够集中资源，患难与共，共同奋斗。在中国历史上，宗族常会合力培养族人

---

① 张光直：《考古学专题六讲》，第17—18页。

② Karl Marx, *Pre-Capitalist Economic Formations*, introd. by E. J. Hobsbawm, (New York: International Publishers, 1965), pp.33.

成为举人或进士。这种家族亲情使中国人享有亲友间的温情，不至于出现因寂寞而导致的心理疾病；而且，会使中国人超出家庭家族的范围，视邻居乡人为兄弟姊妹，将仁爱外推，达到“老吾老以及人之老，幼吾幼以及人之幼”。所以，林端在比较儒家与清教伦理之后，将儒家伦理称为“脉络化的普遍主义”。它将家庭中子女与父母间原生的自然关系视为仁爱的基础，把其他的社会关系家庭化、拟亲化，其结果是将自己置身于一个“大家庭”内，并将陌生人当成自己人来看待，即“四海之内，皆兄弟也”。[①]

相比较而言，西方文化从古希腊和希伯来时代就将家庭视作个人与国家之间的障碍。因为雅典城邦的建立是以居住在雅典的所有人为管理对象，以法律原则而不是亲情来管理居民的。所以，希腊城邦的产生从一开始就与氏族公社相对立，要使法律顺利施行，必须超越氏族家庭之亲情，对所有人一视同仁。因此，柏拉图在《理想国》中将家庭看作一种私性存在，认为家庭的自然趋势是不断放大个体的私欲，阻断了城邦对个人的教育与提升，以及个人对城邦的依赖和奉献。耶稣直接声明：“如果有人到我这里来，爱我不超过爱自己的父母、妻子、儿女、兄弟、姊妹，甚至自己的性命，就不能作我的门徒。”[②]他要求人们，要崇拜唯一的上帝和圣子耶稣，要各自分离成单独的个体，共同匍匐在上帝的恩宠之下，通过教会和城

---

① 林端：《儒家伦理的“脉络化的普遍主义”——以“仁”为例作说明》，《江南大学学报》（人文社会科学版）2009年第4期。

② *New Testament*, Luke14: 26, (Hong Kong: United Bible Societies, 1995), pp.149.

邦来实现一种社会生活。西方人对团体和个体的重视致使其有契约精神和规则意识，这是优点；但是，其重视个人而不重视家庭，也使个人主义无限膨胀，反而使人失去了真正的精神和物质依托。林端从比较宗教的角度出发，认为基督教清教伦理（市民伦理）是一种"去脉络化的普遍主义"。这种伦理发展的结果使自我有彻底的内在孤独感，并把最亲近的人看作陌生人。自己人与陌生人间不再有任何差别，所有的人对自己来说都是一样陌生。因此，西方社会现在出现的家庭危机和个人精神问题远比中国严重。

时至今日，近代西方工商文明极大地提高了人们的物质生活水平和质量，却为地球和人类带来了种种不可挽回的危机。大气和水资源污染、物种灭绝、人情疏离和精神空虚等正困扰着全人类。可是，西方工商文明追求利益和欲望的满足而导致的恶性竞争却从未消减，反而为争夺资源愈演愈烈。霍韬晦说："人类的聪明可以发展出灿烂文明，但人类的愚昧却足以毁灭自己。我们目前所走向的，很可能正是一个同归于尽的世界……如果不是西方鼓吹理性、启蒙，我们不会产生今日的制度，但也不会释放出人的私欲，让它登上文明的舞台。"[①]霍韬晦分析，虽然西方人声称他们重视理性，但是他们只是理性外用，把理性变成满足欲望的工具。其结果必然是形成一个缺乏生命成长和情感关怀的、自我中心主义的文化。

① 霍韬晦：《推动性情教育、性情文化以解除人类社会危机》，《儒学与世界文明》，新加坡国立大学中文系2003年版，第409—417页。

在个人主义价值观盛行、虚无主义阴魂不散的今天，我们只有立足于中华文明的根本与精神命脉，从古老的智慧中汲取能量，将优秀传统文化与现实相结合，才能更好地应对西方工商文明给中国带来的危机与挑战。另外，在全球的视域内，习近平总书记提出了“人类命运共同体”的观念。构建“人类命运共同体”，强调“人类只有一个地球，各国共处一个世界”，表达了国际社会日益成为一个你中有我、我中有你的“命运共同体”。人类命运共同体，实际上就是人与人、人与自然万物共生共利、和谐发展。其儒家根源就是“民胞物与”，其道家根源就是“天地与我并生，而万物与我为一”（《庄子·齐物论》）。人类命运共同体的构建就是“亲亲而仁民，仁民而爱物”（《孟子·尽心上》），即君子热爱亲人，进而施仁德于百姓；施仁德于百姓，进而爱惜万物。更可贵的是，中华文化重视家庭和谐，“敬鬼神而远之”（《论语·雍也》），关注现世，靠自身勤劳奋斗去创造现世的幸福，使它避免了与其他宗教的冲突，反而成了它们的调解者。在历史上，无论佛教、伊斯兰教还是基督教，都在中国与儒家、道家文化达到了和平共荣的状态。正如习近平总书记在第七十届联合国大会上所说：“文明相处需要和而不同的精神。只有在多样中相互尊重、彼此借鉴、和谐共存，这个世界才能丰富多彩、欣欣向荣。不同文明凝聚着不同民族的智慧和贡献，没有高低之别，更无优劣之分。文明之间要对话，不要排斥；要交流，不要取代。人类历史就是一幅不同文明相互交流、互鉴、融合的宏伟画卷。我们要尊重各种文明，平等相待，互学互鉴，兼收并蓄，推动人类文明实现创造性发展。”[①]在全球化飞速发展的新时代，我们可以以中华文化来调节世界上的宗教纷争和冲突，为人类的和平和万物的生存作出贡献，为世界贡献中国方案。

① 《习近平谈治国理政》第二卷，第524—525页。

第一章　礼乐文化：儒家和道家的共同源头

习近平总书记在庆祝中国共产党成立95周年大会上提出了“不忘初心，继续前进”的口号。他说：“坚持不忘初心、继续前进，就要坚持马克思主义的指导地位，坚持把马克思主义基本原理同当代中国实际和时代特点紧密结合起来，推进理论创新、实践创新，不断把马克思主义中国化推向前进。”[①]为了让马克思主义更好地中国化，我们必须探寻中华文明的根源，寻找中华民族的“初心”。先秦时期，是中华文明的滥觞之际，其中儒道二家可以说奠定了中华文化的主轴。一般来说，儒家的创始人是孔子，道家的创始人是老子。但是，儒家和道家的名称是在孔子和老子去世很久之后才出现的。道家之名出于汉代[②]，特别是自司马谈以道德家称之之后[③]。“道”

---

① 《习近平谈治国理政》第二卷，第33页。

② 详见张舜徽：《周秦道论发微》，中华书局1982年版，第299页；李季：《评嵇文甫先生的道家与小农》，《求真杂志》1946年第1卷第6期。

③ ［汉］司马迁：《史记·太史公自序》，中华书局1959年版，第3288页。

被抽象为世界之总体和万物之总规律，却是老子自己完成的。唐兰据《老子》第二十五章“吾不知其名，字之曰道，强为之名曰大”推论说，“由此可知老庄学说里的‘道’，实是老子首创的，而老子又是承春秋时的学说而加以扩大的”[①]。李源澄认为，儒家之名是孔子对自己的学派的称呼，但是无法解释孔子为何告诫子夏“女为君子儒，无为小人儒”（《论语·雍也》）。李源澄以弟子误记搪塞之[②]，甚不可信。《韩非子·显学》载：“儒之所至，孔丘也。墨之所至，墨翟也……故孔、墨之后，儒分为八，墨离为三。”这则说明孔子死后，儒家已自成一个学派，只是不知是否以“儒家”称之。不过，到了汉代，司马迁和班固都以儒家称呼孔子的后学。《汉书·艺文志》载：“儒家者流……宪章文武，宗师仲尼。”近人章太炎以“宗师仲尼”的学派称之为儒之“私名”[③]，也就是狭义的儒家。西方人不明白儒家的源流，则直接将之翻译成Confucianism，意思是Confucius（孔子）的学派。这种观点以孔子作为儒家创始人，符合自孔子后儒家成为一个学派的事实，但是并不能解释儒家源自何处，或者儒家与孔子之前或同时代的“儒”的关系。

---

① 唐兰：《〈老子〉时代新考》，《唐兰全集》第1册，上海古籍出版社2015年版，第343页。

② 李源澄：《评胡适说儒》，《国风》1935年第6卷第3、4合期。

③ 章太炎：《国故论衡》，上海古籍出版社2003年版，第105页。

一、儒道之分野

道家和儒家的分野肇始于老子和孔子对周代礼坏乐崩的反思和救治。孔子对周公是崇拜的，对周礼是赞美的。孔子说“吾从周”（《论语·八佾》），又说“述而不作”（《论语·述而》）。他所从所述的东西是什么呢？就是周代的礼乐文化。他乐观地说：“殷因于夏礼，所损益，可知也；周因于殷礼，所损益，可知也；其或继周者，虽百世可知也。”（《论语·为政》）意思是，周礼可以成为百世之久的人类行为之道。所以，他一辈子都矢志在鲁国建立一个“东周”，以周公为榜样，以弘扬周礼为己任。这种对周公、周礼的崇拜使他在礼坏乐崩之际，采取的是如何维护和革新周礼，而不是简单地放弃。他以“仁”来充实礼乐，使礼乐超越空洞的外在仪式。这就是“人而不仁，如礼何？人而不仁，如乐何？”（《论语·八佾》）的含义。诚如李泽厚所言，孔子这种革新，本来是以“仁”来充实更新礼乐，但是思想的流变却使仁超越了礼乐，成为礼乐的根本，礼乐反而变成培养和表达仁德的手段。[①]其实，从礼乐的渊源上分析，礼乐之让位于仁也是必然的。礼乐的原初功用是娱神的、是表达人对神的敬畏、感激之情的。孔子的更新只是从“对神之敬畏、感激之情”转变为“仁”（对他人他物的爱怜）。在这个转换过程中，礼乐

① 李泽厚：《孔子再评价》，《中国社会科学》1980年第2期。

的工具性地位并没有本质的改变。明白这一点，在弘扬礼乐之时就必须勿忘其本，否则就会流于形式，导致虚伪的社会风气盛行。东汉末年，礼乐的践行被工具理性化就是一例，其后果就是葛洪所说的“举秀才，不知书；察孝廉，父别居”（《抱朴子》）；其社会反应就是玄学的兴起，要求“越名教而任自然”。

不同于孔子，老子对周礼却持以冷静而批判的态度。面对礼坏乐崩，他疾呼：“礼者，忠信之薄而乱之首。”（《老子》第三十八章）结合《庄子·知北游》中的类似语句“礼者，道之华而乱之首也”可知，老子认为礼是对道的偏离，是忠信之情缺失的体现。一旦社会偏离了道，缺失了真性情，这个世界就会堕入混乱。因此，老子要求人们“处其厚，不居其薄；处其实，不居其华”（《老子》第三十八章）。所谓的“厚”“实”，指的就是道和真性情，就是老子常说的“见素抱朴，少私寡欲”（《老子》第十九章）。本着这个信念，他反对孔子弘扬周礼，说：

> 子所言者，其人与骨皆已朽矣，独其言在耳。且君子得其时则驾，不得其时则蓬累而行。吾闻之，良贾深藏若虚，君子盛德容貌若愚。去子之骄气与多欲，态色与淫志，是皆无益于子之身。吾所以告子，若是而已。[①]

①［汉］司马迁：《史记·老子韩非列传》，中华书局1959年版，第2140页。

意思是，孔子所崇拜的周公已经作古了，而所留传的周公之言（礼乐）也只是适应一时的东西，不可贸然乱用，更不可以之骄夸于人（孔子当时以知礼博闻闻名），因为这些东西都无益于自身的修养。

老子所说的“道”，从宇宙论上说，“只是宇宙间惟一不易的根源，是无量事物之所从出底”[①]；从人性论上说，是万物各自的自然本性；从政治论上说，是顺应自然、若天地之包容兼爱而不干涉万物。所以，老子主张“人法地，地法天，天法道，道法自然”（《老子》第二十五章）。庄子认为最佳的治理方式是“鱼相忘乎江湖，人相忘乎道术”（《庄子·大宗师》）。掌握了这个道，古之人就可以“配神明，醇天地，育万物，和天下，泽及百姓，明于本数，系于末度，六通四辟，小大精粗，其运无乎不在”（《庄子·天下》）。若执着于礼乐，则是逐末忘本，只能使天下更加混乱。所以，庄子借师金之口批评孔子说：“古今非水陆与？周鲁非舟车与？今蕲行周于鲁，是犹推舟于陆也，劳而无功，身必有殃。彼未知夫无方之传，应物而不穷者也。”（《庄子·天运》）言下之意，孔子欲在鲁国再建“东周”是不合时宜、不识道之根本的。如果他把握了道，就会知道“无方之传，应物而不穷者”（《庄子·天运》）。这个道，在老子和庄子看来，就是顺应自然，去除执着；就是见素抱朴。因为素朴则无私无欲，便可以顺应自然。

“道”虽然被老子和庄子描绘的“恍惚”而不可言说，但是郭沫

① 许地山：《原始的儒、儒家与儒教》，《许地山：国学与国粹》，吉林出版集团有限责任公司2016年版，第6页。

若睿智地指出，“这种观念其实是很幼稚的，它只是把从前的人格神还原为浑沌而已”[①]。换言之，老子的“道”是对殷周以来“帝”或“天”的置换，剔除其人格性，而保留其包容、兼爱和创生能力。老子说：“道大，天大，地大，王亦大。”（《老子》第二十五章）他强调的是四者的包容无辨。庄子说：“以道观之，何贵何贱，是谓反衍……严乎若国之有君，其无私德；繇繇乎若祭之有社，其无私福。”（《庄子·秋水》）他重视的是体道之人应当像君和社神一样兼爱无别。讲到这里，我们似乎从老子的“道”中看到了原始氏族社会兼爱无别的影子。这种原始的大爱就是庄子所说的：“至德之世，不尚贤，不使能；上如标枝，民如野鹿；端正而不知以为义，相爱而不知以为仁，实而不知以为忠，当而不知以为信，蠢动而相使，不以为赐。”（《庄子·天地》）这种情形也正是两千年后摩尔根和恩格斯对印第安人部落之爱的描绘：

> 易洛魁氏族之所有的成员，都享有个人的自由，都负有相互保护彼此自由的义务；不论在特权方面及个人权利方面，他们都是平等的，世袭酋长及普通酋长不能要求优越权；他们都是由血缘的联系所结合的同胞。自由、平等与博爱，虽然没有在形式上表示出来，实则是氏族的主要原则。[②]

---

① 郭沫若：《十批判书》，东方出版社1996年版，第186页。

② ［美］摩尔根：《古代社会》第1册，杨东莼、张栗原、冯汉骥译，商务印书馆1971年版，第137—138页。

明白了老子“道”的原型在于原始的博爱，就可以明白他所说的“上德不德”“圣人不仁”的含义。他不是反对仁爱，而是要弘扬若天若地之大爱。在这一点上，墨子倡导兼爱，是与老子和庄子一致的，不同之处在于墨子要诉诸天和鬼来作为兼爱的依据。老子的大爱在《庄子·天运》中得到充分的揭示：

商大宰荡问仁于庄子。

庄子曰：“虎狼，仁也。”

曰：“何谓也？”

庄子曰：“父子相亲，何为不仁？”

曰：“请问至仁。”

庄子曰：“至仁无亲。”

大宰曰：“荡闻之，无亲则不爱，不爱则不孝。谓至仁不孝，可乎？”

庄子曰：“不然。夫至仁尚矣，孝固不足以言之。此非过孝之言也，不及孝之言也。夫南行者至于郢，北面而不见冥山，是何也？则去之远也。故曰：以敬孝易，以爱孝难；以爱孝易，以忘亲难；忘亲易，使亲忘我难；使亲忘我易，兼忘天下难；兼忘天下易，使天下兼忘我难。夫德遗尧舜而不为也，利泽施于万世，天下莫知也，岂直大息而言仁孝乎哉！夫孝悌仁义，忠信贞廉，此皆自勉以役其德者也，不足多也。故曰，至贵，国爵并焉；至富，国财并焉；至愿，名誉并焉。是以道不渝。”

这一段对话的大意是，仁只是狭隘的父子相亲。孝则比仁又小了一部分，因为孝只是单向的子之爱亲。至仁或大爱则是亲、我两相忘，而且与天下人兼相忘。人与人之间的爱完全出于无心自然，这样才能使自己的德泽超越尧舜施于万世，而天下人并不知道谁在如此做。也正是从这个意义上，老庄反对倡导仁孝，认为这些名目都是有心炫耀自己的德行，是对“道”的破坏。

其实，老子和庄子的大爱在儒家文献中也有体现。《礼记·礼运》描绘“大同之世”说：

> 大道之行也，天下为公，选贤与能，讲信修睦。故人不独亲其亲，不独子其子。使老有所终，壮有所用，幼有所长，矜寡孤独废疾者，皆有所养。男有分，女有归，货恶其弃于地也，不必藏于己，力恶其不出于身也，不必为己。是故谋闭而不兴，盗窃乱贼而不作。故外户而不闭，是谓大同。

比较孔子的“大同之世”与庄子的“至德之世”，我们似乎看到二者都强调人们的无私和泛爱，都将之作为人类社会的最高理想。不同的是，道家以之作为标准，针砭现世；儒家则将之作为理想，知道一时无法企及，故退而求其次，追求“小康社会”。在这个“小康社会”里，人们已经失去了原初的泛爱和无私，而是“各亲其亲，各子其子”“以贤勇知，以功为己”（《礼记·礼运》），儒家的孝悌、仁爱、礼义都是对这种狭隘的感情和欲望的调节。由此可见，道家和儒家针对周末的礼坏乐崩，一个倡导理想地返回至德之世，要求反朴归真，常使民无知无欲；一个则立足现实，修缮补漏，在现实的基础上改良。但不管是反朴归真还是立足现实，最终的落脚点都是百姓，“以百姓之心为心”。习近平总书记在党的十八大后第一次与记者见面时讲话的中心就是“人民对美好生活的向往，就是党的奋斗目标”，“以百姓之心为心”的治国理政的核心思想呼之欲出。

二、老子与孔子

既然老子和孔子都是在反思周代礼乐制度上建立自己的学说，二者生活上有无交集呢？依据司马迁《老子韩非列传》和《孔子世家》的记载，孔子就是孔丘，老子就是老聃。老聃曾为周朝的守藏史，而且孔子曾向他问礼。可是由于司马迁在《老子韩非列传》中将关于老子的传说一并收入，列举了三个疑似人物：老聃、老莱子和太史儋，从而导致后人对老子的存在和生平聚讼纷纭。

其中，最具有挑战性的观点当属钱穆直接否定老子的存在。钱穆认为老子、老聃皆是老人的称号，就像太公也指老人一样。钱穆进一步以《庄子·寓言》的“经纬本末”为题，认为“老子”乃庄周“重言”所虚构的依托人物，目的在于以“老子为经，孔丘、杨朱、亢桑、南荣为纬也”，从而推广庄生之思想，并说：“吾以是不能不爱庄生之智矣。”①

① 钱穆：《先秦诸子系年》，商务印书馆2005年版，第258页。

可以说，钱穆不但曲解了“经纬本末”之义（按林希逸注：经纬本末，言知常知变知始知终也），而且也将贬斥机心之庄子描画成一个大阴谋家。

针对钱穆的观点，唐兰、李源澄等人在《〈老子〉时代新考》《论〈老子〉非晚出书并质疑钱宾四先生》等文中都作了详尽的反驳。归结起来，基于《庄子》《韩非子》《吕氏春秋》和《礼记·曾子问》诸书中直接将所引《老子》中语句归为老聃所言，大家认为老聃确有其人，而且是《老子》中思想的倡导者，在先秦并无异议。

在老子与孔子的关系上，钱穆认为从时间顺序上考察，不存在孔子向老聃问礼的事件。钱穆反驳阎若璩将孔子与南宫敬叔适周问礼定于昭公二十四年，说：

> 冯景《解春集》驳之曰：“《春秋》昭公世凡七日食，不止二十四年。且二十四年二月，僖子卒，五月日食，则此时僖子甫葬，敬叔方在虞祭卒哭之时，焉能与孔子适周？”①

问题是，南宫敬叔是否会执行孔子所谓的“三年之丧”。我们知道，虽然孔子说“三年之丧，天下之通丧也”（《论语·阳货》），但是并不是所有人都认真执行。正如李源澄《评胡适说儒》指出：

---

① 钱穆：《先秦诸子系年》，第5页。

> 以儒家之子夏而论，曾子还责他“丧尔亲，使民未有闻焉，”是在儒家尚且如此，何况其他……一切制度尽管有，而证之事实，则不必能行，不行亦无害其为有，在历史上，更仆难数，孔子之言“天下之通丧”据制度而言，滕人之言“吾宗国鲁先君莫之行吾先君亦莫之行，”据后世之失礼言。

如果南宫敬叔因君命在身，缩短丧期，与孔子适周问礼，也不是不可能的事。如唐兰《〈老子〉时代新考》所言：“凡是人名地名由记忆或传说写下来的最易弄错……这种错误在史书里是常见的。我们能因此就说整部《史记》是靠不住吗？”所以说，孔子适周问礼的时间也不必精确到某一年。钱穆引用《庄子·天道》说孔子南之沛见老聃，说此乃“汉人之语”[①]。但是，“翻十二经以说”中“十二”可能是“六”的误抄。况且，王国维指出，藏书之事自古有之，并非在秦朝焚书之后尚有。[②]老聃归隐于沛，孔子作为他曾经的弟子，完全有可能再次到沛拜见他。

而且，孔子一生或许并非一次适周。钱穆引《史记·十二诸侯年表序》说，孔子在“干七十余君”而不得用之后，才“西观周室，论史记旧闻，兴于鲁而次《春秋》”[③]。又引《春秋左氏传·序》正义

---

① 钱穆：《先秦诸子系年》，第8页。

② 王国维认为，“史之职专以藏书、读书、作书为事”。《观堂集林》第1册，中华书局1959年版，第269页。

③ 钱穆：《先秦诸子系年》，第9页。

引沈氏云说，“《严氏春秋》引《家语·观周篇》云：孔子将修《春秋》，与左邱明乘，如周，观书于周史，归而修《春秋》之经，邱明为之传，共相表里”，然后推论说：“且纵谓孔子适周，彼其时已德尊道成，岂犹琐琐问日食小节于老聃。”[①]钱穆这种推论忽视了《论语》中孔子“入大庙，每事问”(《论语·八佾》)的谨慎作风。况日食在古代为骇人之天变，孔子正应当问。

正是由于钱穆否定老子其人的存在，他才进而否定《庄子》《韩非子》《礼记·曾子问》等书中一切关于老子和孔子交往的记载的真实性。他引用汪中《老子考异》说，《礼记·曾子问》反复说老子谨于礼，且尊信周召、史佚等前者，却于其《老子》文中说，“礼者，忠信之薄而乱之首”“圣人不死，大盗不止。彼此乖违甚矣”。[②]但是，我们可以反驳钱穆，知道礼是一回事，对礼的拥护或批评则是另一回事。知礼之人未必不能批判礼。

钱穆为了否定《曾子问》孔子学礼于老聃的记载，不惜否定《礼记》的可信度，说：“顾余谓《戴记》出于晚世，其语亦何可信？”[③]但是，我们可以质问钱穆，《戴记》虽然晚出，但并不能否定《戴记》的有关内容有其先秦时代的根据。接着，钱穆通过对《论语》中曾子的语言断章取义，认为曾子和孔子言礼，“皆关君臣名分，国政大体，绝不拘牵小节。曾子亦云：‘俎豆之事，则有司存’。

① 钱穆：《先秦诸子系年》，第8—9页。
② 钱穆：《先秦诸子系年》，第6—7页。
③ 钱穆：《先秦诸子系年》，第7页。

与《曾子问》所记四事皆不类。则不徒史传可疑，即《戴记》亦虚造”[①]。我们知道，孔子言礼，不但涉及君臣名分，还涉及日常行为。曾子言：“动容貌，斯远暴慢矣；正颜色，斯近信矣；出辞气，斯远鄙倍矣。”(《论语·泰伯》)这也是指的日常细节，不是仅顾国政大体。其言“笾豆之事，则有司存”(《论语·泰伯》)，应当理解成祭祀或国家典礼由专门部门负责，并不是说曾子完全不关心，更何况古书不止一次指出孔子、子贡等在丧事上相礼。

因此，我们基本上认为，老聃和孔子是同时期的人，见过面，而且年辈比孔子长。正如郭沫若所言，这在先秦本是一个不争的事实。

界定了老子的身份和时代，让我们顺便看一下《老子》这本书。郭沫若曾说，“《老子》其书是一个问题，老子其人又是一个问题”[②]。鉴于古人多不亲自著书，都是由弟子整理编纂而成，《老子》一书当成于老聃之后。但是郭沫若认为《老子》乃环渊所作之《上下篇》则缺乏有力的根据。[③]许地山认为《老子》是一个持续编纂的过程，直到汉代才基本上定型，说：“从现存本看来很难说与汉初底本子相同，有许多可以看为汉代加入底文字。”[④]“或者今本《老子》是取原本一部分的文句，加上辑者以为是老子底话而成，故此现出许多断片的格言。”[⑤]许地山主要是通过比较《庄子·天下》和《韩

① 钱穆：《先秦诸子系年》，第7页。

② 郭沫若：《十批判书》，第160页。

③ 郭沫若：《十批判书》，第160页。

④ 许地山著，刘仲宇导读：《道教史》，上海古籍出版社1999年版，第18页。

⑤ 许地山：《道教史》，第19页。

非子》中引用的老子之言与今本《老子》（王弼本）得出上述结论的。遗憾的是，许地山无缘见到马王堆帛书本《老子》。通过比较帛书甲乙本《老子》与今本《老子》，我们基本上可以肯定，在汉代以前《老子》内容已经定型。即使有编辑者加入的东西，那也是在战国时期加入的。例如，“知其白，守其黑”等句子，在帛书甲乙本中已有记载。

唐兰通过分析《老子》中的内容，特别地指出，“万乘之主”“仁义”等乃战国时术语，断定“《老子》书的撰成，应当在《墨子》《孟子》撰成的时期”[①]。他进一步认为《老子》的写作风格类似《墨子》的《尚贤》《尚同》等篇，又指出《老子》中很少用“也”，偶尔用“兮”字（二字的运用都流行于战国中期以后），都说明“《老子》的撰成，决不在战国中叶以后”[②]。最终，唐兰认为：“《老子》的撰成，却无妨远在战国时比《论语》还要迟些的《墨子》撰成时期。”[③]如果我们认可钱穆所考订的墨子生活于公元前400年左右[④]，则唐兰所考订的《老子》的撰成和流行至少与目前郭店竹简本《老子》的考古学发现相符。目前学者认定郭店楚墓的年代当在公元前4世纪中期到前3世纪初（公元前350年—公元前300年）。[⑤]但从墓中却出土了三种不同的《老子》版本，说明在墓葬之时，《老子》已经广泛流传，考虑

---

① 唐兰：《〈老子〉时代新考》，《唐兰全集》第1册，第333页。

② 唐兰：《〈老子〉时代新考》，《唐兰全集》第1册，第334页。

③ 唐兰：《〈老子〉时代新考》，《唐兰全集》第1册，第334页。

④ 钱穆：《先秦诸子系年》，附表第三《诸子生卒年世先后一览表》。

⑤ 湖北省荆门市博物馆：《荆门郭店一号楚墓》，《文物》1997年第7期。

到古代传播速度比较缓慢，我们可以推定，《老子》的撰成至少应在公元前350年之前，也就是《墨子》成书之时。

李源澄撰文驳斥钱穆，认为《老子》非晚出，当出于战国中期以前。他指出“以德报怨”“大国不过欲兼畜人，小国不过欲入事人”和“王亦大”都是指春秋时期的政治形势，坚持《老子》本于古史，甚有见地。但是，李源澄没有回应钱穆所说的“仁义”“万乘之主”等乃战国特有的名词[①]，或许不足以令钱穆信服。

通观以上几位学者的观点，加上目前帛书本《老子》和竹简本《老子》的年代，我们基本上可以肯定，《老子》底本出现于战国早期，与《论语》的时代不相上下。《老子》最初应当有一个底本，在战国时期被后人编纂和补充。虽然竹简本《老子》目前残缺不全，但是它们没有第一章“道可道”和第三十八章“上德不德”（二者均见于王弼本和帛书本），说明比较抽象的章节或许是后人所加。通观竹简本中的章节，我们发现，从内容上它们更加具体、经验色彩更强，而且许多地方“道”字写作“衍”[②]，说明当时版本还没有比较抽象的章节。郭店竹简本或许给我们一个启示：公元前300年前《老子》已经流传到楚地。这说明《老子》的产生应当更早，换句话说，《老子》极有可能是老子的著作。其之所以没有像《论语》那样广泛流传，主要是因为“老子本是一个隐君子，并未尝聚徒讲学，凡是聚

① 李源澄：《李源澄儒学论集》，四川大学出版社2010年版，第81—85页。

② 湖北省荆门市博物馆编：《郭店楚墓竹简》，文物出版社1998年版，第111、112页。

徒讲学的人，大概都在孔子以后……因为老子并莫有学派，就读他的书的人，也就很少”[①]。

而且，从帛书甲乙本《老子》的抄写年代的早晚，特别是甲本较早，没有德经、道经之分，而乙本较晚，有这样的分别，我们是否可以推测，《道德经》这个名字或许出现于汉初黄老之学兴盛之时。再证之以竹简本《老子》，甲、乙、丙三个版本都没有道经、德经之分，而且“道”字都很少见，这说明《老子》最初很可能不被称为《道德经》。

三、承继与异同

既然我们相信孔子曾经向老聃问礼，那么孔子对老子的思想有什么继承或改造呢？从《礼记·曾子问》的记载可知，孔子从老聃之处学到了如何为天子诸侯行丧礼，如何因日食、墓远和金革之事而对葬礼作以权变。孔子对丧礼的重视既符合“国之大事，在祀与戎”（《左传》成公十三年）的传统，也为孔子派遣其弟子为人助葬相礼、孟僖子要求其子向孔子学相礼和《墨子·非儒下》所言的儒以相礼为业所证实。但是，正如我们前面所说，老聃虽然熟悉周代的礼乐，但是他斥“礼”为“忠信之薄而乱之首”，并告诫孔子不要弘扬周礼，因为那只是周公根据自己的时代制定的措施。孔子则

① 李源澄：《评胡适说儒》。

不然，他要弘扬周礼，认为如果每个人都以真情实感去践行礼乐，就会使礼乐得到复兴。孔子对老子的纠正不仅表现在礼乐方面，而且体现在对老子“以德报怨”的反对上。《论语·宪问》曾有人问孔子“以德报怨”如何，孔子回答：“以直报怨，以德报德。”孔子与老子之包容、无为不同。例如，老子要求对待善者和不善者、信者和不信者一视同仁，要“空虚不毁万物”(《庄子·天下》)；孔子要求一切“义以为质”(《论语·卫灵公》)、“义以为上”(《论语·阳货》)，说明孔子要坚持一个明确的是非分别，要名正言顺，循名责实。

但是，老子和孔子的不同并不能掩盖他们的相同或相通之处，特别是在天道、鬼神观方面，二者都站在了墨家的对立面。李源澄曾说，老子与孔子实际是站在一条战线上的。针对以天为根据的旧的伦理道德观念，老子与庄子都从破坏入手，而孔子与孟子则完全在做新建设的工作。李源澄的意思是，老庄主张道和自然，既超越了固有的天帝、鬼神和卜筮观，也抛弃了礼乐。“自老、庄言之，宇宙即在此自然变化之中，自然变化之理谓之道，非天帝为之造化、为之主宰也。”[①]孔子则从心性上为周代礼乐找到根据，使礼乐超越原来的宗教色彩。孔子说：“女安则为之！”(《论语·阳货》)孟子说：“人之性善”“仁义礼智根于心，非由外铄我也”(《孟子·告子上》)。简言之，李源澄认为，孔孟用内在的真情实感代替了过去对

① 李源澄：《李源澄儒学论集》，第441页。

天帝鬼神的敬畏之情，将礼乐的践行落实到人的内心和自然情感之上。他接着指出，老庄孔孟对天帝鬼神的超越或远离并不是有意为之。他们，特别是老子和孔子，本身还是相信人格化的天和鬼神的。他们只是反对世人谄媚鬼神，“去其愚诬之说，谄媚之行，而保留一至公至善之天以为人心中之信仰”[①]。

但是，毫无疑问，老子和孔子的学说无形中减损了天的威灵，这就导致墨子批判儒家“以天为不明，以鬼为不神”（《墨子·公孟》）。其实，如果结合春秋末年的社会状况，我们似乎瞥见，从周公“以德配天”的观点提出后，经历春秋时期“国将兴，听于人；将亡，听于神”“天道远，人道迩，非所及也”（《左传》）等思想，到了老子、孔子和墨子的时代，相当一部分人失去了对天帝鬼神的敬畏感，变得肆意妄为。这种肆意妄为一方面使原来的集祭神和教化于一体的礼乐空洞化，另一方面将人欲释放出来，不信天命，无所畏惧。于是，老子主张去礼乐，损嗜欲，返归素朴。这种素朴虽然没有很强的宗教色彩，但是它仍然是对原始氏族社会和谐、朴实的向往。孔子主张以仁义充实礼乐，要求“畏天命”（《论语·季氏》）、“祭如在，祭神如神在”（《论语·八佾》），维持人们的敬畏感，其目的仍然在于限制妄为、追求原初礼乐和合下的社会和谐。墨子则直接诉诸恢复天帝鬼神的权威，用鬼神的赏罚来遏制人们的妄为，希望重返原初的神权时代。因此，墨子便站在了孔子的对立

---

① 李源澄：《李源澄儒学论集》，第441页。

面，反对儒家将礼义人性化，更反对老子以自然超越天帝鬼神。李源澄在《评胡适说儒》中说得好：

> 孔老虽在墨子之前，他们的思想，严格的说，还是新教，墨子虽然稍后，他的思想，仍是旧教。第一，是孔老皆重心性墨子则重天志，一由心发，一由外作，是根本不同的。第二，墨子信鬼神，老子孔子对于鬼神之事，虽不昌言排斥，但总是以人事为重。天志的观念，是中国固有的，孔老则转而求之内心，墨子的十义，皆是以天志为出发点，是何等的反异。尽管墨子与孔子俱讲仁义，墨子与孔子俱尚俭，可以说在支节上说都是大同小异的，但是根本不同，终是不同。老子与孔子在发表言论的方式，与个人的性格，都是不同，但是在内心这一点上面，是相同的，即有许多异点，亦无害为同。

但是，李源澄以为儒家强调天人合一，而道家强调天人对立的结论则值得商榷。他认为："道家以天然为善，以人为为恶，故主以人法天，此天人相对之说也。""故道家虽欲以人法天，终为天人对立。"[1]李源澄基本上继承了荀子"庄子蔽于天而不知人"（《荀子·解蔽》）的观点。问题是，我们如何看天人合一。道家的天人合一是去除有心或机心，顺人性之自然而为。男人按男人的本性生活，

---

① 李源澄：《李源澄儒学论集》，第441页。

女人按女人的本性生活，这就是自然，就是天人合一。道家所排斥的是机心、造作或刻意的努力。荀子和李源澄理解的只是道家中自然与人为的对立，而没有意识到老庄强调的是自然与人性的合一。所以，荀子和李源澄所说的道家之天人对立是片面的。

其实，李源澄所认可的儒家的“天人合一”本身也有道家顺应自然本性的意思。当孟子以农人养禾苗来比喻养气之时，孟子诉诸的也是顺性、顺自然。当孔子和孟子将仁义诉诸“心安”和良知良能之时，他们与老庄的顺人性而为并无差异，而且他们与老庄一样也是反对机心和人欲的。孔子倡言“毋意，毋必，毋固，毋我”（《论语·子罕》），孟子说“养心莫善于寡欲”（《孟子·尽心下》）。孔子和孟子区别于老庄之处在于，他们要以人为辅助自然，要与天地参。而李源澄所谓的儒家的天人合一正是从“相参”这个意义上说的。

> 儒家重人事，孔子言：“未能事人，焉能事鬼。”子疾病，子路请祷，曰：“祷尔于上下神祇。”子曰：“丘之祷久矣。”即含有天人不贰之意，假定天为至公至善，故尽人道即合天理也……推之政治，孟子之意亦复如此，曰：“天不言，以行与事示之而已矣。”曰天与之、人与之，天意即在人心，明天人合一也。盖儒家假定天为至公至善，人之性亦善，人为即合于自然，故言“天人合一”，而与道家之天人相反者异也。[①]

① 李源澄：《李源澄儒学论集》，第442页。

李源澄似乎将“人为合天”与“天人不贰”混淆为一。孔子修德循礼以尽人道，认为尽人道自然会得到上天的保佑，仍是周公“以德配天”的继续。这种境界不能说是天人合一。孟子所说的“天听自我民听”“天与之，人与之”(《孟子·万章上》)，仍然是“皇天无亲，惟德是辅”(《尚书·蔡仲之命》)的诠释。其本质仍然是天人相分的，所以不能说是天人合一。这种思想在《荀子》中是“能参”，在《中庸》中则是“赞天地之化育”。一个“参”或“赞”字，则人以其理性和智慧立于天之外矣。因此，在天人合一上，道家可以说是自然地合一，无机心、人为的合一；儒家则是以人为相赞天地。直到宋明理学吸收了道家的任自然，提出“知礼成性”(《张载集》)或“习与性成”(《船山全书》)之后，儒学的天人合一才算是真正的天人合一。李源澄的混淆来源于他将庄子批判的机心、人欲等同于儒家的人为。

但是，虽然老庄、孔孟有其相通之处，但是老子对礼乐文化的批判与孔子对礼乐文化的推崇却奠定了儒家和道家的不同价值取向。老子之后出现了杨朱、列子、庄子、告子等人，对周代的礼乐和弘扬它的儒家展开了不同层次的批判。孔子之后出现了曾子、孟子、荀子等人，从不同方面弘扬和更新礼乐文化，同时激烈地批判杨朱、告子、庄子等人。但是，在相互批判中，他们也相互借鉴和融合。在人性论上，孟子借鉴道家的“性本善论”发展出自己的“性禀善论”；在认识论上，荀子借鉴庄子的“虚室生白”和《管子》的“白心”发展出自己的“虚一而静”的认识方法。到了魏晋时期，玄学家试图糅合儒道以开出“名教即自然”；而宋明儒生则要么将天理建立在庄子的宇宙论上，要么将良知等同于庄子的“至人之心”①。

四、理想及原型

孔子和老子的时代离原始氏族社会未远，还可以依稀瞥见氏族共产主义的和谐与博爱。面对礼乐的崩溃和社会的腐化，他们一个以“小国寡民”为理想社会，一个则追求“大同之世”。通过比较他们对理想社会的描述与摩尔根对氏族公社的考察，我们可以说，小国寡民和大同之世从价值观上是一致的，都是对原始氏族公社博爱、平等、淳朴和无私的向往。

从前面引述的摩尔根对北美易洛魁氏族之描述可知，氏族成员之间是平等、互爱和自由的。这种互爱是自然的发露，不需任何功利的前提。它不但体现在患难中的相互保护和救助，而且表现在为同族人复仇上。他们之间不分你我，财产共有。恩格斯说：在氏族公社中，“母亲把共同家庭的一切子女都叫做自己的子女，对于他们都担负母亲的义务，但她仍然能够将自己亲生的子女同其余一切子女区别开来”②。

---

① 张载、朱熹、王夫之都以庄子的气论作为理的依附。王阳明的“无善无恶心之体”则是庄子“至人之心若镜”的翻版。

② ［德］恩格斯：《家庭、私有制和国家的起源》，人民出版社1972年版，第38页。

摩尔根和恩格斯的描述，使我们联想到《礼记·礼运》中的“大同之世”。在这个世界中，没有私心，“人不独亲其亲，不独子其子”，“货恶其弃于地也，不必藏于己，力恶其不出于身也，不必为己”。这不正是原始社会氏族成员无条件地相亲相爱、无私为公的写照吗？如果说《礼记·礼运》是汉人的伪托，那《论语》中孔子的理想“老者安之，朋友信之，少者怀之”(《论语·公冶长》)至少也透露出这种原始之爱。孔子的这种理想在《庄子·天地》中被进一步描绘为“至德之世”。文中“上如标枝，民如野鹿”，就是老子所说的“上德不德”“百姓皆谓我自然”(《老子》第十七章)。“不尚贤，不使能”是人们按照既有的风俗行事，不推崇智能机巧。后面几句皆是描述人们自然地相爱相助，虽相爱相助但不知道后世所说的那些仁义忠信之名目。因为按照老庄所言，一旦名目建立，它们马上就与事实分离为二，久之则偏离事实，沦为诈伪。

与“大同之世”和“至德之世”相比，《老子》第八十章中的“小国寡民”写道：

> 小国寡民，使有什伯之器而不用，使民重死而不远徙。虽有舟舆，无所乘之；虽有甲兵，无所陈之；使人复结绳而用之。甘其食，美其服，安其居，乐其俗。邻国相望，鸡犬之声相闻，民至老死不相往来。

从“使人复结绳而用之”可以推测，老子向往的是古代的原始社会，所以王弼注说：“国既小，民又寡，尚可使反古。”[①]联系到古代国家主要以氏族或部落的形式存在，老子的这个理想可能就是原始氏族公社的写照。在这个社会中，民众无机心、不争夺、不尚利，自然不会重视甲兵舟舆。民众满足于自己的生活现状，以与自己的亲属相聚为乐，当然也没有动机去与外族交往，因为交往往往出于求利。而恩格斯的观点更证实了这个推断：

> 这种十分单纯质朴的氏族制度是一种多么美妙的制度呵！没有军队、宪兵和警察，没有贵族、国王、总督、地方官和法官，没有监狱，没有诉讼，而一切都是有条有理的。一切争端和纠纷，都由当事人的全体即氏族或部落来解决，或者由各个氏族相互解决……不会有贫穷困苦的人，因为共产制的家庭经济和氏族都知道它们对于老年人、病人和战争残废者所负的义务。大家都是平等、自由的，包括妇女在内。[②]

如果说摩尔根、孔子和庄子强调的是，在氏族社会中，人与人之间（至少是家族或部落成员间）是无私的、无条件地相爱的。这种爱被认为是理所当然的，就像人之四肢与头脑的合作一样，自然而然，

① ［魏］王弼著，楼宇烈校释：《老子道德经校释》，中华书局2008年版，第190页。

② ［德］恩格斯：《家庭、私有制和国家的起源》，第94页。

"相与于无相与，相为于无相为"(《庄子·大宗师》)。老子则从另一个侧面强调了氏族成员的单纯、自给自足和无欲无求。这种单纯和无欲其实也就是孔子所说的无私和博爱。因为在这种原始素朴中本有自然而然的大爱或博爱。等到以仁义忠信去倡导相爱之时，已经落到了第二个层面。这就解释了为什么老庄一则曰"上德不德"，"天地不仁，以万物为刍狗；圣人不仁，以百姓为刍狗"(《老子》第五章)；一则曰"鱼相忘乎江湖，人相忘乎道术""至仁无亲"。因为在他们看来，到了仁义孝悌的层面，已经缩小了原始的博爱，已经使人们的私心泛起，而不能返朴归真了。孔子或许也认识到了这个层面，或许他认为复归原始素朴不太可能，因此他没有走老子之路，而是要在礼乐仁义之上，重建社会和谐，要求扩充仁爱之心，以及于天下。

老子对原始氏族价值观的向往还体现在《老子》的其他篇章。例如："是以圣人云，受国之垢，是谓社稷主；受国不祥，是为天下王。"(《老子》第七十八章)《庄子·天下》说，老聃"以濡弱谦下为表，以空虚不毁万物为实""受天下之垢""常宽容于物，不削于人"。老子的圣人是甘愿为天下任劳任怨而不求回报的。从这个角度来说，我们似乎可以更好地理解"圣人不仁，以百姓为刍狗"的含义。因为那不是不爱，而是若天若地一样的泛爱。

老子的圣人来自何处？我们推测就是古代氏族社会的酋长或祭司王。叶舒宪引用弗雷泽(James George Frazer)的《金枝》说："祭司王"(Priestly Kings)又叫"巫师王"或"巫祝王"(Magicians as Kings)，是被社会成员视为半神半人的宗教性领袖。[①]这种祭司王实际上就是中国上古的酋长或圣王，因为圣、王本身都是巫的演变，是集通天、地、人的能力于一身的。这种圣王由于具有超人的能力，被民众寄予厚望，被当作神灵崇拜。“一旦人间遇到自然灾害，如旱灾、洪水、荒年等，人们便认为应当由巫师、祭司承担全部责任：或是由于他们操纵自然的活动失败，或是由于他们本人生命力的衰老。‘处罚’的方式通常是由当事的巫师王以自身作为牺牲祭神‘赎罪’。”[②]在中国的古籍记载中，似乎还可以看到这些祭司王的影子。例如，后稷之培育百谷，夏禹为治水三过家门而不入。商汤曾因为天旱而“以身祷于桑林，曰：‘余一人有罪，无及万夫。万夫有罪，在余一人。无以一人之不敏，使上帝鬼神伤民之命。’于是剪其发，[illegible]其手，以身为牺牲，用祈福于上帝，民乃甚说，雨乃大至”(《吕氏春秋·顺民》)。这些都体现圣王为天下人甘愿舍己以牺牲的精神。或许，从这里，我们可以窥见“普天之下，莫非王土。率土之滨，莫非王臣”(《诗经·小雅·北山》)的含义，乃是更侧重王对天下的普遍关爱。这种普遍的关爱从下面一个关于孔子和老子的故事中可见一斑。

荆人有遗弓者，而不肯索，曰：“荆人遗之，荆人得之，又何索焉？”孔子闻之曰：“去其‘荆’而可矣。”老聃闻

① 叶舒宪：《老子与神话》，陕西人民出版社2005年版，第161页。

② 叶舒宪：《老子与神话》，第162页。

> 之曰："去其'人'而可矣。"故老聃则至公矣。(《吕氏春秋·贵公》)

老聃的"公"与他倡导的"圣人不仁""空虚不毁万物"是一致的，可以说都是古代圣王以天下为公、为天下奉献的思想的继续。在这一点上，叶舒宪引用现代人类学的解释甚有见地。叶舒宪说："在祭司王们因社会福利保障方面的不利而遭受责骂和辱打的实例之中，可以说明什么叫'受国之诟'；在祭司王们被流放、幽闭和被杀的牺牲行为中，可以理解他们为什么要'受国不祥'。老子所引圣人之言看来绝非无凭据之说，而是以远古社会中的神性首领为其现实原型的。"①

五、结论

正如党的十九大后，以习近平同志为核心的党中央应时代所需，提出习近平新时代中国特色社会主义的指导思想一样，面对当时礼坏乐崩的时代形势，中华民族的先哲提出新的思想理论以指导时代前进。儒家和道家皆肇始于对周代的礼乐文化的反思，但是由于孔子和老子对礼乐的态度不同，导致二者分流。孔子以仁义充实礼乐，力图维持礼乐文化的活力；老子则认为礼乐导致虚伪浮华，是祸乱

---

① 叶舒宪：《老子与神话》，第163—165页。

之源，要求摒弃礼乐，回归素朴。虽然二者对礼乐的态度相反，但是二者都继承了周公以来重道德、轻鬼神的传统，从而与墨家之崇尚天志和鬼神赏罚划清界限。老庄主张道和自然，既超越了固有的天帝、鬼神和卜筮观，也抛弃了礼乐。而孔孟则从心性上为周代礼乐找到根据，用内在的真情实感代替了过去对天帝鬼神的敬畏之情，将礼乐的践行落实到人的内心和自然情感之中。

但是，无论老庄的“小国寡民”和“至德之世”，还是孔子的“大同之世”，都是对原始氏族社会和谐、朴实的向往。如果说“大同之世”和“至德之世”强调的是，在氏族社会中，人与人之间无私地、无条件地相爱。“小国寡民”则从另一个侧面强调了氏族成员的单纯、自给自足和无欲无求。这种单纯和无欲其实也就是孔子所说的无私和博爱。等到以仁义忠信去倡导相爱之时，它已经落到了第二个层面。这就解释了为什么老庄一则曰“上德不德”，一则曰“至仁无亲”。因为在他们看来，到了仁义孝悌的层面，已经缩小了原始的博爱，已经使人们的私心泛起，而不能返朴归真了。孔子或许也认识到了这个层面，或许他认为复归原始素朴是不太可能的，因此他没有走老子之路，而是要在礼乐仁义之上，重建社会和谐，要求扩充仁爱之心，以及于天下。从个人层面看，儒家的学术理论，是一种最容易去践行的指导思想。儒家提出的理想虽高远，但实践方法十分朴素，所谓“道不远人”是也。学习了知识还要去践行它，这样简单易行的理论就是修习君子之学的教导。

第二章　融德入礼：周公对礼乐文化的创造性转化

习近平总书记曾说："传统文化在其形成和发展过程中，不可避免会受到当时人们的认识水平、时代条件、社会制度的局限性的制约和影响，因而也不可避免会存在陈旧过时或已成为糟粕性的东西。这就要求人们在学习、研究、应用传统文化时坚持古为今用、推陈出新，结合新的实践和时代要求进行正确取舍，而不能一股脑儿都拿到今天来照套照用。要坚持古为今用、以古鉴今，坚持有鉴别的对待、有扬弃的继承，而不能搞厚古薄今、以古非今，努力实现传统文化的创造性转化、创新性发展，使之与现实文化相融相通，共同服务以文化人的时代任务。"[①]扬弃过去的文化，使得古代文化能够"古为今用"，并非今人首创。早在先秦时期，中国的先哲就已经对古代的文化进行创造性地转化、创新性地发展，使之能够与现实融通。"周人克商"带来的合法性论证导致周公提出"以德配天""皇

① 《习近平谈治国理政》第二卷，第313页。

天无亲，惟德是辅”的思想。可以推测，周公可能不再迷信天或帝，而是注重人为和修德。虽然他还继续借用天、帝、鬼神并以神道设教，但是他却改造了原始的巫术或祭祀仪式（彝），使之成为人文和修身的礼乐。这种礼乐文化继承了原始的和谐亲族的功能，却注入了对鬼神“敬而远之”和注重人为的理性精神。道家和儒家的天道自然、仁爱修身、“天道远，人道迩”等思想都源于此。虽然墨家试图复兴天志、鬼神等主宰思想，但是历史却选择了儒家和道家，它们共同塑造了中华文化积极、勤劳和不迷信的优秀传统。

一、礼的起源

礼起源于祀神，是祀神的仪式和过程。①这个“神”首先应当指主宰自然界的天帝。因为古人发现自己的一切生存机会和生活资料都依赖于这个“天”或“帝”，所以才有殷人凡事都要通过占卜咨询或请求“帝”。幸存者看到他人因为天灾或饥馑而死亡，不但对天帝之超自然力产生敬畏，而且会萌生感恩之心，庆幸天帝还让自己活着。所以《礼记·乐记》说：“礼也者，报也。”“报”就是感恩、报恩。报恩的对象就是天，后来又加上祖先。《礼记·郊特牲》说：“万物本乎天，人本乎祖，此所以配上帝也。郊之祭也，大报本反始也。”孔颖达疏曰：“天为物本，祖为王本。祭天以祖配，此所以报

① 王国维：《观堂集林》第1册，中华书局1959年版，第290—291页。

谢其本。反始者，反其初始。”[①]郊祭是古代最大的祭天典礼，而其主要目的是感谢天帝赐予生命之恩。由于人们的远源是天帝，而近源是祖先（父母更近，但多尚在世，故不祭），所以将祖先与天帝一起感谢。始也是本之义，反始就是回念自己之开始、之所出，不忘自己的根本。至今，每逢过年过节，人们常常在堂屋上供，感谢神灵保佑，仍是这个心态的延续。而基督教徒每餐之前，感谢上帝之恩泽，更是这个礼节的体现。

因敬畏和感谢上帝的恩赐，而导致通过祭祀来求神、媚神以祈福禳灾。所以《说文解字》说：“礼，履也，所以事神致福也。从示从丰。”徐灏笺：“礼之言履，谓履而行之；礼之名起于事神，引申为凡礼仪之称。”王国维解释得更为详细，说：

> 案殷虚卜辞有丰字。其文曰：癸未卜贞醴丰。古丰珏同字。卜辞珏字作丰𤤽三体，则丰即丰矣。……此诸字皆象二玉在器之形。古者行礼以玉，故说文曰：丰，行礼之器。其说古矣。……盛玉以奉神人之器谓之豊若丰。推之而奉神人之酒醴亦谓之醴。又推之而奉神人之事通谓之礼。[②]

求神和媚神可以说是自从人类感到自己在大自然中的渺小那一刻就

① ［汉］郑玄注，［唐］孔颖达疏：《礼记正义》，见《四部精要》第2册，上海古籍出版社1993年版，第1453页。

② 王国维：《观堂集林》第1册，第291页。

开始了。通过求神和媚神，人们可以暂时缓和自己的无能和危机，自以为神或上帝替自己分担了愁苦，精神压力得到减轻，从而渡过难关。等到渡过难关，回头看来，还像真得到了神或上帝的帮助。于是人们的信仰和祭祀神或上帝的意念日深。起初，人人都可以求神、媚神、与神交通。羌族传说中有可以登天通神之山，北亚布里特亚人有通天之树。[①]后来，通神、媚神逐渐成为巫、族长或王的专有特权。瞿兑之说：

> 巫也者，处乎人神之间，而求以人之道通于神明者也。人耆饮食，故巫以牺牲奉神；人乐男女，故巫以容色媚神；人好声色，故巫以歌舞娱神；人富言语，故巫以词令歆神。有圣人者起，为之礼文，严其闲约，制其放佚，去其泰甚，于是事神之道超然于人生日用之外。[②]

由于祭祀关系到部落或宗族中每个人的福祉，所以全族人甚至全部落的人都要参加。而且，整个过程不但要供品丰盛，还要虔诚严肃。《诗经·小雅·楚茨》详细记述了这个祭祀过程：

> 我孔熯矣，式礼莫愆。工祝致告：“徂赉孝孙。苾芬孝祀，神嗜饮食……”

---

① Mircea Eliade, *Shamanism: Archaic Techniques of Ecstasy*. (Arkana: Penguin Books, 1964), pp.70.

② 瞿兑之：《释巫》，《燕京学报》1930年第7期。

> 礼仪既备，钟鼓既戒。孝孙徂位，工祝致告："神具醉止"，皇尸载起。鼓钟送尸，神保聿归。诸宰君妇，废彻不迟。诸父兄弟，备言燕私。

这个过程首先要在仪式上不许有差错，而且全族人都要参加。李泽厚说："由于它是沟通神明的圣典仪式（holy ritual），不能小有差错。因此对巫师本人、参加操作者以及整个氏族群体成员，都有十分严格的要求和规范，必须遵循，不能违背，否则便会有大灾难降临于整个群体。"[①]其次，要有酒食和钟鼓以娱神。在完成祭神之后，全族人一起聚餐，"备言燕私"，加深感情。这是因为，虽然人们以酒食、音乐娱神媚神，但是神是无形或无象的，并不能像人那样可以吃喝。为证明神确实降到祭祀之所，古人常以小孩或巫师作为"尸"，充当神或鬼的载体，以"尸"的吃喝兴奋作为神降的表现。在没有"尸"的地方，古人则认为上帝或鬼神能够聆听音乐和嗅闻食物的气味。所以《诗经》以钟鼓歌舞愉悦上帝，或以食物气味来慰劳上帝，说"卬盛于豆，于豆于登，其香始升。上帝居歆"（《大雅·生民》）。因此，祭祀之后，要么分腊肉，要么聚族欢乐，则成为古人之常态。据此，瞿兑之说：

---

① 李泽厚：《己卯五说》，中国电影出版社1999年版，第41—42页。

> 礼之常行者惟祭……其始也，以人之道事神；其继也，以事神之道娱人，固理之所必然而势之所必至也。《九歌》为礼神之曲，而并多男女爱悦之词。由今思之，不几于亵邪？然古昔先民固如是也。士女袨服，目挑心招，式饮式食，既醉既饱，不知手之舞之，足之蹈之。①

李泽厚更进一步指出："其（祭祀）主观目的是沟通天人，和合祖先，降福氏族；其客观效果则是凝聚氏族，保持秩序，巩固群体，维系生存。"②

既然祭祀上帝和鬼神要求虔诚庄重的仪式，其必然讲求进退有序，而不是杂然乱进。这种序列最初肯定是以年龄先后来排序的。《庄子·知北游》说："果蓏有理，人伦虽难，所以相齿。""相齿"，就是以年龄来排序。以年龄排序既促进了中国人尊重三老五更的敬老传统的形成，也使家庭中父兄的地位得以确立。这样，从祭祀事神的仪式中自然地产生了人与人之间的行为准则。秋浦说：鄂温克人"在六十多年前，凡属公社内部的一些重要事情都要由'乌力楞'会议来商讨和决定。会议主要是由各户的老年男女所组成，男子当中以其胡须越长越有权威"③。这可以说是对我们的推断的一个证明。也正是从这个意义上，张秉权说："聪明的政治领袖，往往很巧妙地

① 瞿兑之：《释巫》。

② 李泽厚：《己卯五说》，第41页。

③ 秋浦等：《鄂温克人的原始社会形态》，中华书局1962年版，第62页。

透过隆重的祭祀仪式，来达成他们团结宗族，巩固权力的目的。因此，祭祀之事，不但是宗教性的，而且也是政治性的。”[①]李泽厚也睿智地指出：“‘礼’首先是从原巫术祭祀活动而来，但经由历史，它已繁衍为对有关重要行为、活动、语言等一整套的细密规范。”[②]他继而引用《礼记·祭统》说：

> “夫祭有十伦焉，见事鬼神之道焉，见君臣之义焉，见父子之伦焉，见贵贱之等焉，见亲疏之杀焉，见爵赏之施焉，见夫妇之别焉，见政事之均焉，见长幼之序焉，见上下之际焉。”（《礼记·祭统》）“祭”作为巫术礼仪，使社会的、政治的、伦理的一切秩序得到了明确的等差安排。[③]

据此，我们可以将“礼者，祀神之仪”[④]与“礼，大言之，便是一朝一代的典章制度；小言之，是一族一姓的良风美俗”[⑤]两种观点统一起来。可以推测，这些典章制度和良风美俗都是从最初的祀神仪式中发展出来的，原初为了表示敬神之诚，后来神道衰落，退而用来维系人际关系。二者本为一物，只是强调对象有所转移而已。柳

---

① 张秉权：《殷代的祭祀与巫术》，《“中央研究院”历史语言研究所集刊》第49本第3分册，第445页。

② 李泽厚：《己卯五说》，第55页。

③ 李泽厚：《己卯五说》，第55页。

④ 吕思勉：《先秦学术概论》，东方出版社1985年版，第61页。

⑤ 郭沫若：《十批判书》，第95页。

诒徵说："最古之礼，专重祭祀，历世演进，则兼括凡百事为。"[①]明于此，我们甚至可以明白在春秋时期，神道衰落，人们缺乏对神的敬畏之心，"礼坏乐崩"带来的不仅是不敬神、不畏天命，而且有"狎大人"（《论语·季氏》），蔑视社会等级。难怪孔子不但要"正名"，而且要求"祭如在，祭神如神在"（《论语·八佾》）。

前文讲到，祭祀不但要进退有序，而且要有音乐舞蹈以娱神。可以说，礼乐从一开始就成为事神娱神的两翼，二者密不可分。礼表示虔诚和奉献，从物质上娱神；乐通过歌声、舞蹈和钟鼓，从精神上媚神。吕思勉说："礼者，祀神之仪；乐所以娱神，诗即其歌辞，书则教中典册也。"[②]物质是有形有象的，所以可以加以区分，这种区分成为所谓的等级、秩序，这就是"礼别异"。"礼者，天地之序也。……序故群物皆别。……礼以地制。"（《礼记·乐记》）因为地有形可见，有高下之分，有万物之不同，所以可以因地因形而加以区分。精神则是无形的，不可捉摸和区别。而天、帝之神更无形体畛域可以把握，音乐也是如此，因此说"乐由天作"。无形而不可区分，所在皆同，故说"乐统同"。同则合一而相亲，化万物而为一体，所以有"乐者，天地之和也。……和，故百物皆化"，"乐者敦和，率神而从天"。（《礼记·乐记》）

乐的同一和无形特征使它不但缓和了神、人的等级，而且和谐

---

① 柳诒徵：《国史要义》，华东师范大学出版社2000年版，第8页。

② 吕思勉：《先秦学术概论》，第61页。

了人类社会的等级。于此，我们可以看到《九歌》中巫师与神的交合、可以看到《孟子》中的“与民同乐”。所以古人云：“若夫礼乐之施于金石，越于声音，用于宗庙社稷，事乎山川鬼神，则此所以与民同也。”（《礼记·乐记》）“故乐者，圣人之所以感天地，通神明，安万民，成性类者也”（《汉书·礼乐志》）此处重言乐。言乐可以超越音声，从精神上达到神人之同乐，也就是《汉书·礼乐志》所言的“乐以治内而为同，礼以修外而为异；同则和亲，异则畏敬也”。据此，我们不同意“乐则表现礼之起源——情的一端”的观点。乐关注的是精神，是内，是情，是比物质层面更精微和重要的，不能是礼的附庸。将乐视为礼的附庸是后人过分强调礼的等级的结果，也是《乐经》遗失的原因之一。这个结果导致自汉代以后，等级越来越严而人际关系越来越疏离。这不就是《乐记》所警告的“礼胜则离”的后果嘛！而且从孔子所言“兴于诗，立于礼，成于乐”（《论语·泰伯》）也可以看出，乐是人神共求的最高境界，而礼只是给人一个循序渐进的路径，诗是对人的开悟和启发。我们要达到“上达”的境界，就必须超越礼，超越那些等级、阶梯。这能说明为什么庄子讽刺颜回“亦步亦趋”而不能达到孔子的境界，因为“上达”和“乐”的境界是超乎阶梯和捉摸的，是与神、与天的精神性同一。“故乐者天地之齐，中和之纪，人情之所不能免也。”（《史记·乐书》）

谈到这里，我们有必要澄清一下“和”与“同”之关系。自从伯阳父提出“和实生物，同则不继”之后，晏婴进一步将“和”解释为不同因素之适当配合，说：“和如羹焉，水、火、醯、醢、盐、梅，以烹鱼肉，燀之以薪，宰夫和之，齐之以味，济其不及，以泄其过。”（《左传》昭公二十年）自此以后，伯阳父和晏婴这种和的观念成为主流。但是，如果考察一下《史记·乐书》《礼记·乐记》，我们发现“和”主要是因同而和。孔颖达则直接将“和”解释成“合”。证之以《庄子·天下》“同焉者和，得焉者失”，似乎和、合仍是以同为主。故《乐书》反复申明“乐以治内而为同”“同则和亲”的道理，因为只有人们的精神境界、想法、喜好相同或相似，人们才会相亲相爱。

从乐之作为音声来看，乐之原始存在必然不诉诸文字理论的形式。《礼记·乐记》《史记·乐书》《汉书·礼乐志》只能说是几篇关于音乐的理论或哲学论文，谈论乐之重要性和功能，但是对什么是乐、如何作乐却只字未提。鉴于古人祭祀之乐包括音声、歌词和舞蹈，可以推知《乐》之为经当是一部类似于乐谱的文集，而《诗经》是它的部分歌词。由于乐谱非专门训练之人不可读，所以其传播不广，容易遗失，或许这是《乐》有经名而无书的缘故。《汉书·礼乐志》将《乐经》之失传归咎于新乐或流行音乐之流行，说：“至于六国，魏文侯最为好古，而谓子夏曰：‘寡人听古乐则欲寐，及闻郑、卫，余不知倦焉。’子夏辞而辨之，终不见纳，自此礼乐丧矣。”这或许有一定的道理。我们从《汉书·艺文志》可以印证这个推断。《汉书·艺文志》首先指出，乐“以音律为节”，说明《乐经》不是单纯的文字。接着指出，制氏之乐、窦公之《大司乐》章、河间献王和毛生的《乐记》都是“以雅乐声律”为主，与刘向之《乐记》不同。刘向之《乐记》或许就是《汉书·礼乐志》所本，但是它已经不是乐谱，而是论乐之文。

二、为什么说周公制礼作乐

从上节所述可知，在周代以前，礼乐应当已经存在。当时，礼在甲骨文中写作“丰”。[①]但是，郭沫若说：“礼字是后起的字，周初的彝铭中不见有这个字。”[②]徐复观更尖锐地指出，整部《尚书》中仅出现五个“礼”字，而且皆指的是祭祀中的仪节。“礼既是指祭神的仪节而言，但礼字的流行，不在宗教气氛浓厚之周初及其以前；而如后所述，乃在《诗经》的晚期，即在宗教观念已经很薄弱之后，这又当作怎样的解释呢？”[③]徐复观的解释是，周初用“彝”字来指称法典、规范和生活中的威仪。原始的礼吸收了彝的这些含义。“到了《诗经》时代末期之所谓礼，乃是原始的‘礼’，再加上了抽象的‘彝’的观念的总和，而成为人文精神最显著的征表。这便成为新观念的礼。”[④]换句话说，徐复观将周初“礼”的稀少归因于“彝”的盛行，而春秋时代“礼”的盛行则是由于“新礼”的产生。但是，徐

① 王国维：《观堂集林》第1册，第290—291页；徐灏《说文解字注笺》：“礼之名起于事神，引伸为凡礼仪之礼……丰本古礼字。”

② 郭沫若：《郭沫若全集·历史编》第1卷，人民出版社1982年版，第336页。

③ 徐复观：《中国人性论史·先秦篇》，上海三联书店2001年版，第37—38页。

④ 徐复观：《中国人性论史·先秦篇》，第39页。

复观不能解释为什么与“彝”同时期还有“丰”字存在。如果说“新礼”之流行，是因为总括了“彝”与原始的“礼”，那么“彝”与“丰”又是什么关系呢？倒是王国维说得更简单明了。他说：“周之制度典礼，乃道德之器械，而尊尊、亲亲、贤贤、男女有别四者之结体也，此之谓民彝。其有不由此者，谓之非彝，《康诰》曰：‘勿用非谋非彝。’《召诰》曰：‘其惟王勿以小民淫用非彝。’非彝者，礼之所去，刑之所加也。”[①]观王国维所言，可知他直接将彝视作礼。如此一来，在殷末周初，礼之作为“彝”与礼之作为“丰”是同时流行的。只不过当时或如徐复观所言，祭祀中更注重彝，即器物仪式方面[②]，因为那时人对神的敬畏心是本有且不得不有的，所以不必强调。但是，等到周公制礼作乐，特别是对神的敬畏感降低之《诗经》晚期，人们才强调“礼”的践行的严肃性，而礼字频出。其对礼的强调，证之以老子和孔子对礼的慨叹，可以说是希望人们在行礼时，保持原有的敬畏感和严肃性。

既然周初就已经有了礼或彝（当然，乐是自然伴随的），那么为什么史书屡次提及周公“制礼作乐”呢？例如，汉人伏生《尚书大传》称：“周公居摄六年，制礼作乐。”《礼记·明堂位》称：“六年，朝诸侯于明堂，制礼作乐。”更有《左传》文公十八年载：季文子以鲁国世家子，声称“先君周公制周礼”。可以确定，周公对礼

---

① 王国维：《观堂集林》第2册，中华书局1959年版，第477页。

② 徐复观：《中国人性论史·先秦篇》，第39页。

乐肯定有所作为。那么，周公为什么要制礼作乐呢？其实，在周人征服殷人之初，周人仍然沿用殷人之礼乐。《尚书·洛诰》云：“王肇称殷礼。”说明当时周人沿用的仍是殷礼，尚未制定自己的祭祀仪节。但是，管叔蔡叔之乱、殷人不服使周公作为摄政王必须有所作为。因此，周公制礼作乐首先是为了论证周人取代殷人政权的合法性。王国维首倡此说，认为周公制礼作乐乃是“旧制度废而新制度兴，旧文化废而新文化兴。……其制度文物与其立制之本意，乃出于万世治安之大计”①。李景林说，周公“提出一套新的天命论以论证周代殷而有王权的合理性。所以，后人以周公制礼作乐，为周代思想文化的创建者，是不错的”②。我也曾撰文说：“以德配天”，“怀疑上帝的存在，是导致周公神道设教、制礼作乐的原因”③。其次，周公制礼作乐是为了“纳上下于道德，而合天子、诸侯、卿、大夫、士、庶民以成一道德之团体”④，是从神权转向德治。李泽厚说，周公旦的制礼作乐，最终完成了“巫史传统”的理性化过程，从而奠定了中国文化传统的根本。“周公通过‘制礼作乐’，将上古祭祀祖先、沟通神明以指导人事的巫术礼仪，全面理性化和体制化，以作

---

① 王国维：《观堂集林》第2册，第453页。

② 李景林：《教化的哲学——儒学思想的一种新诠释》，黑龙江人民出版社2006年版，第268页。

③ 谭明冉：《殷周之际“以德配天”的提出及其对孔子天命观的影响》，《世界宗教文化》2014年第6期。

④ 王国维：《观堂集林》第2册，第454页。

为社会秩序的规范准则。”[1]徐复观说：“殷人虽有祭祀之仪节，但其所重者在由仪节所达到的‘致福’的目的，而不在仪节之本身，故礼之观念不显。……到了周公，才特别重视到这种仪节本身的意义。于是礼的观念始显著了出来。礼的观念的出现，乃说明在周初的宗教活动中，已特注重到其中所含的人文的因素。”[2]徐复观说出了周公对礼的人文因素的重视，但是他似乎没有认清仪节的地位。仪节本身与致福是一体的，殷人重视仪节本身就是重视致福，因为仪节之外并无致福的方法，所以商王一直很注重祭祀占卜的仪式。周公之礼重视的也是仪节，但是更注重因仪节而调整或规定的人际关系。周公不同于殷人之处在于，周公关注的是仪节的伦理作用，而殷人关注的是仪节表达的神意。这就是为什么王国维说周公制礼作乐要“纳上下于道德”。严耕望则总结周公制礼作乐之目的为三：（一）规定政治制度，以礼治国；（二）规定伦理名分，协调五伦关系；（三）节文人情，立身，修身，人禽兽之分界，使人优雅。[3]虽然严之归类不免后儒增饰之嫌，其基本上可以说是周公以礼治国治人的滥觞。

明白了周公制礼作乐之目的，那么周公又是如何制礼作乐的呢？从孔子殷因周继之言，说明周公并没有另起灶炉，而是在殷礼的基础上有所损益。《汉书·礼乐志》道出了这个真相：“王者必因前三之礼，顺时施宜，有所损益，即民之心，稍稍制作，至太平

---

① 李泽厚：《己卯五说》，第52页。

② 徐复观：《中国人性论史·先秦篇》，第37—38页。

③ 严耕望：《儒家之礼的理论》，《学风》第7卷第1期。

而大备。周监于二代，礼文尤具，事为之制，曲为之防，故称礼经三百，威仪三千。”据此可知，周公之制礼作乐，是在前代之礼乐的基础上“顺时施宜”“稍稍制作”，说明继承仍然是主要的。章学诚也说：“周公成文、武之德，适当帝全王备，殷因夏监，至于无可复加之际，故得藉为制作典章，而以周道集古圣之成，斯乃所谓集大成也。”[①]既然是集大成，虽有创作，仍然是继承为主。

那么周公的创新体现在什么地方呢？首先，周公以德充实礼，增强了礼的人文义，减弱了其宗教义。杨向奎说：“周公对于原始礼仪有过加工，他以为这种待人敬天的礼以及行礼中的仪容，应当充实德的内容。”[②]“周公对于礼的加工改造，在于以德行说礼，减轻了礼物之商业交换的意义，宗教上的含义也同时减轻。”[③]德主要指为大众谋利益的品质。[④]证之以《尚书·仲虺之诰》：“有夏昏德，民坠涂炭。”《尚书·汤诰》：“夏王灭德作威，以敷虐于尔万方百姓。”可知，德主要指对民众的爱护，而灭德则是让民众受苦。徐复观从“惪”（古德字）推测，德之“原义亦仅能是直心而行的负责任的行为；作为负责任行为的惪，开始并不带有好或坏的意思”[⑤]。徐复观的前半句是对的，因为德的初始义就是顺天性自然而出的爱人之行为，而后来被孔孟发展为“心安”和恻隐之心。但是，徐复观说德

① ［清］章学诚著，叶瑛校注：《文史通义校注》，中华书局1985年版，第121页。

② 杨向奎：《宗周社会与礼乐文明》，人民出版社1992年版，第332页。

③ 杨向奎：《宗周社会与礼乐文明》，第333页。

④ 张光直：《美术、神话与祭祀》，辽宁教育出版社2002年版，第91页。

⑤ 徐复观：《中国人性论史·先秦篇》，第21页。

最初无好坏之分，则不符合《尚书》之语境。设若德是中性的，则“昏德”“灭德”“敬德”“以德配天”等都会出现文本解释困难。杨向奎根据《诗经·大雅·抑》“抑抑威仪，维德之隅”得出，德是因威仪而成的规范行为，并继而总结说：

> 由礼物的含义而有德之施惠于人，由规范的含义而有“德俭而有度，登降有数”。周公之造“德”，在思想史上，政治史上，都是划时代的大事，由此，传统的“天人之际”，逐渐失去颜色，至孔子造“仁”，遂以“人人之际”代“天人”。[①]

杨向奎所说的“礼物”当指祭祀中对天或神的回报之祭品。因此，祭品之散发而有惠于参与祭祀之人。这样，德在周公之时，当兼有恩惠和善行两方面的意思。他也指出了周公造“德”的历史意义，是从“天人之际”向“人人之际”转变的开始。

其次，周公扩展了礼的应用范围，使它超出祭祀仪式而成为普遍的社会规章制度。徐复观说：“春秋时代认为周公所制之周礼，其内容非仅指祭祀的仪节，实包括有政治制度，及一般行为原则而言。”[②]杨向奎说：“关于周公、孔子都有制礼乐或定礼乐的记载，他们实际是对传统的礼乐加工改造，从原始的交易行为，变作修身、

---

① 杨向奎：《宗周社会与礼乐文明》，第334页。

② 徐复观：《中国人性论史·先秦篇》，第37页。

齐家、治国、平天下的大道理。”[①]王国维则具体地指出周公制礼作乐在于“立子立嫡”等制度。“由是制度，乃生典礼，则经礼三百、曲礼三千是也。”[②]鉴于礼本来就具有等级顺序之义，夏礼殷礼也必然讲求上下老幼、亲疏远近，只是这种意识还没有被置于主导地位。例如，殷人卜辞就很重视孝。但是，等到周公突出“尊尊”“亲亲”二义之后，这些所谓的礼仪逐渐从原来的敬神转向人际关系的调节。王国维接着说：“商人继统之法，不合尊尊之义，其祭法又无远迩尊卑之分，则于亲亲、尊尊二义，皆无当也。周人以尊尊之义经亲亲之义而立嫡庶之制，又以亲亲之义经尊尊之义而立庙制，此其所以为文也。”[③]王国维说殷人于尊尊、亲亲皆无当，似乎有点过分。殷人之兄终弟及实也含有尊卑远近之义。但是周人的立嫡之法确实使兄弟间有尊卑、家族间有大宗小宗之别，将殷人的平面权力结构改进为周人的金字塔权力结构。这种创新首先使王的权力交接稳定化，避免了殷人兄终弟及继承法的混乱。周朝坐享五百年之稳定，而中国宗法家庭持续三千年，和谐大于纠纷，皆缘于此。

关于礼、德之关系，郭沫若曾声言：“礼是后起的字，周初的彝铭中不见有这个字。礼是由德的客观方面的节文所蜕化下来的，古代有德者的一切正当行为的方式汇集下来便成为后代的礼。”[④]对此，

---

① 杨向奎：《宗周社会与礼乐文明》，第328页。

② 王国维：《观堂集林》第2册，第475页。

③ 王国维：《观堂集林》第2册，第468页。

④ 郭沫若：《郭沫若全集·历史编》第1卷，第336页。

杨向奎纠正说："它既不是德的派生物，也不是'古代有德者的正当行为的方式汇集下来'。正如上面所述，礼的来源很早，它起源于原始社会。……相反，正好是礼的规范行为派生出德的思想体系。德是对礼的修正和补充；修正、补充不可能早于原生物。西周初年有'礼'字，而且在甲骨文中已经存在。"[①]其实，礼与德的关系，在原初祭祀之时是仪式与内心诚敬之关系，后来演化成仪式与德行的关系。当然，德行不仅包括恩惠、善行，还以内心之诚敬为依托。但是，由于周公强调"以德配天""皇天无亲，惟德是辅""黍稷非馨，明德惟馨"，在祭祀过程中，人们自以为有德而轻视神灵的心态必然发生。《论语·述而》中载孔子病而反对祈祷于神灵，就是因为孔子以为自己有德、理应得到天或神的保佑。这种重德轻神的趋势必然导致无德无敬畏感之人将礼之践行视作一种纯粹的形式。这表现在《左传》昭公二十五年子大叔对礼和仪的区分上：

> 子大叔见赵简子，简子问揖让、周旋之礼焉。对曰："是仪也，非礼也。"
>
> 简子曰："敢问，何谓礼？"
>
> 对曰："……'夫礼，天之经也，地之义也，民之行也。'……民失其性。是故为礼以奉之：为六畜、五牲、三牺，以奉五味；为九文、六采、五章，以奉五色；为九歌、八风、

① 杨向奎：《宗周社会与礼乐文明》，第331页。

七音、六律，以奉五声。为君臣上下，以则地义；为夫妇外内，以经二物；为父子、兄弟、姑姊、甥舅、昏媾、姻亚，以象天明，为政事、庸力、行务，以从四时……哀有哭泣，乐有歌舞，喜有施舍，怒有战斗；喜生于好，怒生于恶。是故审行信令，祸福赏罚，以制死生。'”

从子大叔的回答可以看出，在春秋时代已经出现了行礼与真情实感脱节的现象。这种脱节不仅是行礼者不再有原初祭祀时的敬畏感，而且忘却了以礼来调节人情、人际关系的宗旨。所以季氏才敢“八佾舞于庭”，而孔子才有“人而不仁，如礼何？人而不仁，如乐何？”(《论语·八佾》)之叹。

三、周公的德礼改造对老子和孔子之影响

周公“以德配天”的思想和以德充礼的措施改变了殷代以来的天人关系[①]，他将殷人虔诚地听从“帝命”转变为谨慎地修德和敬德。“皇天无亲，惟德是辅”“黍稷非馨，明德惟馨”告诉人们只要有德，自然会得到天帝的保佑和欣赏。这种转变直接导致礼的含义转变。它使礼由原来的祭神仪式转变为修齐治平的准则。《礼记·郊特牲》说：“礼之所尊，尊其义也。失其义，陈其数，祝史之事也。”如果说在周

① 谭明冉:《殷周之际“以德配天”的提出及其对孔子天命观的影响》。

公以前，祝史机械地践行礼仪，除了敬畏之感外，别无他求。周公之后，礼的践行已经不止于仪式，而是更注重其人文内涵和社会效用，也就是对“尊尊”“亲亲”的维护。中国文化强调的立世根本，就是德。对于个人，“君子以厚德载物”；对于家国，“国之安者，必积其德义”。总之，“德者，本也”。道德培养，是为人为事之本。

周公重人事而轻天命神意的端倪在伐纣之时早已显现。《荀子·儒效》记载，武王伐纣之日，一为兵忌之日且犯太岁，二是出现了河涌山崩之异象。霍叔从神道的角度要求停止伐纣，而周公却说，这些异象远不及商纣王之恶行暴政，坚持伐纣。结果，在牧野之战中，“纣卒易向”，从而获得胜利。荀子记载的真实性不可知，但是它至少反映出儒家所尊奉的周公旦是以人事和理性来决定伐纣的。这种重人事和理性的态度与他的重德思想是一致的。李泽厚则以军事必以人事人谋为主解释武王、周公的理性决策。他引用《孙子·用间》说：

> “明君贤将所以动而胜人，成功出于众者，先知也。先知者，不可取于鬼神……必取于人”。作为领导、负责军事行动的“巫”“君”，其从事的“巫术礼仪”自然不能不受到这一方面经验教训的制约影响，从而使原巫术活动中的非理性成份日益消减，现实的、人间的、历史的成份日益增多和增强，使各种神秘的情感、感知和认识日益取得理性化的解说方向。[①]

① 李泽厚：《己卯五说》，第51页。

周公重德轻神的思想直接影响到周代的士大夫和史官。桓公六年，随侯以牲牷肥腯、粢盛丰备谓可信于神。季梁以为："民，神之主也，是以圣王先成民而后致力于神。……于是乎民和而神降之福，故动则有成。今民各有心，而鬼神乏主；君虽独丰，其何福之有？"（《左传》桓公六年）季梁所谓的"民和而神降之福"，就是要随侯修德，以德来获得神的保佑。但是，其"先成民而后致力于神"的主张则比周公更轻视神。成公五年，晋国赵婴与庄姬通奸。赵婴梦天使对他说："祭余！余福女。"士贞伯以为："神福仁而祸淫。淫而无罚，福也。祭，其得亡乎？"（《左传》成公五年）士贞伯也是继承了周公的思想，以为神保佑有德之人，而惩罚淫乱之人。但是，如果赵婴祭神，仍然可以逃跑而避免死亡。这样，赵婴祭祀之后，便被流放到了齐国。

又，郑国都城南门起初有两蛇相斗，门里的蛇死了。郑厉公第二年便成了国君。为此问申繻有无妖异谶纬之事。申繻却说："妖由人兴也。人无衅焉，妖不自作。"（《左传》庄公十四年）类似地，宋国从天上落下了五块陨石，又出现六只水鸟退着飞过宋国都城。宋襄公为此问内史叔兴。叔兴却说："是阴阳之事，非吉凶所生也。吉凶由人。"（《左传》僖公十六年）可以说，申繻和叔兴都是从人事上判断吉凶，并不认为妖异怪象能够影响人们的生活。特别是叔兴身为神职人员内史，竟然直接否定天意，即使对秦汉以后的人们来说，也是非常震惊的。

到了春秋末期，单襄公直接否认自己知道天道神意，说："吾非瞽史，焉知天道？”接着，他以人之行为，即“见晋君之容，而听三郤之语”（《国语·周语》）来预测晋厉公和三郤必将为内乱所杀。晋君缺乏德义，不讲信用，而三郤爱冒犯他人、诬陷他人和掩人之美。子产直接说：“天道远，人道迩，非所及也，何以知之？灶焉知天道？是亦多言矣，岂不或信？”（《左传》昭公十八年）子产以人道、天道不相干，不相信裨灶能预知天道。这重人事、轻天道神意的风气可以说已经发展到极致，但是它也将人们的欲望从对天或神的敬畏中释放出来，导致许多人不守礼法，肆意妄为。于是，季氏可以“八佾舞于庭”，可以“旅于泰山”，管仲可以有三归、树塞门。阳货可以陪臣执国命，而崔杼可以弑齐君。司马迁更直接指出：“《春秋》之中，弑君三十六，亡国五十二，诸侯奔走不得保其社稷者不可胜数。察其所以，皆失其本已。”[①]这个本就是礼，也是礼本来带有的敬畏感和秩序性。司马迁后面的解释更证明了这一点。“夫不通礼义之旨，至于君不君，臣不臣，父不父，子不子。夫君不君则犯，臣不臣则诛，父不父则无道，子不子则不孝。”[②]“犯”，就是被冒犯；“诛”就是被杀。可以说，正是在这种社会氛围中，孔子疾呼正名，要“君君，臣臣，父父，子子”（《论语·颜渊》）。

孔子虽然要复礼正名，但是他对鬼神敬而远之的态度却成为复礼的羁绊。因为礼之本质在“合情饰貌”，在“著诚去伪”（《礼

① ［汉］司马迁：《史记·太史公自序》，第3297页。

② ［汉］司马迁：《史记·太史公自序》，第3298页。

记·乐记》)，通过外在的仪式表达内心的诚敬。而这种诚敬起初就是对神灵的敬畏和虔诚。在周公“以德配天”提出以后，虽然人们重视个人修德，但是他们对神的诚敬还未减弱，只是将以前奉献给神灵的粢盛换为目前的美德而已。可是，等到人们不敬神之时，人们的德就缺乏了奉献对象和评价标准，必然导致一些人自以为是，当然以诚敬为内核的礼乐自然也就被违反了。从这个角度上讲，要恢复礼的权威，最直接的办法莫过于恢复神灵的权威，加强人心中的敬畏感。墨子看到了这一点，所以说：“国家淫僻无礼，则语之尊天事鬼。”(《墨子·鲁问》)

孔子既然不走尊天事鬼之老路，只好以仁、敬等真情实感来恢复礼乐，所以说，“恭近于礼”(《论语·学而》)，“居上不宽，为礼不敬，临丧不哀，吾何以观之哉？”“人而不仁，如礼何？人而不仁，如乐何？”(《论语·八佾》)。但是，仁、敬本来是礼之实质，是礼之所以为礼者，这就是《国语·周语》内史兴所说“且礼，所以观忠信仁义也”。今孔子反过来用来恢复礼，实际上是以本求末。更为严重的问题是，如何才能使人仁、敬，孔子并没有给出明确的方法。一方面，他采用循环论证，说“克己复礼为仁”；另一方面，他诉诸“心安”，诉诸孝悌等亲子感情。但是，孔子马上意识到，由“心安”带来的仁爱之自然情感并不必然合于礼，也不能保证礼的执行，所以又以恭、宽、信、敏、惠来界定仁。显然，恭信即是诚敬。孔子仍然没有给出一个很好的复礼之方。

不得已，孔子也只好对鬼神持保留态度，以期从对鬼神的敬畏感那里获得一点对礼乐的诚敬。他一方面说："务民之义，敬鬼神而远之，可谓知矣"（《论语·雍也》），但是另一方面，又要求人们"畏天命"，要"祭如在，祭神如神在"，要"菲饮食，而致孝乎鬼神"（《论语·泰伯》），要对父母"生，事之以礼；死，葬之以礼，祭之以礼"（《论语·为政》）。孔子或许看到了在神权日益衰落下，恢复礼乐日益困难，所以希望从天帝鬼神那里得到一点帮助。但是，他又深信德行仁义的重要性，不愿意违背周道而放弃道德教化。

孔子这种模棱两可的鬼神观马上遭到墨子的批判。墨子说："儒以天为不明，以鬼为不神，天鬼不说，此足以丧天下。"（《墨子·公孟》）又说："执无鬼而学祭礼，是犹无客而学客礼也，是犹无鱼而为鱼罟也。"（《墨子·公孟》）墨子可以说一针见血地指出了孔子的困境或矛盾。既然不能再模棱两可了，孔子的弟子便直接将天帝鬼神抛开，认为礼乐只是一种表演或粉饰，是愚弄大众的。荀子说："日月蚀而救之，天旱而雩（求雨），卜筮然后决大事，非以为得求也，以文之也。故君子以为文，而百姓以为神。以为文则吉，以为神则凶也。"（《荀子·天论》）《淮南子·氾论》说得更直接：

> 天下之怪物，圣人之所独见；利害之反覆，知者之所独明达也；同异嫌疑者，世俗之所眩惑也。夫见不可布于海内，闻不可明于百姓，是故因鬼神禨祥而为之立禁。……凡此之属，皆不可胜著于书策竹帛，而藏于官府者也，故以禨祥明之。为愚者之不知其害，乃借鬼神之威以声其教。所由来者远矣。

二者的意思都是因鬼神而神道设教，纳无知之民众于规则教化之中。可以说，到了《荀子》和《淮南子》的时代，神权神道基本上彻底衰落，虽然有人偶尔借用谶纬怪异来神化自己的权威，像陈胜之狐鸣、刘邦之斩蛇，但是重人事、轻鬼神的传统已经深入中国人之骨髓，所以欧阳修才会慨叹："盛衰之理，虽曰天命，岂非人事哉！"（《新五代史·伶官传序》）

但是墨子背周道而用夏政，要求尊天事鬼，果能恢复民众对礼乐的真诚践行吗？

周公"以德配天"的思想不但导致其制定的礼乐文化解体，而且促进了巫史职能的分化。在祭祀中，巫主降神，而史主记载和诊断。《周礼·天官冢宰》："史十有二人。"郑注："史，掌书者。"孔疏："史，主造文书也。"王国维说："周六官之属，掌文书者亦皆谓之史。则史之职专以藏书、读书、作书为事。其字所从之'中'。自当为盛筴之器。此得由其职掌证之也。"[①]史的记载和诊断最初应该是记载王、主祭者或自己对神意的揣摩。神意包括帝命、天意或祖先之神的意愿。所以，扬雄说："史以天占人。"（《法言·五百》）

既然以天占人，史观测的天象或天意并不仅仅限于祭祀占卜之时，而是所有的自然现象。于是其观测和分析必然带有一定的客观性，而逐渐远离卜筮的主观比附。帛书《要》"赞而不达于数，则亓为之巫。数而不达于德，则亓为之史"，概括出在占卜中，史与巫的

① 王国维：《观堂集林》第1册，第269页。

区别。史更注重“数”，而数之发展就是理、就是道。其实，史之职就在于司天，负责观测天象，依据日月星辰的变化规律来制定历法等，也就是所谓明天道。①

这种对天象的观测使他们更倾向以“数”或理来解释吉凶祸福，而不是巫的比附。例如，伯阳父以阴气、阳气失调解释地震，周内史叔兴认为“陨石于宋五”，“六鹢退飞过宋都”都是“阴阳之事，非吉凶所生也”。这些都说明史官逐渐将天象天道与人类的吉凶祸福分开。既然“皇天无亲，惟德是辅”，人们就不应该关心什么祈祷或天象，而应该关注自己的修为。自己有德了，自然会得福。自己作恶了，自然会罹祸。所以，叔兴接着说：“吉凶由人。”这样，史官逐渐“抽去了天的神性，使天道不再是上帝意旨而是自然规律了”②。老子作为史官，不但继承了这个史官传统，而且要剔除掉传统天道观念中所包含的神意内容，而发展出天道自然的思想，并在天道和人事之间建立起一种完全不同于占星术的关系。唐兰说：“一部《老子》的中心，是道。但是这里所谓‘道’，已经不是上面所引春秋时所说的那样简单。它已经不是某一条原则，而是一切事物的总原则。他已经把春秋时所讲的‘道’建设出一个系统。这是哲学史上的一个大进步。”③

老子选择用“道”来统摄“天道”和“人事”，要求以天道主导

---

① 王博：《老子思维方式的史官特色》，《道家文化研究》1994年第4辑。

② 王萍：《老子与中国早期史官》，《文史哲》2000年第2期。

③ 唐兰：《〈老子〉时代新考》，《唐兰全集》第1册，第342页。

人事。其目的在于强调道或天道的“自然无为，扬弃传统天道概念的神学内涵”。为了达到这个目的，老子以道来否定天，否定天的至高无上地位。于是，老子说：“有物混成，先天地生……天法道，道法自然。”（《老子》第二十五章）“道冲而用之或不盈，渊兮似万物之宗……湛兮似或存，吾不知谁之子，象帝之先。”（《老子》第四章）这样，道既先于天地，又早于象帝（上帝）。所以郭沫若说：“连‘上帝’都是由‘道’所生出来的，老子对于殷周的传统思想的确是起了一个天大的革命。”[①]既然天、帝都依赖道而存在，那一般的鬼神就更不用说了。所以，老子接着说：“天得一以清，地得一以宁，神得一以灵，谷得一以盈，万物得一以生，侯王得一以为天下贞。”（《老子》第三十九章）“以道莅天下，其鬼不神。非其鬼不神，其神不伤人。”（《老子》第六十章）“一”也就是道。道不仅是天地鬼神之所以然，而且是万物的生存法则和侯王之治理准则。这样，道就贯通了天人，成为自然和社会的总原则。这就是庄子所言：“且道者，万物之所由也，庶物失之者死，得之者生，为事逆之则败，顺之则成。”（《庄子·渔父》）《韩非子·解老》也说：“道者，万物之所然也，万理之所稽也。”既然神依赖道而灵，当然体道之人，无须卜筮，就可以知道吉凶，而相传为通达鬼神之意的卜筮自然失其神秘。故而老子说：“能无卜筮而知吉凶乎？”（《庄子·庚桑楚》）庄子借用体道之壶子将善于预知吉凶的神巫季咸吓走。

① 郭沫若：《郭沫若全集·历史编》第1卷，第352页。

老子的“道法自然”“天乃道”，说明老子并不反对将天、道、自然等同。其所反对的是史官占星术中的神学思想。尽管如此，他还是保留了一些天的人格神的痕迹，如“天道无亲，常与善人”（《老子》第七十九章），“天之道，利而不害”（《老子》第八十一章），“天之道，不争而善胜，不言而善应，不召而自来，绰然而善谋。天网恢恢，疏而不失”（《老子》第七十三章）。这种对天之人格神的保留，与孔子类似，说明老、孔二人虽然都“敬鬼神而远之”，反对鬼神干涉天道和人事，但是还不能完全洗脱干净，因为老子的道本来就是帝命的转换，正如郭沫若所说：“它只是把从前的人格神还原为浑沌而已。”[①]

老子“道”的产生既然受“以德配天”思想的影响，那么老子的“德”“道”与周公的“德”有何关系呢？如前所述，周公的“德”强调恩惠、善行、孝悌和以诚敬之心践行礼仪和祭祀。老子的“德”仍然体现了这些思想。例如，“报怨以德”（《老子》第六十三章），“失德而后仁”（《老子》第三十八章）说明老子的德是比仁更为广大的恩惠或包容，如“生而不有，为而不恃，长而不宰，是谓玄德”（《老子》第五十一章）。但是，老子更强调德的自然或本性含义，说：“夫水之于汋也，无为而才自然矣。至人之于德也，不修而物不能离焉，若天之自高，地之自厚，日月之自明，夫何修焉！”（《庄子·田子方》）“汋”，水之自然渗出或涌出。此言至人之德乃顺本

① 郭沫若：《十批判书》，第186页。

性而然，不假修为，就像井中之水自然渗出一样。

由于老子也将道之本质视为自然，这样“道”和“德”在他那里变成了共相与具象的关系。故《管子·心术上》说：

> 德者，道之舍，物得以生生，知得以职道之精。故德者，得也。得也者，其谓所得以然也。以无为之谓道，舍之之谓德。故道之与德无间。

“职”，禀也。“德”乃是道的具体化，是禀道之精而成，是万物之所以然。这样，道和德在万物之中达到了统一。所以老子说：“是以万物莫不尊道而贵德。道之尊，德之贵，夫莫之命而常自然。”（《老子》第五十一章）庄子说：“通于天地者，德也；行于万物者，道也。”（《庄子·天地》）

道和德的自然本性义必然导致老子对人为，特别是仁义礼智的排斥。《老子》第三十八章将这个观点阐述得淋漓尽致。首先，老子指出最高的德是顺性而为，是不知道自己有德的，就像动物本能地保护子女而自己不知道那叫仁爱一样。其次，他指出了最高的仁虽然泛爱万物，且不求回报，但是由于仁者不忍心他人受苦，所以偏离了“上德”之无心自然，而入于有心有为。一旦有心有为，就容易生伪，这就是庄子说的“为人使易以伪，为天使难以伪”（《庄子·人间世》）。长此以往，必然每况愈下，最终导致“礼者，忠信之薄而乱之首”。“礼”本来就是通过外在的形式表白内在的情感。

“礼者，外饰之所以谕内也。故曰：‘礼以貌情也。’”（《韩非子·解老》）可是，人们失去诚敬亲爱等真情实感，而只是徒具外在的形式时，必然导致虚伪欺诈和社会混乱。但是，不同于孔子，老子要求人们回归道德之朴素自然，去除礼义等有心作为和外在形式，而孔子则是试图以仁爱之心代替原初的敬畏之心以重建礼乐。孔子的道是周道，也就是礼乐之道。

据此，许地山说：“道家之所谓‘道’与儒家之所谓‘道’，其不同的地方在前者以为人生应当顺从天地之道与万物同流同化，故立基在阴阳、动静、刚柔、强弱等等自然相生、自然相克底观念上头，而忽视人为底仁义；后者偏重于人道底探索与维持，故主张仁义。”[①]许地山指出道家强调自然是对的，但是他忽视了道家之大爱。诚如前文所讲，道家之大爱乃在于以天地之爱普育万物，要超越“相呴以湿，相濡以沫”之小爱，而达到“相忘于江湖”之大爱。儒家虽然重视礼乐教化，但是其诉诸心安、恻隐以培养爱心，也吸收了道家的自然含义。许地山认为，因为道家要超出人道来建立道说而认为道家在思想发达底顺序上应当是比儒家晚。[②]这个观点也值得商榷。道家超出人道而立说乃是其史官观测天道、“以天占人”的自然结果，并不是因为反对儒家之礼乐人道而来。反对礼乐只是其法天法自然之学说建立后的必然结果。因此，道家思想不会比儒家晚。即使从二者同样反思礼乐

① 许地山：《道家思想与道教》，《许地山：国学与国粹》，第40页。

② 许地山：《道教史》，第11页。

的角度来看，许地山也没有令人信服的证据可以证明道家晚于儒家，当然这个儒家是以孔子学说为主的儒家。

总之，中国传统礼乐文化很看重个体人的生存品位与品质，很重视人文的熏陶和修养。优游、涵养、陶冶于礼乐教化之中，通过《诗》教、《书》教、礼教、乐教来培养社会精英，也通过他们影响、诱导、提升民间百姓生活的品位。这是中国传统教育家的重要任务，也是时下增强中国人文化自信的重要切入点。

在建设和谐社会的当代中国，礼乐文明的主旨仍具有值得开掘吸取的价值。礼乐文明的秩序与和谐理念，既有内在的源于自觉意识的道德规范，又有外在的带有约束性的行为规范。用一定的礼仪形式来调节人们的行为方式，可以加强社会的亲和力，并对人的社会化施予积极影响。礼乐内在的道德修养，可以达到人性的平衡、升华，生发“礼”尚往来、以“诚”相待、以“信”相许、以“义”相重的情操，从而实现主体与外界的和谐、群体的和谐、社会的和谐。改革开放的中国正敞开胸怀，面向世界，与各国人民一道为维护世界和平、促进共同发展而努力。礼乐文明的秩序、和谐理念，无疑有利于推动建立公正合理的国际政治经济新秩序，有利于实现各国人民建设和平、稳定、繁荣的新世界的追求。习近平总书记在纪念孔子诞辰2565周年国际学术研讨会暨国际儒学联合会第五届会员大会开幕会上发表重要讲话，强调中国优秀传统思想文化“体现着中华民族世世代代在生产生活中形成和传承的世界观、人生观、价值观、审美观等，其中最核心的内容已经成为中华民族最基本的文化基因。这些最基本的文化基因，是中华民族和中国人民在修齐治平、尊时守位、知常达变、开物成务、建功立业过程中逐渐形成的有别于其他民族的独特标识。中国人民的理想和奋斗，中国人民的价值观和精神世界，是始终深深植根于中国优秀传统文化沃土之中的，同时又是随着历史和时代前进而不断与日俱新、与时俱进的”[①]。

“孔子创立的儒家学说以及在此基础上发展起来的儒家思想，对中华文明产生了深刻影响，是中国传统文化的重要组成部分。……中华文明，不仅对中国发展产生了深刻影响，而且对人类文明进步作出了重大贡献。”[②]习近平的讲话，表明了中国在励精图治中发展经济、走上富强之路以后，向文明型国家迈进。而一个古老民族铸造的核心价值，在现代民族国家格局之中，也将成为世界文明价值的重要组成部分。在现代社会治理中，儒学不仅仅是文饰修辞的话语，而应该在具体的制度建设中落实其兴礼作教、抚民化俗的意义。在古代圣贤的理解中，它作为一个价值共同体的中国理想，并非止步于国富民强，更要塑造君子人格、浇铸文化内核。而且，对于一个现代国家而言，经典与历史构成了现代国家的文化软实力。在今天多元文明并呈的世界中，“和而不同”的标准广为接受，儒家经典同样为现代国际政治提供了重要的思想资源。

---

① 习近平：《在纪念孔子诞辰2565周年国际学术研讨会上的讲话》，新华网2014年9月24日，www. xinhuanet. com/politics/2014-09/24/c. 1112612018.htm。

② 习近平：《在纪念孔子诞辰2565周年国际学术研讨会上的讲话》，新华网2014年9月24日，www. xinhuanet. com/politics/2014-09/24/c. 1112612018.htm。

第三章　溯本正源：儒道的史官远源

习近平总书记提出的四个“讲清楚”，即“要讲清楚每个国家和民族的历史传统、文化积淀、基本国情不同，其发展道路必然有着自己的特色；讲清楚中华文化积淀着中华民族最深沉的精神追求，是中华民族生生不息、发展壮大的丰厚滋养；讲清楚中华优秀传统文化是中华民族的突出优势，是我们最深厚的文化软实力；讲清楚中国特色社会主义植根于中华文化沃土、反映中国人民意愿、适应中国和时代发展进步要求，有着深厚历史渊源和广泛现实基础”，蕴含着丰富的理论内容。只有溯本正源，搞清楚中华文明的源头，才能挖掘出中国传统文化中的精华，发现传统文化中超越于时代限制的“初心”，使马克思主义得以更好地中国化。故梳理好儒道二家的起源与演变，弄清儒道二家从巫到史再到学派的演变，便彰显了中国文化的去迷信巫术、重理性和情感的传统。正是这种情感和理性兼重的传统，使中华民族具有勤劳、包容、仁爱和公平的优良品德。反观当下，在全面实现小康社会历史任务之中，在实现两个一百年奋斗目标和中华民族伟大复兴的中国梦的伟大历史进程中，这种优良的传统与品德是不可或缺的。

周公的制礼作乐只是对周代以前的宗教仪式加以整理和升华。周公之所以具有这个能力是因为周公本来就是巫祝，像前面的周文王、商王等一样是最大的巫，是“祭司王”。但是，问题是，巫、祝、史、卜是如何分享“祭司王”的职责或权力的，目前论述尚少。《周礼》中规定了巫、祝、史、卜各自的职责，虽然是汉代人的编纂，但是至少可以说明自周公后，随着世俗行政权的重要性增加，神权的地位逐渐下降。于是，周王逐渐将祭祀占卜等事委托专职人员去做，这就是巫、祝、史、卜。这种专职的神职人员在东周礼坏乐崩之后成为散布于各地的知识分子，进而演化为后来的诸子百家。从这个意义上来看，刘歆、班固说诸子出于王官有一定道理，只是他们将各家对号入座，则属于臆测。特别是史和祝，二者虽职责不同，但有时能力却相同，可以相兼。这就导致后来道家、儒家到底出于史、出于祝或出于巫之争论。其实，严格意义上，诸子可以说皆出于史。据王国维考证，甲骨文中，史最先出现，是事和士的字源。也就是说，在甲骨文中，史＝事＝士。这说明，史就是殷周时的知识分子，相当于现代的书记员，且懂巫术。祝因为其相礼、读诵祷词的职务，也成为知识分子的一种，且与史很相近。因孔子弟子相礼，故有儒出于祝、道家出于史之说。

第二章我们从历史渊源上指出儒家和道家、孔子和老子都是对周公制礼作乐、以德配天思想的发展，虽然二者或要求回归于素朴自然，或要求加强礼乐践行中的真情实感。第三章我们将从身份或官职上探讨儒道二家出自何处。

一、诸子是否出于王官

既然我们认为儒家和道家皆出于史官，我们就必须对其他不同的观点做一个回应。首先是历史上有名的“诸子出于王官说”。班固《汉书·艺文志》依据刘歆《七略》直接列出九流十家，说：

> 儒家者流，盖出于司徒之官……道家者流，盖出于史官……阴阳家者流，盖出于羲和之官……法家者流，盖出于理官……名家者流，盖出于礼官……墨家者流，盖出于清庙之守……纵横家者流，盖出于行人之官……杂家者流，盖出于议官……农家者流，盖出于农稷之官……小说家者流，盖出于稗官……诸子十家，其可观者九家而已。皆起于王道既微，诸侯力政，时君世主，好恶殊方，是以九家之（说）〔术〕蜂出并作，各引一端，崇其所善，以此驰说，取合诸侯。[①]

班固试图糅合司马谈和刘歆两人的观点，既指出诸家之王官源头，又指出各家因“王道既微，诸侯力政”而兴起以取合诸侯。但是，他没有看到这种并包的矛盾。因为王官之学既为正统，其对王道之维护必然与“取合诸侯”之学相冲突。所以胡适说：“诸子之学，不但

① ［汉］班固：《汉书·艺文志》，中华书局1962年版，第1728—1746页。

绝不能出于王官，果使能与王官并世，亦定不为所容而必为所焚烧坑杀耳。”[①]班固的不通更在于将诸家与王官职位对号入座，这无论在先秦诸子书中还是六经之中都没有根据。所以胡适说：“此所说诸家所自出，皆汉儒附会揣测之辞，其言全无凭据。”[②]

班固、刘歆的问题还在于以偏概全、主观臆测。比如，阴阳家和道家同出于羲和之官，也就是周代的史官，而班固分开来说，说明他要么不明白羲和与太史之关系，要么刻意分门别类。羲和出自《尚书·尧典》，其职责是“历象日月星辰，敬授人时”。据此，夏曾佑说：“若阴阳家，老子未改教以前之旧派也，此即周史之本质。”[③]戴君仁认为阴阳家原出于史。“史本是王朝及诸侯之国的官。因王朝之衰落，诸侯自覆灭，遂散而至四方。以其所学的那一套历数、占卜、灾异、史事种种知识传世，就形成了所谓的阴阳家。《汉书·艺文志》说阴阳家出于羲和之官是不错的，因为史官即出于羲和之官。”[④]据此，我们可以说，阴阳家和道家皆出于史官，只是发展方向不同而已。阴阳家记述了星算卜史重神意天命和忌讳的一面，所以司马谈说阴阳家“大祥而众忌讳，使人拘而多所畏”（《论六家要指》）。道家则继承了太史观天象、重客观理性的一面，从而发展出顺应自然的学说。

---

① 胡适：《诸子不出王官论》，《中国哲学史大纲》，重庆出版社2013年版，第344页。

② 胡适：《诸子不出王官论》，《中国哲学史大纲》，第340页。

③ 夏曾佑：《中国古代史》，河北教育出版社2000年版，第186—187页。

④ 戴君仁：《儒的来源推测》，《大陆杂志》1968年第11期。

如果说阴阳家和道家之出处还算正确，班固的其他对号入座可以说毫无根据。“名家出于礼官”，班固、刘歆或依据于孔子“正名”以恢复周礼，而臆想出这个论断。但是胡适指出，“名”乃是指一个学者或学派论证其学说的“逻辑”。老子之“无名”、孔子和荀子之“正名”、墨子之“三表”和“墨辩”、公孙龙之名实论都是其“名学（逻辑学）”。古代根本就没有什么“名家”。刘歆、班固承其（司马谈）谬说，列名家为九流之一，而不知其非也。

关于“墨家出于清庙之守”，胡适首先批驳了《汉书·艺文志》所提供的根据，认为所列理由与墨家之贵俭、兼爱、尚贤、右鬼、非命皆无关联。胡适基本上是正确的。其从天志的角度解释墨家之“兼而爱人，兼而利人”最为合理，但是他不理解“三老五更”实乃古代氏族首领之蜕变。“养三老五更”正是氏族内部兼爱无私的表现。“宗祀严父”也正是尚同和爱无差等的表现。父相当于天或帝，其于子女一视同仁，没有偏私。这一直是氏族长老的传统，与“以孝视天下”并不矛盾。其说“墨家非命之说要在使人知祸福由于自召，丰歉有待耕耘，正攻儒家‘死生有命富贵在天’之说”[①]，实际上似是而非。墨家所非的“命”是儒家认为“不可知”的偶然性，并不反对“天志（天命）”。墨家的天志是帝命或鬼神之命令，能够赏善罚暴，随时主宰着人类的行动。例如，墨子说：“若昔者三代圣王尧舜禹汤文武……其为政乎天下也，兼而爱之，从而利之，又率天下之

① 胡适：《诸子不出王官论》，《中国哲学史大纲》，第342页。

万民以尚尊天事鬼，爱利万民。是故天鬼赏之，立为天子，以为民父母。”（《墨子·尚贤中》）相对来说，儒家的“死生有命，富贵在天”却强调了偶然性，瓦解了“帝命”或鬼神之命令的必然性，给予了人一定的自由度。胡适“使人知祸福由于自招”正好与墨家的宗旨相反。郭沫若在这一点上说得很清楚：“一般人的见解以为他的‘非命’和尊天明鬼不相合拍，其实正因为他尊天明鬼所以他才‘非命’。他是不愿在上帝鬼神的权威之外还要认定有什么必然性或偶然性的支配……‘非命’就是叫人要对于无形的权威彻底的皈依，对于有形的权威彻底的服从。”①

胡适对章太炎等人以“墨翟亦受学于史角”来支持墨家出于清庙之守的反驳也很精彩，说：“若以墨翟之学于史角，为诸子出于王官之证，则孔子所师者尤众矣。况史佚、史角既非清庙之官，则《艺文志》墨家出于清庙之说亦不能成立。”②其实，我们可以再加上一句，墨翟既学于史角，反而说明墨家可能出于史官。关于其他诸家，胡适认为，“纵横之术出于行人之官。不知行人自是行人，纵横自是纵横。一是官守，一为政术，二者岂相为渊源耶？”③又指出，“后世所称法家如韩非‘管子’（管仲本无书。今所传《管子》，乃伪书耳），皆自属道家……其他如《吕览》之类，皆杂糅不成一家之言。知汉人所立‘九流’之名之无征，则其九流出于王官之说不攻而自

① 郭沫若：《郭沫若全集·历史编》第1卷，第475页。

② 胡适：《诸子不出王官论》，《中国哲学史大纲》，第343页。

③ 胡适：《诸子不出王官论》，《中国哲学史大纲》，第342页。

破矣”[①]。

然而，其最惹起争议的就是他对儒家出于司徒之官的否定。一是胡适论述之不严密，而司徒“掌邦教”又正好与儒家以“六经设教”相似，于是引起争议。胡适说：“《周官》司徒掌邦教，儒家以六经设教。而论者遂谓儒家为出于司徒之官。不知儒家之六籍，多非司徒之官之所能梦见。此所施教，故非彼所谓教也。此其说已不能成立。”[②]胡适以儒家之六籍多非司徒所梦见，否定二者之关系，显然缺乏信服力。无论胡适还是当时他的同辈，鲜有人知道儒家到底源自何处。再加上，权威人士章太炎的反驳，于是关于儒家、道家渊源的学说纷起。

二、民国学者对儒家、道家渊源的探讨

胡适的《诸子不出王官论》可以说一石惊起千层浪，众多民国学者纷纷回应。归纳起来，主要有两类：一类是章太炎、刘师培等人坚持的儒家出于司徒说；一类是徐中舒、张寿林等人坚持的儒家不出于司徒说。其中，一部分学者如郭沫若、钟肇鹏等以为儒家出于祝，道家出于史；另一部分学者如夏曾佑、陌海、不速等以为儒道皆出于史。

---

① 胡适：《诸子不出王官论》，《中国哲学史大纲》，第342—343页。

② 胡适：《诸子不出王官论》，《中国哲学史大纲》，第341页。

坚持儒家出于司徒的根据是：周官司徒掌邦教，而儒者主于明教化，因而前者是后者之源。章太炎列举，《周礼·大司徒》规定司徒教民以六德、六行、六艺，以礼乐为重。而儒者之《大学》《荀子·儒行》《孝经》都是以德教为本。[①]戴君仁坚持司徒是管教育的官，而所施的教，是人类的伦常。学校废而后学官散而为儒。[②]刘师培争辩说："盖以道教民者谓之儒，而总摄儒者之职者则为司徒。说者以司徒为治民之官，岂知司徒之属，均以治民之官而兼教民之责乎。舍施教而外，固无所谓治民之具也。"[③]这些论据貌似有理，实经不起推敲。首先，我们不能因为以前有人做了类似的事，就说他是后来做此事的祖师。其次，既然司徒的本职是农业、兼教民，为何儒不通农业，不事稼穑？孔子为何贬低樊迟学稼？且农亦何须儒之一套礼仪，以粉饰其更重要之农事乎？司徒既然以农事为主，是"田畯"（《诗经·豳风·七月》）之类的监督之官，即使他们兼有教育之责，其不以教学为主可知。于是，"学校废而后学官散而为儒"也不成立。

反对儒家出于司徒说的根据各不相同。徐中舒指出，儒字在甲骨文中为[illegible]，在金文中为[illegible]。其本义为濡、沐浴。这是因为古代的儒为人相礼，祭祖事神，办丧事，都必须经常斋戒。据此，徐中舒断言，儒家的起源绝不是班固所说的"出于司徒之官，助人君顺阴阳

---

① 章太炎：《国学讲演录》，华东师范大学出版社1995年版，第168—171页。

② 戴君仁：《儒的来源推测》。

③ 刘师培：《儒家出于司徒之官说》，《国粹学报》第33期。

明教化者”，而是祭祖祀神、办丧事的司仪。[①]张寿林则认为《殷墟书契考释》等书中并没有“儒”字，将儒的本义视作优柔、柔弱。他认为上古掌管教育的是师和保，把儒解释成掌管教育的是《周礼》的说法。《周礼·天官》以“儒”代“保氏”，是汉人的篡改。因此，班固“儒家者流，出于司徒之官”，这一点是错误的。[②]更有学者直接上溯儒家和道家的渊源到术士或祝史，从而否定儒家出于司徒之说。他们有的认为，儒的来源是那些“走到末路的祝宗卜史之类的贵族们”[③]。有的坚持说：“‘儒’、‘儒家’之‘名’虽晚出，但其作为与祭祀活动（从而与礼）有关的巫、尹、史、术士……之‘实’却早存在。”[④]

具体来说，一些学者直接声言，儒出于祝，而道出于史。刘兴唐说，儒家是原始的知识分子，是原始宗教中的僧侣。儒家重礼乐，以相礼为职业正证明了这种延续。《礼记》中所谓的“祝”就是孔子所说的“小人儒”。“这个祝，他和孔系的儒家走得很近，看来好像是一个东西。”儒是祝，说明它不出于司徒。但是，刘兴唐接着据《庄子·田子方》和《庄子·说剑》关于“鲁国少儒”和“庄子儒服见赵王”断定“中国的道家（仅指老庄而言），我们也很难否认其为

---

① 徐中舒：《甲骨文中所见的儒》，《四川大学学报》（哲学社会科学版）1975年第4期。

② 张寿林：《儒的意义》，《晨报副刊》1928年第2229—2232号。

③ 郭沫若：《郭沫若全集·历史编》第1卷，第458页。

④ 李泽厚：《孔子再评价》。

儒者的一个流别”[①]，则有点牵强。庄子的这两段寓言可以说庄子或许有儒家的学脉，但并不能得出老子也出于儒。不过，他又承认道家出于守藏之史[②]，这样就将儒家和道家分属于祝和史两种神职人员。许地山则认为，最初的儒，都是知天文、识旱潦的术士。其职分近于巫祝，能以乐舞降神。对于“道家者流盖出于史官”，许地山说，“其实古代神政，能诵习典册底，也只有祝史之流，正不必到衰周王官失守，然后流为一家之言。且在官者皆习六艺，各家底思惟也是趋于大同，也是‘违道不远’底”[③]。许地山不仅道出了儒道二家的源头，而且指出了《六经》乃先秦诸子共同的经典，不为儒家专有。他认为，“巫与史有一本共同的典籍，但各有各底用法。那本便是《易》：从巫底眼里看，它只是一本占卜底书；从史底眼里看，它是一本记载民族经验底迹象和字书”。“史底职分本与巫差不多，不过他所注重底多在记录过去底经验与事迹而已。”[④]

但是，更多的学者倾向于将儒家和道家的起源归于“史”。百家之学俱源于史。道家上接史官的承传，下开百家的门户。“诸子虽号十家，其真能成宗教者，老、孔、墨三家而已，而皆为师弟子，同导源于史官。”[⑤]“盖道术之源泉，皆在于史。”[⑥]“重实际故重经验，

---

① 刘兴唐：《儒家的起源》，《人生评论》1936年第2期。

② 刘兴唐：《儒家的起源》。

③ 许地山：《原始的儒、儒家与儒教》，《许地山：国学与国粹》，第6页。

④ 许地山：《道家思想与道教》，《燕京学报》1927年第2期。

⑤ 夏曾佑：《中国古代史》，第186页。

⑥ 梁启超：《论中国学术思想变迁之大势》，上海古籍出版社2001年版，第15页。

重经验故重先例，于是史职遂为学术思想之所荟萃。”①

但是，为什么会有儒出于祝，而道出于史之分歧呢？清代汪中给出了答案。汪中说，史家（左氏）所书不专人事，而且对天道、鬼神、灾祥、卜筮、占梦都未曾忽视，因为这是史之职。②相应地，祝之职事既主祈祷、“祈福祥，求永贞”，而且同史一样能够作册，“王命作册，逸祝册”（《尚书·洛诰》），则说明祝、史二者时常互兼，所以汪中说祝、宗、卜等与五史（大史、小史、内史、外史、御史）同官。在周朝东迁之后，“官失其守，而列国又不备官，则史皆得而治之。其见于典籍者，曰瞽史，曰祝史，曰史巫，曰宗祝巫史，曰宗祝卜史，明乎其为联事也”③。简言之，宗、祝、巫、史所司虽然大同小异，但是在大原则下还是相关联的，因而容易相互混淆。

三、巫、祝、史之分化

一般认为，祝、史都是巫的分化。史即是巫，是巫的承续，祝史、巫史皆巫也。④执掌天道的史官是由巫官即所谓巫祝、巫卜等演化而来的。⑤王恒余说：“宗、祝、巫、史原为同职所司，慢慢区分而渐演成为较专职的趋势，以致有‘大史’‘大祝’‘宗人’‘巫医’之

---

① 梁启超：《论中国学术思想变迁之大势》，第15页。

② 汪中：《左氏春秋释疑》，《魏源全集》第16册，岳麓书社2004年版，第748页。

③ 汪中：《左氏春秋释疑》，《魏源全集》第16册，第748页。

④ 陈梦家：《商代的神话与巫术》，《燕京学报》1936年第20期。

⑤ 钟肇鹏：《儒的名义和儒家起源》，《齐鲁学刊》1988年第1期。

别了。”[①]庞朴说：“史官出于谁？正就是那些能事无形的以舞降神的巫。我们读《左传》《国语》，看到那些太史、内史、外史、蔡史、祝史、瞽史，多是一些料事如神而又博学多闻的人，他们‘知天道’、‘能相人’，工于卜筮，预见吉凶。”[②]从以上诸家之观点看，由巫而祝、史是清楚的。但是祝、史谁先谁后呢？王恒余说：

> 殷虽尊神重祀，现所见甲骨文内，未见有祝官之载，仅甲743、有“册祝”，《尚书·金縢》有“史乃册祝曰”，《洛诰》有“王命作册逸祝册”，是祝之成官，晚于史之成官，及至周太祝禽作鼎，证周已有太祝之官。《诗·楚茨》“工祝致告”，据马瑞辰释以为“官祝”，则《楚茨》成书，祝已称官。[③]

据此，我们可以推测，祝晚于史，是主持祈祷、赞词的，当然也精于礼。

关于巫的记载，最为人所乐道的是《国语·楚语》中楚王问：“《周书》所谓重、黎使天地不通者何也？若无然，民将能登天乎？”观射父的回答是，古代不是人人皆可登天，而是有专门的沟通天人之人，分别是巫、祝和宗。巫兼有圣、智、聪、明，且齐肃衷正、精神专一，负责降神。祝主管祭祀时神的主从位次和牲器服装。

① 王恒余：《说祝》，《中央研究院历史语言研究所集刊》第32本，第110页。

② 庞朴：《稂莠集——中国文化与哲学论集》，上海人民出版社1988年版，第287页。

③ 王恒余：《说祝》，第118页。

宗主管的事务与祝类似，重在要心率旧典。但是，观射父接着谈到“九黎乱德”时，似乎又承认了民可以登天与神交往，从而导致“家为巫史”“民神同位，民渎齐盟”和“神狎民则”。于是颛顼“乃命南正重司天以属神，命火正黎司地以属民，使复旧常，无相侵渎，是谓绝地天通”(《国语·楚语》)。但是，观射父没有解释“史”是什么。从文义推测，“史”应当是巫之一种，能够通神。张光直在解释这一段话时，将祝和宗视为巫之分工，说：“其中主持仪式形式的称为祝，管理仪式行为的称为宗。”①张光直进一步指出，巫是知天知地，又是能通天通地的专家。巫师以“工”为象征性的道具，而“工”就是矩，是木匠用来画方画圆的工具。许慎《说文解字》载：“工，巧饰也，象人有规矩也，与巫同意。”这说明许慎似是知道巫的本义在工，在以矩知天知地。②

巫的职事，据陈梦家考察，大略有五：祝史、预卜、医、占梦、舞雩。从《国语·楚语》“家为巫史”、《左传》襄公二十七年“其祝史陈信于鬼神无愧辞”、《左传》昭公十八年“使祝史徙主祏于周庙”等记载，陈梦家推测，祝即是巫，故祝史、巫史，皆是巫也。在春秋时期，卜辞、卜史、祝三者权分尚混合。③但是，我们推测这种混合不是说巫、祝、史混而不分，而是三者的职能可以互通。因为陈梦家接着指出，在商、周皆有主舞之官、占卜之官、占梦之官、祝、

① 张光直：《中国青铜时代》二集，生活·读书·新知三联书店1990年版，第41页。

② 张光直：《中国青铜时代》二集，第42—43页。

③ 陈梦家：《商代的神话与巫术》，《燕京学报》1936年第20期。

巫、史和驱鬼之官[①]，说明早在商周时期巫、祝、史已经各司其职，只是其职能有重叠，必要时可以相兼而已。

祝虽然恒与巫连言，但是自与巫不同。瞿兑之指出，虽然《说文解字》："巫，巫祝也"，但是段玉裁已经指出，"祝"乃"觋"之误，而巫觋皆巫也。祝，祭祀时主赞辞、主祈祷者也。《周礼》中祝与巫分职，说明二者虽相须为用，不得以祝释巫也。[②]陈梦家认为，祝在甲骨文中为**兄**，"象人仰首开口呼求状，兑从兄口上吐气，与祝同意"[③]。王恒余通过对甲骨文、金文中不同形状的"祝"字的考察，认为"其所从之示，在古代乃标识崇拜象征，后沿为神之代表，兄、乃[illegible]之省，与祷同意，皆为祈福祥、求永贞也"[④]。"祝、初义是祭告于先祖的。及至人类日多，祭祀日广，渐渐即设祝立官。铜器大祝禽鼎可证。"[⑤]

祝之职事，据《周礼·春官宗伯》规定，掌大丧劝防之事、四时之田、盟诅等。"劝防"应当是以礼节哀，防止过度伤悲。"田"是田猎。意思是，祝在这些场合都要祈祷、赞词，娱悦鬼神。但是，联系到《国语·楚语》对祝的规定：祝主管祭祀时神的主从位次和牲器服装。可知，祝是熟悉祭礼的。所以，杨向奎认为，"相礼本来是巫

---

① 陈梦家：《商代的神话与巫术》。

② 瞿兑之：《释巫》。

③ 陈梦家：《商代的神话与巫术》。

④ 王恒余：《说祝》，第106页。

⑤ 王恒余：《说祝》，第108页。

祝专职”[1]。由于孔子曾经向老聃学相礼，而且派学生去帮人办丧事，胡适、郭沫若、钟肇鹏、杨向奎等人均以为，儒出于祝。杨向奎说，孔子之前的“小人儒”是以相礼为职业的。孔子继承了这个职业，但是孔子赋予礼乐以新含义，使小人儒变成了君子儒。[2]这个新含义应当是以德和仁充实礼乐，使它们原来的巫术仪式理性化和道德化。这就是《礼记·郊特牲》所说的“礼之所尊，尊其义也。失其义，陈其数，祝史之事也”。“尊其义”是尊其有义。这个“义”就是以仁和德来娱悦神人、和谐社会关系。

史的出现很早。甲骨文中作（J06262，J06269），金文中作（B04182，B04188），篆文中作。三者字形基本相似。《说文解字》：“史，记事者也。从又持中。中，正也。”王国维解释说：“此即大史职所云饰中舍筭之事。是中者，盛筭之器也。”[3]“然则史字从又持中，义为持书之人。”[4]王国维接着证之以《周礼·春官》，说：“又周六官之属，掌文书者亦皆谓之史。则史之职专以藏书、读书、作书为事。其字所从之中，自当为盛筴之器。此得由其职掌证之也。”[5]

王国维更为睿智的是，他指出史乃百官之源，是事、士之前身。“史为掌书之官，自古为要职。……然殷人卜辞皆以史为事，是尚无‘事’字。周初之器，如毛公鼎、番生敦二器，卿事作事，大史

---

① 杨向奎：《宗周社会与礼乐文明》，第412页。

② 杨向奎：《宗周社会与礼乐文明》，第393页。

③ 王国维：《观堂集林》第1册，第264页。

④ 王国维：《观堂集林》第1册，第267页。

⑤ 王国维：《观堂集林》第1册，第269页。

作史。始别为二字。……古之官名多由史出。殷周间王室执政之官。经传作卿士……史之本义，为持书之人。引申而为大官及庶官之称。又引申而为职事之称，其后三者各需专字。于是史、吏、事三字于小篆中截然有别。”①

陈梦家认同王国维的观点，并进一步指出：“史本执役于祭飨之事者，因祭必先卜，卜必刻辞，故史兼为记事作册，由记事作册之近臣，渐为宣诏册命之职，其初固祀官也。史、事本通，史为名词事为动词，故掌祭事者为史，行祭事为事。”②陈从祭祀时记事作册不但证明史、事相通，而且暗示史为祝作册，职位高于祝。而唐兰、王恒余则坐实了陈梦家的说法。唐兰曾说：“祝是史官之一，所以又称祝史。”③王恒余则直接声明祝之成官，晚于史之成官。这样一来，陈、王诸人变相地声明史既为百官之源，也是儒、墨、道等诸家之源，因为无论从“诸子出于王官”还是道家、儒家出于祝史，都最后溯源到了史。

柳诒徵则基于《世本》《初学记》的记载，推测黄帝之时已有“史”类的职员出现。“史”不仅记事、“掌官书以赞治”，而且礼由史掌，而史出于礼。据此，我们可以自信地说，老子虽然为史官、斥礼为“忠信之薄而乱之首”，但是老子对周礼之娴熟是毫无

---

① 王国维：《观堂集林》第1册，第269—270页。

② 陈梦家：《古文字中之商周祭祀》，《燕京学报》1936年第19期。

③ 唐兰：《略论西周微史家族窖藏铜器群的重要意义——陕西扶风新出墙盘铭文解释》，《文物》1978年第3期。

疑问的，而孔子向他问礼则在情理之中。柳诒徵认识到这一点，说："老庄之学，最深于史。病儒者及史家之持空名，而为奸宄所盗也，则以礼教名义为不足恃……故老庄之恶大盗，无以异于《春秋》也。"[①]意思是，老庄之厌恶大盗以礼之空名窃国窃名，而并不反对礼乐所要呈现的忠信之情。

张光直从考古学的角度对上面各家的观点给予支持。他说："专司刻辞的卜官在任何时候都仅是一小批人。从理论上讲，刻辞者可能是惟一会文字书写的人，而贞人和卜人只需集中精力从事宗教活动。然而，占卜可能是个连续的过程，如果有必要把祖先回答的范本存入卜辞档案，卜人可能就得参与记录的保管与解释。其实，个人将史官和巫师职能集于一身的现象，与很多史学家的下述观点是契合的：最早的史官也是神职人员——很可能是巫师。"[②]张光直的意思是，占卜之人与记录之人很早就有了分工。但有时这种分工又会被一个人兼任。其分开就是巫、祝与史，合起来就是史。因此，"史底职分本与巫差不多，不过他所注重底多在记录过去底经验与事迹而已"[③]。

可以说，这种对经验和事迹的记录，加上对天象、自然的观测，导致史更重视事物的条理、理或者道。陈梦家说："史"又毕竟是"巫"的理性化的新阶段，特征是对卜筮——"数"的掌握。[④]这个

① 柳诒徵：《国史要义》，第25—26页。

② 张光直：《美术、神话与祭祀》，第69页。

③ 许地山：《道家思想与道教》。

④ 陈梦家：《商代的神话与巫术》。

"数"就是孔子所说的"历数"、老子的"多言数穷"和庄子的"礼法度数""有数存乎其间""有其具而无其数""子之知道，亦有数乎"之中的"数"，其含义就是条理、规则。明于此，我们可以明白道家从"数"向"道"、儒家从"数"向"义""德"的转变。正是这个转变，将道家和儒家从原来的祝、史之中升华出来，成为真正的思想家。

由"数"向"道"的进展，使老子将一般事物之具体之理（数）总结、抽象为统天地万物之总原理。这就是韩非子所说的："道者，万物之所然也，万理之所稽也。理者，成物之文也。"（《韩非子·解老》）这个"成物之文"实际上就是文理，就是数。因为"天之历数"就是天之文，"有其具而无其数"的"数"，就是具之文。因此，可以说老子的"道"是史之"数"的升华。这个"道"重视的是天地万物的自然条理。老子庄子看到正是这个"道"使天地万物自然生生不息，所以希望将它应用到人类社会中来，于是才有荀子对庄子"蔽于天而不知人"的批判。

由"数"向"义""德"的转变，使孔子在扬弃史家之天道基础上，将周公"德"的思想继承下来，建立了孔子的"新儒家"和"君子儒"。[①]孔子很注意自己与祝史之别。在《礼记·郊特牲》中，他批评只知"数"而不知"义"的行礼之人，是祝史而不是"儒"。在帛书《要》中，通过对《易》之评论，孔子直接将自己与祝史分开。他说：

---

① 杨向奎：《宗周社会与礼乐文明》，第393页。

《易》，我后亓祝卜矣，我观亓德义耳也。幽赞而达乎数，明数而达乎德。……赞而不达于数，则亓为之巫。数而不达于德，则亓为之史。史巫之筮，乡之而未也，好之而非也。后世之士疑丘老，或以《易》乎？吾求亓德而已，吾与史巫同涂而殊归老也。君子德行焉求福，故祭祀而寡也；仁义焉求吉，故卜筮而希也。祝巫卜筮亓后乎？

这段话大意是，对于《易》，我虽然重复了祝卜的老路，但观察的是其中的德和义。通过启示而明白数理；通过数理而明白德义。了解神意而不明白数理的，是巫之事；了解数理而不明白德义的，是史之事。我孔丘求的只是德，与巫史同涂殊归。君子践行德行仁义，就不必经常祭祀卜筮。

基于老子和孔子对祝史的超越，我们可以看出，二者虽皆同源于史，而一个走向了天道，一个走向了人道。无论是天道还是人道，都是对人格神上帝之命的超越。用李泽厚的话说，“由巫而史”的理性化过程的具体表现是：“巫术的世界，变而为符号（象征）的世界、数字的世界、历史事件的世界。可见，卜筮、数、易以及礼制系统的出现，是由巫而史的关键环节。”[①]而孔子、老子并没有停留在“史”的阶段，而是进一步用“道”“德”“义”来贯通天人，从神教转向道德教化。

---

① 李泽厚：《己卯五说》，第48页。

四、巫与王之关系

在中国上古时期，巫与王可能经历了分、合、再分三个阶段。第一次分是自然的分，是《国语·楚语》所说的巫的自然发生阶段。在这个阶段，人群中一旦有人有如下之能力，就有资格充当巫或觋。这就是：

> 民之精爽不携贰者，而又能齐肃衷正，其智能上下比义，其圣能光远宣朗，其明能光照之，其聪能听彻之。如是则神明降之，在男曰觋，在女曰巫。

“爽”，明也。“携”，杂也。“上下”指天人或神人。“精爽”即是人之精神或神明。意思是，民众中有精神专一、严肃中正之人，其智慧能够调和神人，其圣明能够光远明朗，其视力能够若光之普照，其听力能够声入心通。这样的人就会被鬼神附体，成为鬼神之媒介，男的叫觋，女的叫巫。

从上述这个规定可以看出，巫、觋具有超凡的品德和认识能力，而且能够沟通天人、鬼神。这种超凡的品德和能力自然使他们成为人们的领导者。张光直说：“通天地的人是先知先觉。在古代，自然资源开发不足，人们生活很困难、很被动。能够先知先觉的人或是说人们相信他能先知先觉的人，就有领导他人的资格。”[①]“弗雷泽指出，最早的帝王是从原始社会中的祭司、巫师一类的神职人员发展而来的。他们原本不是执行政治统治职能的社会领袖，而是被社会成员视为半神半人的宗教性领袖，后来逐渐发展为政教合一的部落首领，再后来才演变为国王。”[②]

其实，弗雷泽所描绘的祭司或巫师型的国王，也是中国文化中传说的圣王。这在中国先秦经典中还可以找到痕迹。《尚书·舜典》中记载，舜不但跟帝尧相处和洽，而且“慎徽五典，五典克从。纳于百揆，百揆时叙。宾于四门，四门穆穆。纳于大麓，烈风雷雨弗迷”。“五典”，五常之教，即父义、母慈、兄友、弟恭、子孝。“百揆”，百官。“四门”，四方之门。“大麓”，大山。前三者考察舜与人之相处，后一则考察舜是否被天地鬼神接受。正是因为舜不但与民众和谐相处，而且能在大山之中，遇烈风雷雨而不迷，说明他超越常人，具有巫的能力，可以为王。孟子将这一点说得更清楚，说：尧“使之（舜）主祭而百神享之，是天受之；使之主事而事治，百姓安之，是民受之也。”（《孟子·万章上》）此后，历朝皇帝在登基之时，都要告天、告民，虽然是形式，但是古代巫王“天授民与”的继续。类似的传说也存在于吐蕃时代。据Mircea Eliade（埃利亚德）考察，在佛教传入之前的西藏有神秘的登天绳的传说。吐蕃的第一个王聂赤赞普是通过一根绳子从天而降。藏王死后，还要顺着绳子上

① 张光直：《考古学专题六讲》，第11页。

② 叶舒宪：《老子与神话》，第161页。

天，回到极乐园。因此，在每个藏王的墓上，都刻有登天的绳子。[①]这些例子说明，在古代中国，巫、王是合一的。

由于巫代表着超人的通天地、和人神的能力，巫常被称为先知先觉，从而与“圣”画上了等号。张光直在分析巫、工、圣之间的关系时说，巫以“工”为象征性的道具，而工就是矩，是用来画方画圆的工具。《周髀算经》说：“是故知地者智，知天者圣。智出于句，句出于矩。”矩可以用来画方，也可以用来画圆，用这工具的人，便是知天知地的人。巫便是知天知地又能通天通地的专家，所以用矩的专家正是巫师。[②]

从字源的角度上讲，“圣，通也，从耳”（《说文解字》）。圣既表示声入心通，且能用口将道理讲出；又代表在这方面的能力极强，超越常人。因此，李泽厚直接指出，“圣”就是巫，就是王。“‘圣’一方面通神明（内），另方面治百姓（外），这也就是‘内圣外王’的来源。正如《易传》所描述：‘夫大人者，与天地合其德，与日月合其明，与四时合其序，与鬼神合其吉凶。先天而天弗远，后天而奉天时，天且弗远，而况于人乎？况于鬼神乎？’这岂不是一幅相当清晰而完整的神通广大的大巫师（巫君）的标准形象？这也就是上古的‘圣人’。”[③]

巫、王、圣三者的合一便利了我们对儒墨道所颂扬的古代圣王实

---

① Mircea Eliade, *Shamanism: Archaic Techniques of Ecstasy*, pp.430.

② 张光直：《中国青铜时代》二集，第42—43页。

③ 李泽厚：《己卯五说》，第58—59页。

质的理解，也解开了《老子》等书籍中难解的段落。儒墨道三家的共同的特点是：三家圣王的原型都是巫王，都是为天下服务的，为了天下百姓的福利可以牺牲自己。大禹为治水，可以三过家门而不入。汤为了求雨抗旱，甘愿以己身作为牺牲、祷于桑林，从而获得神人共悦，“雨乃大至”。弗雷泽《金枝》第二章《祭司兼国王》写道：

> 在很多情况下，国王不只是被当成祭司，即作为人与神之间的联系人而受到尊崇，而是被当作为神灵。他能降福给他的臣民和崇拜者，这种赐福通常被认为是凡人力所不及的，只有向超人或神灵祈求并供献祭品才能获得。因而国王们又经常被期望着能赐予国家风调雨顺五谷丰登等等。①

正是因为这个缘故，中国的上古帝王被认为是无私的、以天下为公的、甘愿为天下服务的。老子不止一次地陈述，古代帝王“生而不有，为而不恃，长而不宰”(《老子》第五十一章)，使百姓自得自乐，皆曰：“我自然。”(《老子》第十七章)孔子也说：“无为而治者，其舜也与？夫何为哉，恭己正南面而已矣。”(《论语·卫灵公》)庄子则描绘至德之世：“上如标枝，民如野鹿；端正而不知以为义，相爱而不知以为仁。”(《庄子·天地》)这些说明上古之帝王

---

① [英]詹·乔·弗雷泽：《金枝》，徐育新、汪培基、张泽石译，中国民间文艺出版社1987年版，第17—18页。

重在给予，而不在干涉和索取。所以，后来王夫之深情地描述上古君民关系说：

然则三代之臣，胡为其爱天子耶？露之降也，无所择于萧，无所择于非萧也，瀹然相遇而不释，然而已厚矣。萧之于露也，无所得于露，无所失于露也，感于相即而已浃矣。故古之君臣犹是也。……故以分义言君臣者，未足与言仁也。古之君臣，如父子焉，如朋友焉，如思妇之于君子焉，无求焉耳。诚无求也，何所望而不慰，何所挟而相疑？①

其实，也正是从甘愿服务而无所索取的角度，老子提出了“受国之垢，是谓社稷主；受国不祥，是为天下王”（《老子》第七十八章）。回想汤祷雨时的祝词：“余一人有罪，无及万夫。万夫有罪，在余一人。无以一人之不敏，使上帝鬼神伤民之命。”（《吕氏春秋·顺民》），我们可以说，三代圣王就是为天下百姓福利牺牲自己、贡献自己的，这也正是巫或王的古代实情。弗雷泽通过观察非洲的原始部落中巫王的遭遇，得出结论，说：

一旦人间遇到自然灾害，如旱灾、洪水、荒年等，人们便认为应当由巫师、祭司承担全部责任：或是由于他们操纵自然

① ［明］王夫之：《诗广传》，《船山全书》第3册，岳麓书社1998年版，第396页。

> 的活动失败，或是由于他们本人生命力的衰老。"处罚"的方式通常是由当事的巫师王以自身做为牺牲祭神"赎罪"。①

据此，叶舒宪评论说："在祭司王们因社会福利保障方面的不利而遭受责骂和辱打的实例之中，可以说明什么叫'受国之诟'；在祭司王们被流放、幽闭和被杀的牺牲行为中，可以理解他们为什么要'受国不祥'。老子所引圣人之言看来绝非无凭据之说，而是以远古社会中的神性首领为其现实原型的。"②

但是，尽管巫、王的原初是牺牲自己、为天下谋福利的，但是巫王所享受的崇敬和爱戴是一般人无法媲美的，更何况还有一些人想以巫、王之位谋取私利。于是，出现了"夫人作享，家为巫史"，也就是人人祭神、家家有巫史，地上之人和天上之神可以相通的状况。其后果是人和神混杂在一起，无法分别。人们缺乏祭祀中应有的诚敬，而神也轻视人，认为其对自己的行为不严谨。结果是好的东西不生，民众无法祭祀；灾祸不断而民众夭折。于是，颛顼便命令"重"主管天及群神，"黎"主管地和民众，使天和地、神和人不相掺杂，这就是"绝地天通"(《国语·楚语》)。

这个"绝地天通"表面上看是避免人神混杂以及由之带来的祸患，但其本质乃是对交通天地鬼神的权力的垄断。张光直说："这个

① 叶舒宪:《老子与神话》，第162页。

② 叶舒宪:《老子与神话》，第163、165页。

神话的实质是巫术与政治的结合，表明通天地的手段逐渐成为一种独占的现象。就是说，以往经过巫术、动物和各种法器的帮助，人们都可以与神相见。但在社会发展到一定程度之后，通天地的手段便为少数人所独占。”①这是因为，“神鬼是有先知的……生人对神鬼的这种智慧是力求获得的。……掌握有这种智慧的人便有政治的权力”②。于是，巫、王就合一了。在世界历史上体现为君权神授。例如，墨子就如此描述尧舜：尧舜是率天下之民，以尚尊天事鬼的，所以天鬼赏之立为民父母，又知他们行事是上利乎天，中和乎鬼，下利乎人，顺天之意，得天之赏的，所以与之以天下。

巫、王合一的史实更体现在殷墟卜辞之中。“在卜辞中，可以见到‘巫’与‘帝’常相关连，如‘帝于巫’、‘帝东巫’、‘帝北巫’等等。”③《殷墟书契前编》中记载商王亲自贞卜、稽疑、主祭的事实。④特别是，张秉权在《殷代的祭祀与巫术》一文中说：“卜辞中频繁出现‘王占曰’的习用语，说明商王既是政治上的最高统治者，又是神学上的最高祭司。”此外，卜辞中还有商王舞蹈求雨和占梦的内容。所有这些，既是商王的活动，也是巫师的活动。它表明，商王即是巫师。张光直说：“如果商汤、伊陟、传说、箕子等王室宫廷中的贵人也都具备巫师的本事，他们也就和巫咸、巫贤、巫彭等人

① 张光直：《考古学专题六讲》，第10页。

② 张光直：《中国青铜时代》二集，第65页。

③ 李泽厚：《己卯五说》，第36页。

④ 郭沫若：《郭沫若全集·历史编》第1卷，第437页。

一样也都是巫。”[①]“到了殷商时代、巫师与王室的结合已趋完备。巫师主要的职务应当还是贯通天地，但天地的贯通是只有王室才有独占的权利的，所以巫术也和城郭、战车、刑具等一样是统治阶级统治的工具。”[②]

因此，商代是一个政教合一的政权，神权高于王权和政权。商王首先是祭司和巫，其次才是王。所以，当祖伊警告商纣王要防范周文王吞并了饥国之后的军事行动时，纣王说：“我生不有命在天乎？”（《史记·殷本纪》）纣王认为自己的王权是神授的，是受到神保佑的，任何人为的力量动摇不得。商纣王的思维也体现在后人对商代神权政治的概括中：“殷人尊神，率民而事神，先鬼而后礼。”（《礼记·表记》）“后礼”不是不要礼，而是以敬鬼神的真诚为第一位，祭祀仪式和人为努力为第二位。礼为文饰，而情为根本，这也是为什么朱熹说“商尚质”的原因。但是，牧野之战的结果大大地嘲弄了商纣王及其臣民，因为尽管他们从未懈怠于祭祀和占卜帝命，还是被上帝抛弃了。周人基于军事上的胜利，认识到人为的重要性，于是强调“以德配天”。虽然“配天”仍然是殷人“宾于帝”的继续，但是“德”强调的是人为的恩惠和智谋。

王国维虽然说殷周之际之大变革，是“旧制度废而新制度兴，旧文化废而新文化兴”[③]。但是，这个“新”只是新在“以德配天”，

---

① 张光直：《中国青铜时代》二集，第46页。

② 张光直：《中国青铜时代》二集，第47—48页。

③ 王国维：《观堂集林》第2册，第453页。

或“黍稷非馨，明德惟馨”。其他方面几乎仍是继承商代的。但正是这个“以德配天”，促进了王、巫的分离，使王权逐渐高于神权。周公或者说周王室对人为和理性的重视，使神权和巫术逐渐被轻视。于是，周公将神权之职位交出，设立“六大”（大宰、大宗、大史、大祝、大士、大卜）天官。唐兰说：“商代重视巫师，而到了周代已较不重视，在《周礼》里面司巫列为中士，属于大祝。”[①]郭沫若说：《礼记·曲礼》所记载的古代官制，是先祝宗卜史的“六大”，却在春秋时都式微了，倒是“典司五众”（司徒、司马、司空、司士、司寇）的一些政务官大出其风头。[②]等到了汉代，他们几乎成了皇帝的玩物，这就是司马迁所言“文史星历近乎卜祝之间，固主上所戏弄，倡优畜之，流俗之所轻也”[③]。李泽厚也说：“正是由于王权日益凌驾神权，使通天人的‘巫’日益从属附庸于‘王’。”[④]但是，李泽厚将“巫”的没落归因于其职业技术直接理性化，则未必属实。因为真正变化的不是巫及其技术，而是王室对巫的看法，是周王室对巫或天命的怀疑和对人为的重视导致巫史地位的下降。

巫的地位下降，与祝同步，却与史相反。因为巫祝二者之职责在于降神和祷神，而不在于记录和分析。相反，史却在于观测、诊断、分析和记录。史的职业的经验性特色，加上周王朝对“德”和人

---

① 唐兰：《略论西周微史家族窖藏铜器群的重要意义——陕西扶风新出墙盘铭文解释》。

② 郭沫若：《郭沫若全集·历史编》第1卷，第457页。

③ ［汉］班固：《汉书·司马迁传》，第2732页。

④ 李泽厚：《己卯五说》，第39页。

为的重视，必将导致史的职业理性化。这也是为什么在周公之后的几百年里，“天道远，人道迩，非所及也”(《左传》昭公十八年)的思想愈演愈烈，以至于孔子那么相信天命，却要求“敬鬼神而远之”(《论语·雍也》)。老子和庄子虽然重视天道，但是他们的天道是自然、是规律，而不是神意，是要求人们去除偏见妄为而顺应自然。其本质也是对周公“以德配天”、重人为理性的继续。因此，我们可以说，先秦诸子有一个共同的源头，就是史。儒家重视的是史官中人为理性的一面，道家重视的是史官自然理性的一面，而墨家继承的是史官神性的一面。所以闻一多说：“‘道术将为天下裂，然则百家(对儒而言)本是从一个共同的道分裂出来的，这个未分裂以前的‘道’是什么？莫非就是所谓的古道教吧！”[①]这个“古道教”笼统来说就是巫术，具体来说就是史官文化。

从巫到史，再到儒家和道家，显示出中国文化去迷信巫术、重理性和情感的传统。正是这种情感和理性兼重的传统，使中华民族具有勤劳、包容、仁爱和公平的优良品德。

我们对中国文化的溯源，对儒家道家的理性定位，可以帮助国人树立正确的历史观和价值观。我们“让历史说话”“用史实发言”，并从历史中汲取经验和教训，在历史中发现智慧和力量，以作为今天的镜鉴。

---

① 闻一多：《道教的精神》，《闻一多全集·庄子编》第9册，湖北人民出版社1994年版，第457页。

第四章　重德远神：儒道二家天道论的形成

虽然儒道二家天道论中的“帝”“天”“命”等思想要素具有唯心主义成分，但是不可否认的是，这也是先哲认识世界的必经阶段，是其对人生、家国、宇宙的实在感悟。从商到周再到老子、孔子，可以说是一个去人格神的过程。直到殷商之际，帝还是一个主宰万物和人事的人格神。但是，殷周之际出现的“天”，虽然其人格神的色彩仍然很浓，但其客观自然、非人格化的倾向已经非常明显。特别是，周人的“以德配天”思想，使“天”逐渐淡出人事，成为一个客观自然之天，到荀子时，彻底完成这个演变。与帝、天相关的“命”，也逐渐由人格神的命令演变成孟子、庄子的“不可预测的必然性”和荀子的“天行有常（自然规律）”。“道”最初指道路，如“周道如矢”，后演化为准则、规律，如天道和人道。可以说，儒家道家都是从天道的基点来建立自己的学说，不同的是：一个要以人为人道补充天道；一个认为天道自然是最好的，任何人为只能导致破坏。从道家对天道的推崇和顺从，仍然可以看到天道带有天帝或造物主的痕迹，例如《淮南子》将“道”等同于造化。

一、帝

在远古时代，人们掌握的狩猎和耕作手段有限，其生命和生活全靠上天的恩赐。他们匍匐在大自然的淫威之下，感到自己极其渺小，感到一切都可以给他们带来幸福或不幸。于是，他们将这些在其控制力之外的东西想象为神。他们崇拜石头、动物、树木和河流，认为其像人一样有情感、喜怒和欲求，并通过祭祀和祈祷来获得它们的保佑或宽恕。“人使自然同化于他的心情，使自然从属于他的情欲，这样，他当然就把自然弄得顺从他、服从他了；未开化的自然人还不但教自然有人的动机、性癖和情欲，甚至把自然物体看作真正的人。所以奥勒诺科（Orenoko）地方的印地安人把日月星辰都当作人——他们说：‘这些天上的东西，都是像我们这样的人’……格陵兰人把日月星辰当作‘他们的那些因为一个特殊机会而升到天上的祖先们’。”[①]他们更本着人类社会的结构想象自然神灵中有一个最高的神——帝或上帝，像人类的国王一样主宰着宇宙间的一切。费尔巴哈说：“上帝之被看成政治上的实体，总归只是在君王占有、决定、统治着人，以致被认为至高无上者的时候。”[②]换句话说，上帝

---

① ［德］费尔巴哈：《宗教的本质》，商务印书馆2010年版，第28页。

② ［德］费尔巴哈：《宗教的本质》，第43页。

是人类根据自己的经验想象出来的神，是自己的意愿或幻想的投射。你的心是怎样的，你的上帝便是怎样的。

因此，人们想象出的上帝实际上是人们的良好意愿或幻想。通过幻想一个超出人的能力之外的神或上帝，人们在想象中克服了现实中的苦难或障碍。我们害怕洪水，就幻想出龙王，通过向他祈祷和祭祀，让其来阻止洪水泛滥。我们害怕死亡，就塑造出阎王，通过祭祀和祈祷，让其来延长我们的生命。但是，真正的龙王和阎王在哪呢？他们只存在于人类的心里。据此，费尔巴哈得出：

> 如果你希望用望远镜在天文学的天上找到上帝，或者用放大镜在一个植物园中找到上帝。或者用矿物学上用的锤子在地质学的矿山里找到上帝，或者用解剖刀和显微镜在动物和人的腑脏里找到上帝，那就暴露了对宗教的最大的无知——你只有在信仰中，只有在想象中，只有在人心中找到他；因为上帝本身并不是别的，只是幻想或想象的实体，只是人心的实体。①

因此，上帝只是人类自己的创造物，是被赋予了或投射了人的情感的大自然。通过上帝，人类找到了自己的同盟，超越了自己的缺陷和无能，使自然界中那些阻碍或限制人活动的东西被克服、被超越。

---

① ［德］费尔巴哈：《宗教的本质》，第72页。

超越一些自然界的障碍或限制的人在上古时期一般被称为巫师或巫王。尧、舜、禹、汤和周公都是这样的人物。相应地，中国上古时期的上帝也是巫师或巫王在天国的投影。现实中的巫王对部落或天下人兼爱无私，上帝因此也是兼爱和无私的。据此，我们同意陈梦家、徐复观等人的看法，认为商人的帝乃普遍存在的宇宙之帝，是大公无私、至高无上的主宰。[①]“殷代之帝，系超宗神的普遍地存在。”[②]我们不同意郭沫若认为殷人的上帝就是“高祖夔”，是一只沐猴的观点[③]；也不赞同徐旭生的观点，即商人的神是族群专有的守护者，而不是对所有族群一视同仁的超氏族神。[④]郭沫若和徐旭生的猜测注意到了上帝的保护性，因为人们习惯地认为自己的祖先无论生死都会保佑自己。但是，他们的猜测却没有根据，因为人们总是根据自己的经验和想象来塑造神灵。人们可以将自己的祖先塑造成低一级的神（殷商之先王宾于帝、在天正是这个意思），但是不可能将其塑造成无所不能的上帝，因为他们知道祖先的能力是有限的。据此，我们可以说，殷人的上帝绝不是祖先神，更不是什么沐猴。

正是因为殷人认为上帝是保护性的、兼爱无私的，所以他们事事都要向神或上帝咨询。出土的大量甲骨卜辞指出，帝或上帝具有很大的威严和很多的权力，可以令风令雨、作威作福等。殷人的占

---

① 陈梦家：《商代的神话与巫术》。

② 徐复观：《中国人性论史·先秦篇》，第16页。

③ 郭沫若：《郭沫若全集·历史编》第1卷，第330页。

④ 徐旭生：《中国古史的传说时代（增订本）》，科学出版社1960年版，第199—201页。

问范围，胡厚宣归纳为八类：令雨、授年、降暵、缶王、授佑、降祸、降佳、降若降不若。“暵”即旱灾。“缶王”就是保王。“若”“不若”是吉祥、不吉祥之义。[①]具体例子见占问雷、雨（前3，18，5；乙1312；乙3282）；占问收成（合集33278）；[②]占问生育（合集6948正，合集14002正）；占问军事行动（合集6412）等。可以说，殷人之帝是生活上或生产上的主宰。它具有人或王的热忱和情怀，只要虔诚地祭祀和占卜，就可以保证万事无忧。所以，当祖伊要求商纣王注重人事管理、防范周人的军事行动时，得到的回答竟然是：“我生不有命在天乎？”

商纣王的回答，从一个虔诚的信徒角度来看没有什么过错。因为如果我们得到帝或上帝的保佑，谁又能战胜我们呢？殷人对上帝的依赖，基德炜（David N. Keightley）曾有一段精辟的论述，他说：

> 帝这一高级神可以授予丰硕的收获，并在战争中给以神灵的保佑。认为王的祖先能够代为请求帝的降福，还认为王能够与其祖先沟通。因此，对商王祖先的崇拜可以为商王的政治统治提供强有力的心理上的和思想上的支持。通过占卜、祈祷和牺牲来影响王的才能，祖先精神的意愿使其集中政治权利成为

① 胡厚宣：《殷代之天神崇拜》，《甲骨学商史论丛初集》第2册，齐鲁大学国学研究所1944年版。

② “前”指《殷墟书契前编》，罗振玉1913年编。“乙”指《殷墟文字乙编》，董作宾1948—1953年编。“合集”指《甲骨文合集》，郭沫若1978—1982年编。

> 合法化，所有的权利皆来自神，并驱散祖先的能侵扰百姓的灾祸，通过他提供的牺牲和举行的祭祀以及进行的占卜等，王给臣民带来了丰硕的收获和尽可能的胜利……王实际上创造好收成和促使战争胜利的能力会使他在政治上更加强大。[①]

但是，按费尔巴哈的观察，商纣王混淆了想象与现实。因为上帝只是人们的主观想象，是人试图超越现实限制的思想遨游。我们只能在想象中或神迹中认为上帝是全能的、战无不胜的，但是在现实中我们仍需依靠自己的智慧和能力。上帝能给予我们的或许只是暂时的心灵慰藉或减压，而且这种减压只是我们主观地认为上帝会帮助我们，从而放松自己，或增强勇气和能力。如果真的认为上帝能帮助我们，必然陷入失败或绝望。商纣王不做军事准备，被周人攻破都城，自焚而亡，不正是证明他对上帝的绝望吗？

殷人对上帝的崇拜还体现在他们将自己的祖先视为上帝的助手方面。在大量的甲骨卜辞中，殷人常常占问哪位先王“宾于帝”。如，“咸不宾于帝，下乙宾于〔帝〕”（乙7179）“下乙不宾于帝，大甲宾于〔帝〕”（乙7434）“大甲不宾于帝，宾于帝”（乙7549）。“宾于帝”之意恐怕不仅仅是客居在帝那里。比较《诗经·大雅·文王》“文王在上，于昭于天。……文王陟降，在帝左右。”“宾于帝”当有殷之先王在天帝左右服侍帝，传达帝的旨意的意思。正因为“殷多

① 张光直：《商代文明》，毛小雨译，北京工艺美术出版社1999年版，第185页。

先哲王在天”（《尚书·召诰》），侍奉上帝各有其序，故殷人有哪一位先王此时“宾于帝”之问。或许，若龟卜告知哪位先王“值勤”帝所，殷人则祈祷这位先王，让他影响帝，以给予殷人更多的恩惠和保佑。相反，如果有什么不顺或祸害，不可怪罪上帝，而应该迁怒于祖先侍奉上帝之不周。由此也许可以解释，殷人为什么那么重视祭祀祖先。据此，我们可以引用徐复观的一段话，反驳郭沫若和许倬云以为殷人之帝乃部落神或祖宗神的观点。徐复观说：

> 殷人的宗教生活，主要是受祖宗神的支配。他们与天、帝的关系，都是通过自己的祖宗作中介人。周人的情形，也正是如此。《尚书·金縢篇》，是记载周公请求以身代武王之死的故事。这种生死大权，本是掌握在天、帝手中；但周公并不直接请求于天，而只是要太王、王季、文王三位祖宗神，向天、帝转请。是周人以天、帝为至尊，故常以祖宗为中介人，与殷人正同。周人祖宗“配天”的观念，也来自殷卜辞中“宾于帝”的观念。………同时，殷先王可以宾于上帝，则上帝分明系超于先王先公之上。“卜辞中尚无以上帝为其高祖的信念”。[①]

---

① 徐复观：《中国人性论史·先秦篇》，第15—16页。

二、天

按郭沫若的考察，甲骨卜辞中的至上神皆称为“帝”或“上帝”，几乎没有称之为“天”的。在卜辞中的“天”都写作天，是“大”的同义语，都是画一个人形，特别显示着有巨大的头脑。那头脑便是颠，便是天。据此，郭沫若推论，至上神称天的办法一定是后起的，至少得在武丁以后。[①]但是，从天的字形上，我们可以推测，天乃指人头上面的空间。为什么会发生从“帝”到“天”的过渡呢？因为帝在人类生活的大地之上或人头之上的空间，主宰着风雨雷霆和各种福佑，所以又称之为“上”或“上帝”。陈梦家就指出，商人认为有上下两个世界。商人于卜征伐之辞中称“下上弗若”“下上若”者，盖认征伐之顺若与否为天事、人事之顺若与否，其意即人事与天事并重。[②]可见，“上”既指天上之事，也指帝。徐复观说得更明白，“‘帝’与‘天’常互用；然称帝则表现此至高无上之神的人格性者特重；而天乃此一人格神所居住之世界”[③]。徐复观的推测得到了北亚萨满教将天或天空视为上帝的信仰的证实。Mircea Eliade指出，尽管北亚各游牧民族语言和人种上有差异，但是他们都信仰一个天帝（a celestial Great God），一个全能的造物主。有时，他们又称

---

① 郭沫若：《郭沫若全集·历史编》第1卷，第319—321页。

② 陈梦家：《古文字中之商周祭祀》。

③ 徐复观：《中国人性论史·先秦篇》，第16页。

伟大的上帝为“天空”或“天”。即使在没有“天空”词语的民族中，我们发现它的属性的近似词语“高”“上”等。[①]与商人之“宾于帝”类似，这些游牧民族认为，上帝或天帝有几个儿子或女儿，住在较低的天空，帮助天帝监视和处理人间事务。[②]费尔巴哈说：“上帝是超凡的、超人的最高实体；可是就其起源和基础说，却只不过是那在空间方面的、在视觉上的最高实体：天空和它的那些灿烂的现象。一切只要有点生气的宗教，都把它们的神灵搬进云端里去，搬进以太或太阳、月亮和星辰里去，一切神灵最后都化作苍茫的太空。”[③]因此，我们可以推测，天乃是商周之际对“帝”或“上帝”的俗称，就像当今人们对领导称“头”一样。这种称呼既指示了帝的威势，也指示了它的位置，以至于最后天比帝更为流行。但是这种口语式的称呼是不庄重的，以至于在甲骨卜辞中都是“帝令”，而很少有“天令”“天命”。所以郭沫若说：“在这儿（卜辞中）却有一个值得注意的现象，便是卜辞称至上神为帝，为上帝，但决不曾称之为天。”[④]直到周人战胜了商，在论证其政权合法性时，才大谈“天”和“天命”。由此可知，相对商人来说，周人文化上要落后一些，尽管他们试图继承商代的文化。

商人的卜辞中虽然有帝和天，但是很少将二者互用，他们大都

---

① Mircea Eliade, *Shamanism: Archaic Techniques of Ecstasy*, pp.9.

② Mircea Eliade, *Shamanism: Archaic Techniques of Ecstasy*, pp.9.

③ [德] 费尔巴哈：《宗教的本质》，第11—12页。

④ 郭沫若：《郭沫若全集·历史编》第1卷，第321页。

用“天”指示“大”或“上”。但是，周人则在“上帝”之外，常以“天”为天神的代称。“商的‘帝’演进到周的‘天’，仍不失其为自然主宰之意义。……商人自始即以‘大公无私’的天帝为至高无上的主宰，平等的以灾祸刑罚下民，故其观念易于为异族的周人所袭用，而造成后来的‘天命观念’。”①周人以天为至上神具体出现在《尚书·周书》《大丰簋》《大盂鼎》中。

王祀于天室降，天亡尤王。衣〔殷〕祀于王不显考文王，事喜上帝。文王监在上。(《大丰簋》)

不显文王，受天有〔佑〕大命。在武王嗣文作邦，辟厥匿，匍〔抚〕有四方，畯正厥民。……故天翼临子，法保先王〔成王〕，□有四方。(《大盂鼎》)

据郭沫若考证，《大丰簋》是周武王时的，《大盂鼎》是周康王时的。②从行文中，我们发现，《大丰簋》“天”“上帝”互用，说明周人还未完全从商人的宗教观中脱胎，而较晚的《大盂鼎》就以“天”为主了，当然这个天就是上帝或天神。

为了描画出从“帝”到“天”的演变，我们再来看一下《尚书·周书》和《诗经·周颂》中天帝互用的情况。在《尚书·周书》

① 陈梦家：《商代的神话与巫术》。

② 郭沫若：《郭沫若全集·历史编》第1卷，第333页。

中，几乎所有的篇章都是天、帝、上帝互用。例如：

今商王受，弗敬上天……弗事上帝神祇，遗厥先宗庙弗祀。(《泰誓上》)

今商王受，狎侮五常，荒怠弗敬。自绝于天，结怨于民。……上帝弗顺，祝降时丧。(《泰誓下》)

予小子既获仁人，敢祗承上帝，以遏乱略。华夏蛮貊，罔不率俾。(《武成》)

予惟小子，不敢替上帝命。天休于宁王，兴我小邦周，宁王惟卜用，克绥受兹命。(《大诰》)

惟乃丕显考文王，克明德慎罚……惟时怙冒，闻于上帝，帝休。天乃大命文王，殪戎殷，诞受厥命，越厥邦厥民。(《康诰》)

皇天上帝，改厥元子，兹大国殷之命。(《召诰》)

弗吊，旻天大降丧于殷。我有周佑命，将天明威，致王罚，敕殷命终于帝。……今惟我周王，丕灵承帝事，有命曰："割殷，告敕于帝。"(《多士》)

这说明，周代早期还处在帝、天混用或由帝向天的过渡之中。这种现象也体现在《诗经》早期的篇章中。例如：

以赫厥灵，上帝不宁。(《生民》)

文王在上，于昭于天。周虽旧邦，其命维新。有周不显，

帝命不时。文王陟降，在帝左右。(《文王》)

帝迁明德，串夷载路。天立厥配，受命既固。(《皇矣》)

昊天上帝，则不我遗。胡不相畏？先祖于摧。(《云汉》)

比较这四条引文，《生民》是周人的史诗，起源应当很早，就没有出现“天”或天的意思。其他几篇都是周文王或商纣王之后的诗，于是天、帝互用。如果说这些早期典籍中，“帝”的出现频率还很高，等到了体现春秋时代思想的《左传》《论语》和《老子》中，“帝”的出现几乎是微乎其微，而“天”则是主要的至上神或倾诉对象了。

至于周人为什么偏好用“天”，可以从两个方面加以推测。一是周人为论证自己的政权合法性，有必要找一个“中立的”至上神。帝或上帝虽然为周人所接受，但是那毕竟是商人的保护神。鉴于“神不歆非类，民不祀非族”(《左传》僖公十年)的思维，周人肯定希望用自己的神代替商人的“帝”或“上帝”，就像今日的基督教徒不愿接受犹太教的上帝一样。周人的改造是用“天”来代替或稀释“帝”。二是周人从中原迁居西北边陲，曾经与狄人杂处于豳地，后被迫迁于岐山之下。周人很可能在迁徙过程中接受了狄人至上神的观念——也就是天或天神的概念。这种猜测不仅被Mircea Eliade关于北亚游牧民族“天”的观念所支持，而且为《史记·匈奴列传》所载的霍去病“破得休屠王祭天金人”所证实。因为虽然跨越两千多年，但是二者的“天”对于北亚游牧民族来说一直是至上神。再考虑到“天”在甲骨文中很少有至上神的含义，说明“天”之作为至上神很可能是周人从狄人那里引进的。《史记·周本纪》说，古公迁于岐下之后，“乃贬戎狄之俗”，正说明此前他们接受了戎狄之俗。至于纣王“我生不有命在天乎”中的“天”，很可能是周人以自己的宗教观对纣王的“我生不有令在帝乎”的重写。即使不是，也只是在晚期，商人部分地接受了周人以“天”称至上神的说法。

三、配天

在对商人宗教观的改造上，周人最大的发明在于“以德配天”。“德”既是个人对他人的恩惠和善行，也是个人所具有的能力和智慧，是人谋。“天”则是人力之外的自然生成或发生的事物，是天命或者帝令。周人原来居于晋南[①]，由于与其他族的争斗，被迫迁于豳地，后又被狄人骚扰，迁于岐山。在岐山定居、实力强大后，他们就开始吞并周边的犬戎、密须、崇、饥、黎等国。可以说，在多年的征战中，周人深刻认识到“人谋”或人的能力的重要性。所以他们要舍泰伯而立更加有智谋的季历，完全不顾兄死弟及的顺序；所以他们在征伐商纣王时完全无视天象的警告。《荀子·儒效》说，武王“行之日以兵忌，东面而迎太岁，至汜而泛，至怀而坏，至共头而山隧”。其弟霍叔害怕了，觉得天命不佑，说“出三日而五灾至，无乃不可乎”，要求息兵。《史记·齐太公世家》也记载伐纣之时，“龟

① 钱穆：《周初地理考》，《燕京学报》1931年第10期。

兆不吉，风雨暴至”。可是，即使这样不利的天象也没有阻止周公和姜太公行军的决心。可见，在周人中，至少周公、姜太公等人是更相信人谋的。从《孟子·尽心下》之怀疑武王伐纣的“血之流杵”推测，牧野之战应该是非常惨烈的。绝不是如孟子所言，仁人之兵会导致民心易向，不战而胜，更何况当时殷人还虔诚地信仰着上帝和忠诚于他们的王。

周人对人谋的信任被他们军事上的胜利进一步加强，以至于他们认为上帝的命令，包括卜筮和天象也不是不可挑战的。这种思想被后代的孙武直接道出。孙武说：“明君贤将所以动而胜人，成功出于众者，先知也。先知者，不可取于鬼神……必取于人。”（《孙子·用间》）如果说以大攻小，又获得天时而战胜，则不会令人怀疑上帝的保佑；但是，以小攻大，又违背天时天象而取胜，则会坚定战胜者的自信心。周公、姜太公可以说正是在这种情形下反思天帝与人谋之关系的。

周人之岐山镐京相对于商来说，就是边陲之地。据郭沫若、徐复观等人考察，作为商人的附属国，周人不但接受了商人的铸鼎技术，而且接受了商人的上帝。例如，《诗经·周颂·思文》：“思文后稷，克配彼天。……贻我来牟，帝命率育。无此疆尔界。”《诗经·大雅·皇矣》：“皇矣上帝，临下有赫。”“帝省其山……帝作邦作对，自大伯王季。”周人既然接受了殷人的上帝，必然也接受殷人为上帝之子的说法。这样，他们自然就接受了殷人乃得天命的事实。《岐山甲文》中记载有周文王祭祀殷王帝乙。而卜辞中也有殷人占卜关心周人的，如“周方弗其有祸”（乙3536），“命周侯今月无祸”（甲436），皆说明殷人周人此时具有共同的宗教信仰。

然而，牧野之战的结果却是周人胜利了。无论对殷人还是周人，这无疑都是一个极大的刺激。对殷人来说，一向笃信鬼神，自认为常得天帝保佑的殷民族，竟然被一个偏远小国联合诸侯打败了。难道上帝真的不保佑殷民族了吗？对周人来说，也许他们自己也不相信，自己真能打败受天帝保佑的殷人。故周公对殷人说：“非我小国敢弋殷命。”“予一人惟听用德，肆予敢求尔于天邑商。予惟率肆矜尔。”（《尚书·多士》）但是既然获胜了，又该如何解释呢？周公虽然心里知道取胜的关键在于人谋和实力，但是他不能那样说。他只能说那是天赐：“惟天不畀允罔固乱，弼我，我其敢求位？”“非予罪，时惟天命。”（《尚书·多士》）意思是说，是天保佑我们，才打败你们的。但是这种解释很难说服人，因为殷人并没有对上帝不敬，牺牲、祭祀、占卜，事事仍然是听由天命。也就是说，周公必须为上帝为什么帮助周人，而不再保佑殷人给出一个合理的解释。

最终，周公找到了答案：上帝保佑一个民族是有条件的。但要说上帝的保佑是有条件的，就必须打破上帝为殷人的保护神这种传统。首先，他们说其始祖弃是姜嫄踩到上帝的脚印，怀孕而生的，以证明自己与上帝也有特殊的关系，进而说“惟天地万物父母”（《尚书·泰誓上》）。既然大家都是天的子女，自然都在天的保佑之中。其次，他们提出“皇天上帝，改厥元子，兹大国殷之命”（《尚书·召诰》）的原因在于周人有“德”，殷人失“德”。言下之意，“有德”“无德”乃是上帝选择周人、保佑周人，而遗弃殷人的条件。这就是周人的“以德配天”思想。据此，周公试图说服殷人听从周人的统治。例如：

> 惟乃丕显考文王，克明德慎罚……惟时怙冒，闻于上帝，帝休。天乃大命文王。(《尚书·康诰》)
>
> 自成汤至于帝乙，罔不明德恤祀。亦惟天丕建保乂有殷，殷王亦罔敢失帝，罔不配天其泽。在今后嗣王，诞罔显于天，矧曰其有听念于先王勤家？诞淫厥泆，罔顾于天显民祇。惟时上帝不保，降若兹大丧。惟天不畀不明厥德……予一人惟听用德，肆予敢求尔于天邑商。予惟率肆矜尔，非予罪，时惟天命。(《尚书·多士》)
>
> 皇天无亲，惟德是辅。(《尚书·蔡仲之命》)
>
> 王惟德用，和怿先后迷民，用怿先王受命。(《尚书·梓材》)
>
> 天亦哀于四方民，其眷命用懋。王其疾敬德……王敬作所不可不敬德。……王其德之用，祈天永命。(《尚书·召诰》)

郭沫若指出，这种敬德的思想在周初的几篇文章中就像同一个母题的和奏曲一样，翻来覆去地重复着。其实，这种重德的思想从武王伐纣时已初露端倪。如武王说：“同力度德，同德度义。受有臣亿万，惟亿万心。予有臣三千，惟一心”(《尚书·泰誓上》)“受有亿兆夷人，离心离德。予有乱臣十人，同心同德。虽有周亲，不如仁人。天视自我民视，天听自我民听”（《尚书·泰誓中》）皆表现出重人事、轻天命的倾向。这种思想在周公征服管蔡武庚以及平定东方诸国的叛乱后，更深信不疑。其具体表现在：周公营建成周洛阳和分封亲戚之国于齐、鲁、卫、晋、郑等，以管理殷国遗民。这是一个理性的思考，其目的便是控制东方诸国。这两种思想滥觞便形成了《礼记·表记》所说的“周人尊礼尚施，事鬼敬神而远之”的传统。也就是说，周人更重视人为的治理，不再推行殷人听天由命的传统。但是必要时，周人仍要神道设教，安顿天下之心，维护自己的利益，正如上文所说的周公对殷人的劝说。

周人对人为和德的重视也可以从他们不完全相信“天”的言语中看出来。在《尚书》中，周公在谆谆教导后人修德、敬德的同时，从未忘记警告他们天意难测。例如：

> 越天棐忱，尔时罔敢易法。（《大诰》）
>
> 天畏棐忱，民情大可见，小人难保。……惟命不于常。（《康诰》）
>
> 天不可信。（《君奭》）

所谓“天棐忱”或“天畏棐忱”便是《诗经·大雅·大明》的“天难忱斯，不易维王”，也就是“天不可信”的意思。孙诒让认为，“棐”都是“非”字。天为什么不可信呢？一方面因为天保佑一个人或一个民族是有前提的，不是无条件的，并不是说你得到了天命，它就会像父母那样终身保护你。人们要获得天的持续保佑，必须有德。另一方面因为周公看到了人为或人谋对天命的挑战，看到了获得民众支持之后军事力量的强大。所以，周公强调对民之德惠，以至于说："民之所欲，天必从之。"（《尚书·泰誓上》）但是，对天的不完全信任是否就意味着周公完全不信天命呢？郭沫若就认为：

> 周人一面在怀疑天，一面又在仿效着殷人极端地尊崇天，这在表面上很象是一个矛盾，但在事实上一点也不矛盾的。请把周初的几篇文章拿来细细地读，凡是极端尊崇天的说话是对待着殷人或殷的旧时的属国说的，而有怀疑天的说话是周人对着自己说的。这是很重要的一个关键。这就表明着周人之继承殷人的天的思想只是政策上的继承，他们是把宗教思想视为了愚民政策。自己尽管知道那是不可信的东西，但拿来统治素来信仰它的民族，却是很大的一个方便。自然发生的原始宗教成为了有目的意识的一个骗局。所以《表记》上所说的"周人事鬼敬神而远之"，是道破了这个实际的。[1]

郭沫若的观点得到了杨向奎等人的认同。但是，仔细考察，我们发现，郭沫若似乎跳跃太大了，直接把周公等人对天的怀疑和对人为的重视解释成了"不信任天"，成了无神论。他说，要不是周

① 郭沫若：《郭沫若全集·历史编》第1卷，第334—335页。

公出于愚弄殷人，“他如果不是政治家，不是立在统治者的立场上的人，说不定他在思想上早就把天神来完全否认了，而另外构成了一个什么观念来代替了它的”[①]。

我们的理解是，周公虽然怀疑天之保佑能力、相信人为，但是还没有发展到否定天的存在的地步。一是因为周公虔诚地相信天能够降祸，可以通过祭祀祈祷先王和上帝以求得谅解。《尚书·金縢》中记载周公虔诚地祈祷太王、王季和文王，要他们向上帝转告，愿意以己身代替武王去死，而且得到了“第二天武王病好了”的消息。同样，成王病时，周公又“自揃其蚤沈之河”(《史记·鲁周公世家》)，向神祷告，愿意以己身承担冒犯神的罪责，而请神原谅成王，成王也因此“病有瘳”。再者，周人的“天命”“配天”实际上就是商人的“帝令”“宾于帝”的翻版，因为命本身就是令。这些事例说明，周公并没有完全否认天或神的权威，只是认为不可完全依赖于天，不可像商纣王那样完全相信天会保佑自己无虞。这或许是他反复说的“天不可信”的真意。其实，从史书记载，直到周厉王之时，周人还是非常相信天和鬼神的权威的。《国语·周语》载：

> 厉王虐，国人谤王。邵公告曰：“民不堪命矣！”王怒，得卫巫，使监谤者，以告，则杀之。国人莫敢言，道路以目。王喜，告邵公曰：“吾能弭谤矣，乃不敢言。”……三年乃流王于彘。

① 郭沫若：《郭沫若全集·历史编》第1卷，第337页。

当时不仅厉王相信巫或鬼神的明察，而且民众相信、害怕鬼神。这说明当时天和鬼神还是很有权威的。郭沫若对这个事件的解释是，“宗周的统治一经久了，所谓‘殷鉴’渐渐远隔了起来，‘天命靡常’的认识朦胧了，周公的那种怀疑精神完全受了隐蔽，只是所利用的工具焕发着异样的光辉”①。其实，郭沫若的这种解释不符合历史或思想发展的规律。因为一个思想一旦被提出，只要它是合理的且行之有效的，是很难经历几百年又被“隐蔽”或“朦胧”的。一个恰当的解释是，周公当时提出“以德配天”时，并没有否定上帝、天或鬼神。他只是怀疑它们的全能，怀疑它们有时候会被人为、人谋所胜过。这就是为什么周公重视“德”。这个“德”表面是恩惠和善政，内涵里包括人谋和人为。这个“德”一旦提出，必然逐渐侵蚀天或鬼神的权威，以至于到了春秋时代，不但政治家子产、叔向，就连太史叔兴等人都不相信天或天道能完全左右人事了。周厉王之事件只能说明，在他那个时代，德或人事还没有发展到颠覆天命鬼神的地步，并不是郭沫若所说的“隐蔽”。对此，徐复观的说法较为近理。他说：

> 天命既以人自身之德为依归，则天命对于统治者的支持，乃是附有很严格地条件的；这与过去认为天命是无条件地支持一个统治者，大异其趣；所以便由此而感到“天命不易”的观

---

① 郭沫若:《郭沫若全集·历史编》第1卷，第340页。

> 念。观乎夏商、殷周之际，一有失德，天命即转向他人，于是而有“天命靡常”的观念。更以合理之精神投射于天命之上，而又有天命不可知，不可信赖的思想。①

可以说，正是“以德配天”的提出，使周人有“天命不易”和“天命靡常”的思想，这种思想仍徘徊在对天帝的敬畏和对人力的欣赏之间，并没有否定天帝的权威。

周人所说的“德”到底是什么含义？今兹就《尚书》中有关文献分析之。《尚书·大禹谟》：“惟德动天，无远弗届。”德与天对举，说明德主要就人讲。《尚书·仲虺之诰》：“有夏昏德，民坠涂炭。”《尚书·汤诰》：“夏王灭德作威，以敷虐于尔万方百姓”说明德至少是有利于民众的行为或举措。《尚书·泰誓中》：“惟天惠民，惟辟奉天。”《尚书·蔡仲之命》：“皇天无亲，惟德是辅。民心无常，惟惠之怀”说明德实际上就是惠。由此可见，德的核心在于惠民，通过惠民，得到民众的拥护，巩固自己的地位。因此，周人的德主要是就统治者与民众的关系而言。统治者对民众施以恩惠，民众有所得，统治者则被称为有德。这种以德处理人与神、人与人之关系的方式，乃周人之发明。这样，人与天、帝、鬼神逐渐疏远，人们倾向于看重人事，不依赖于天命。善占侯的梓慎和裨灶都预言宋、卫、陈、郑要发生火灾，子产置之不理，说：“天道

① 徐复观：《中国人性论史·先秦篇》，第23—24页。

远，人道迩，非所及也，何以知之？灶焉知天道？”（《左传》昭公十八年）这种轻天命、重人事的态度使周人心目中的宗教观念日益淡漠，以至于最终导致天的非人格化，而转变为自然之天、命运之天。非人格化的天为诸子所继承。可以说，周人“敬鬼神而远之”的思想，实为诸子思想之温床。

因此，周人战胜殷人，从表面上看，是小国战胜大国；从内涵上看，则是理性战胜感性，人为战胜天命。殷人对上帝的虔诚并没有能够拯救其家园的沦陷，说明上帝不能以情动之。同时，一个偏远小国竟然能伐灭一个悠久的中原大国，也使周人更倾向于采取理性的态度，而非感情用事。如此，周人自然重视人为，而轻视鬼神的福佑。因此，周公从理性的角度，制礼作乐，分封诸侯，以巩固周人之天下。礼乐的核心是德治惠民，以道德治天下。故周人的统治方式可谓道德教化，而非导民以事神。

由上述分析可以得出这样的论断：“德”的概念显然为周人所发明。郭沫若也说：“在卜辞和殷人的彝铭中没有德字，而在周代的彝铭中如成王时的《班簋》和康王时的《大盂鼎》都明白地有德字表现着。”[1]这样，“以德配天”的思想不仅成为区分殷人与周人的宗教信仰、治理国家的标准，而且成为区分周人文献与殷人文献较为可行的标准。殷人重视鬼神，“先鬼后礼”，当然不以德为治国、得天命的根本因素。由搜集的殷人文献、卜辞、铭文可知，殷人极少谈到德。他们所重视的只是

---

① 郭沫若：《郭沫若全集·历史编》第1卷，第336页。

神意、祭祀。相反，周人用“以德配天”为自己代殷人为天帝元子作论证，则必处处重德。此由《尚书》中篇篇不离德可知。

四、天之演化

“配天”“敬德”的思想一旦提出，必然慢慢地侵蚀帝或天的权威。徐复观说：“天命不可知，不可信，是说离开了自己的行为而仅靠天命，则天是不易把握，是无从信赖的。天命既无从信赖，则惟有返而求之于人的自身；这便渐渐从宗教对神的倚赖性中解脱出来了。”[①]这种解脱从《诗经》中对天、帝、鬼神的责让和不信任体现出来。例如，《诗经·大雅》中相传是厉王（公元前878年—公元前846年）时代的几篇（如《板》《荡》《桑柔》）这样说：

上帝板板，下民卒瘅。……天之方难……天之方蹶……天之方虐……天之方懠。（《板》）

荡荡上帝，下民之辟。疾威上帝，其命多辟。天生烝民，其命匪谌？（《荡》）

国步蔑资，天不我将。……我生不辰，逢天僤怒。……天降丧乱，灭我立王。（《桑柔》）

天方艰难，曰丧厥国，取譬不远，昊天不忒。（《抑》）

① 徐复观：《中国人性论史·先秦篇》，第24页。

“板板”，乖僻之意。“其命多辟”是说上帝的命令很邪乎。徐复观说，上面这些诗，虽然责怪天帝，但是还留有余地，最终落脚于“敬天之怒”(《板》)、“天不湎尔以酒”(《荡》)、“靡有旅力，以念穹苍”(《桑柔》)。但是，到了周幽王的时代(公元前781年一公元前771年)，反映在《诗经·小雅》里面的天，几乎可以说是权威扫地。[①]例如：

天方荐瘥，丧乱弘多。……昊天不佣，降此鞠讻。昊天不惠，降此大戾。……昊天不平，我王不宁。(《节南山》)

民今方殆，视天梦梦……有皇上帝，伊谁云憎？……天之扤我，如不我克。(《正月》)

天命不彻。(《十月之交》)

浩浩昊天，不骏其德。降丧饥馑，斩伐四国。昊天疾威，弗虑弗图。舍彼有罪，既伏其辜。若此无罪，沦胥以铺。……如何昊天，辟言不信。(《雨无正》)

以上可以看出，人们对天的权威简直是不留余地了。郭沫若说：“大抵由夷、厉以后，天的思想发生了动摇。这一次的动摇和周初的不同，是很普遍而深刻的。”[②]郭沫若的观察是很有见地的。

---

① 徐复观：《中国人性论史·先秦篇》，第33页。

② 郭沫若：《郭沫若全集·历史编》第1卷，第342页。

其实，从这些诗句中我们发现，伴随对天的深度怀疑，人的责任和能力被强调了。例如：

天之方虐，无然谑谑。老夫灌灌，小子蹻蹻。匪我言耄，尔用忧谑。多将熇熇，不可救药。（《板》）

天不湎尔以酒，不义从式。……虽无老成人，尚有典刑。曾是莫听，大命以倾。（《荡》）

修尔车马，弓矢戎兵，用戒戎作，用逷蛮方。质尔人民，谨尔侯度，用戒不虞。（《抑》）

大风有隧，贪人败类。听言则对，诵言如醉。匪用其良，覆俾我悖。（《桑柔》）

民今方殆，视天梦梦……有皇上帝，伊谁云憎？（《正月》）

这种对人责任的强调势必导致对天的重新认识和定位。于是，人们发现，原来一直依赖和希望天来解决的事情，其问题根源竟然在自身。这种自觉已经不再是“皇天无亲，惟德是辅”的以人为配合天命了，而是就人为而解决人间的问题。这样，天的人格神角色逐渐淡化，而其自然、无为、非人格化特征逐渐明确。对此，郭沫若精辟地论述道：

一入春秋时代，天就和他的代理者周天子一样只是拥有一个虚名，信仰的人自然也还有，但毫不信仰的人却是特别的多。

> 譬如在古时候王者是要仰仗龟卜来传达神命的，而楚的斗廉要说：“卜以决疑，不疑何卜？”（《左传》桓公十一年）古时候说一切畉休咎祸福是由天降下来的，而郑的申缧说：“妖由人兴也，人无衅焉，妖不自作。人弃常则妖兴，故有妖”（《左传》庄公十四年）。晋的伯宗说：“民反德为乱，乱则妖灾生”（《左传》宣公十五年）……郑国的子产有一句话更说得透彻，便是“天道远，人道迩，非所及也”（《左传》昭公十八年）。①

郭沫若的论述代表了春秋时代的大趋势，但是并不是说当时人们已完全抛弃了人格神的天。可以说，整个春秋时代就是人格神的天的信仰与自然之天的信仰此消彼长的时期。从后见之明的角度看，其趋势是：到战国时期，自然之天或无形的命运之天获胜。从与斗廉对话的莫敖、与申缧对话的郑厉公、与伯宗对话的晋景公、与子产论辩的裨灶的态度看，他们还是深信天是有赏善罚恶、主宰人间事务的能力的。这种对立也体现在孔子与老子对天的不同态度上。

通观《老子》，“天”的含义基本上以“天法道，道法自然”为准则，是自然之天。其天、地对举之处，天为无形自然之天无疑。其论述“天道”之处，也多是自然之义。而《庄子》中的天之为自然义毋庸赘述。唯有当老子说：“天之所恶，孰知其故？”（《老子》第七十三章）“天道无亲，常与善人。”（《老子》第七十九章）“是

① 郭沫若：《郭沫若全集·历史编》第1卷，第344页。

谓用人之力，是谓配天古之极。”（《老子》第六十八章）天还有人格神的特征。尽管如此，老子的天整体上是无为的、不干涉的、自得的。这就是他反复说的：“生而不有，为而不恃，长而不宰。”（《老子》第五十一章）老子对“天”的看法透露出，作为一个史官，在总结多年的观察资料后，他看到了隐藏在人格神的帝或天之后的本体，而这个本体就是自然。这也是为什么他说“以道莅天下，其鬼不神”（《老子》第六十章），而后来庄子直接说道“神鬼神帝”（《庄子·大宗师》），因为“道”就是自然。费尔巴哈说：

> 我们如果相信上帝是存在于人的心情、人的理性之外，绝对地存在着，不管有没有人，不管人是否想到他，不管人是否企求他，他都同样存在，那么，在这信仰里以至于在这信仰的对象里支配你的，并不是别的，正是自然。①

正是这个自然的无私和公正，使太阳照临恶人也照临善人，使雨水膏沐正人也膏沐邪人，老子才会说：“天地不仁，以万物为刍狗。”（《老子》第五章）但是，“这个对善、恶、邪、正不加区别的实体，虽不按照道德的功绩来分配生活的资财，终究给予人一个善者的印象，正是因为它的那些作用，譬如使万物滋长的阳光和雨水之类，乃是使人得到高度施惠感觉的泉源，这样的一个实体正是自

---

① ［德］费尔巴哈：《宗教的本质》，第9页。

然"[①]。这也解释了为什么老子和庄子都要法天、法自然，认为自然是完美的、善的。

相比较而言，孔子理解的“天”还主要是赏善罚恶的人格神。《论语》中“天”共出现46次，其中大多数是以人格神的意思出现的。例如：

天生德于予，桓魋其如予何?（《述而》）

不然，获罪于天，无所祷也。（《八佾》）

吾谁欺？欺天乎?（《子罕》）

天之将丧斯文也，后死者不得与于斯文也；天之未丧斯文也，匡人其如予何?（《子罕》）

予所否者，天厌之！天厌之！（《雍也》）

噫！天丧予！天丧予！（《先进》）

其他谈到“天命”之处，有主宰之义的，如“畏天命”（《季氏》）；有不可知的必然性，如“死生有命，富贵在天”（《颜渊》）。其中，有自然之天的含义的有：

子曰："予欲无言。"子贡曰："子如不言，则小子何述焉？"子曰："天何言哉？四时行焉，百物生焉，天何言哉？"（《阳货》）

---

① ［德］费尔巴哈：《宗教的本质》，第10—11页。

子贡曰："夫子之不可及也，犹天之不可阶而升也。"（《子张》）

可见，孔子作为一个承继周礼之人，虽然他要"敬鬼神而远之"，但是他并不否定鬼神的存在，更不否定人格神的天。他只是与老子一样，将天看作一个自然地生成万物而不加干涉的实体，或者将之视为不可知的变化过程。当时，其学生子贡好像就直接将天看作了自然的无形之天。孔子对天的矛盾看法实际上是周初"以德配天"思想的发展。在孔子看来，一个人能"务民之义"，行不失德，不迷信鬼神，才算有智慧；同时，认为有德者自然会受到天或神的保佑。孔子认为自己一生循周礼行事，未有失德，理应得到鬼神天帝的保佑。因此当他生病时，子路要向上下神祇祷告，孔子却说："丘之祷久矣。"（《论语·述而》）这显然是对《尚书》"惟德动天"的继承。本着这个信念，孔子一生以人事为本，以复礼、正名为务。在他看来，人为治理，若实现天下安定太平，便是最大的德，也是对天的最大恭敬。因此，当别人讥讽他"知其不可而为之"时，他说："莫我知也夫！"继而解释道："不怨天，不尤人。下学而上达。知我者其天乎！"（《论语·宪问》）。其实，孔子在这里已经悄悄地将人为修德置于首位，换言之，只要尽了人事，自然也就尽了天命，自然会合乎神意。可见，孔子还是要敬鬼神，认为天或鬼神乃是对人之作为的公正评判者和监督者。

在孟子中，"天"的含义有四。一是自然之天。二是人格神。例如，“夫天，未欲平治天下也，如欲平治天下，当今之世，舍我其谁也？吾何为不豫哉？”（《孟子·公孙丑下》）“天之生斯民也，使先知觉后知，使先觉觉后觉。”（《孟子·万章下》）三是社会形势或命运。例如：“天下有道，小德役大德，小贤役大贤；天下无道，小役大，弱役强。斯二者天也。顺天者存，逆天者亡。”（《孟子·离娄上》）“吾之不遇鲁侯，天也。臧氏之子焉能使予不遇哉？”（《孟子·梁惠王下》）“舜、禹、益相去久远，其子之贤不肖，皆天也，非人之所能为也。莫之为而为者，天也；莫之致而至者，命也。”（《孟子·万章上》）四是内在的良心。“仁义忠信，乐善不倦，此天爵也。”（《孟子·告子上》）“尽其心者，知其性也。知其性，则知天矣。存其心，养其性，所以事天也。”（《孟子·尽心上》）孟子“天”的含义之所以这么混乱，说明他作为孔子的再传弟子，已经走在抛弃人格神的天的路上了。而荀子，则彻底完成了天的自然化，诚如其所言，“天行有常，不为尧存，不为桀亡”（《荀子·天论》）。由此可知，儒家和道家都以天为自然之天，而天的人格神之义已被彻底抛弃。

五、命

“命”的初始含义就是令。朱熹说：“命，令也。”（《四书章句集注》）而“令”则是发号之义。从甲骨文的卜辞看，基本上是“帝令”，例如，帝令风、令雨、令足年等，皆作使动用法，无作名词用者。等到了商周之际，“天命”才流行起来。据李景林的研究：“周流行‘天命’概念，其一方面保留有‘帝令’之使动用法”[①]，如，“天乃大命文王殪戎殷。”(《尚书·康诰》)“今天其命哲、命吉凶、命历年。”(《尚书·召诰》)“帝命率育。”(《诗经·周颂·思文》)“天命玄鸟，降而生商。”(《诗经·商颂·玄鸟》)“帝命式于九围。”(《诗经·商颂·长发》)这些地方，“天命”即如殷人“帝令”之使动用法。另一方面，《尚书》《诗经》中大多数地方，天命皆作独立的名词使用，于周乃成习惯用语，不烦引述。“周人又将‘天’与‘命’对举使用。《诗·大雅·荡》：‘天生烝民，其命匪谌。’《书·召诰》：‘祈天永命。’又：‘天亦哀于四方民，其眷命用懋。’皆其例。这里，天为神体，命出自天。此‘命’与用作名词的‘天命’意义相同。”[②]综合李景林的研究，我们发现，“命”主要指天发号的行为或发出的号令，相当于商人上帝的意志之体现。人们要获得天命，一方面要修德，另一方面要虔诚地祭祀和占卜。所以，通观《尚书》，我们发现，天命、修德和祭祀三者总是联系在一起。例如：

> 商罪贯盈，天命诛之。(《泰誓上》)
>
> 我文考文王，克成厥勋，诞膺天命，以抚方夏。(《武成》)
>
> 弗造哲，迪民康，矧曰其有能格知天命？(《大诰》)

---

① 李景林：《教化的哲学——儒家思想的一种新诠释》，黑龙江人民出版社2006年版，第267页。

② 李景林：《教化的哲学——儒家思想的一种新诠释》，第267页。

公称丕显德，以予小子扬文武烈，奉答天命，和恒四方民。（《洛诰》）

昔在殷王中宗，严恭寅畏天命，自度，治民祗惧，不敢荒宁。（《无逸》）

天不可信，我道惟宁王德延，天不庸释于文王受命。（《君奭》）

君奭，在昔上帝，割申劝宁王之德，其集大命于厥躬。（《君奭》）

敢敬告天子，皇天改大邦殷之命，惟周文武，诞受羑若，克恤西土。（《康王之诰》）

先王顾諟天之明命，以承上下神祇。社稷宗庙，罔不祗肃。天监厥德，用集大命，抚绥万方。（《太甲上》）

旁求俊彦，启迪后人，无越厥命以自覆。慎乃俭德，惟怀永图。（《太甲上》）

先王子惠困穷，民服厥命，罔有不悦。（《太甲中》）

天难谌，命靡常。常厥德，保厥位。厥德匪常，九有以亡。（《咸有一德》）

它们皆以德作为获得天命的前提，与“以德配天”相一致。德在人的行为，是人力所可及的，渐渐地修德便侵蚀了对天或天命的依赖。换言之，人们只要修德并使德行达到一定程度，自然就会得到天命。所以，周人反复强调要效法文王，修德以保持天命。《诗经·大雅·文王》说："上天之载，无声无臭。仪刑文王，万邦作孚。"《诗经·周颂·我将》说："仪式刑文王之典，日靖四方。"文王之德，是由万邦得到治理而可以作证的。当然，这个"德"不只是个人的善行，更重要的是惠民，得到民众的拥护。统治者只有得到民众的拥护，才能得到天命。所以，《尚书·酒诰》说"惟天降命，肇我民"，《尚书·大诰》说"天棐忱辞，其考我民"，《尚书·康诰》说"天畏棐忱，民情大可见"，《召诰》说"欲王以小民受天永命"。换言之，上帝不是为了侍奉自己而授予周人天命，而是为了人民的福利而选择新主。《诗经·大雅·皇矣》形象地描写了这个授命过程：

> 皇矣上帝，临下有赫。监观四方，求民之莫。维此二国，其政不获。维彼四国，爰究爰度。上帝耆之，憎其式廓。乃眷西顾，此维与宅。

意思是，上帝为使民众安定生活，不断监察天地四方，发现商王的政令不得人心。心怀眷顾向西望，便把岐山赐给周人来安居。

这种以德获取天命的思想滥觞使上帝或天的权威遭到破坏。此后，天人格神的特征淡化，变成自然之天，相应地，命或天命也变成不可预知的偶然性或客观必然性。所以，孟子说："舜、禹、益相去久远，其子之贤不肖，皆天也，非人之所能为也。莫之为而为者，天也；莫之致而至者，命也。"（《孟子·万章上》）意思是，人之贤、不肖都是与生俱来的，是被决定了的，它超出人力之外。其实，这种思想早在老子和孔子那里已初见端倪，而到了孟子、庄子那里，则成为主流。

“命”，在《老子》中出现了两次：“归根曰静，是谓复命”（《老子》第十六章）；“道之尊，德之贵，夫莫之命而常自然”（《老子》第五十一章）。这两句中，“命”皆是“令”之义。前者说，回归到根本就是去回复所接受的命令。后者说，道德之尊贵是自然而有，不是因为接受了谁的命令而然。可见，老子所说的“命”尚有人格神发号施令的痕迹。

孔子谈“命”，在“将命”“为命”“致命”“复命”“国命”“百里之命”等词语中，都是“令”或委任状之意，与老子无异。但是，在“短命”“死生有命”“不知命”“赐不受命”“命矣夫！斯人也而有斯疾也”等处，“命”是定数，或不可预知、不可改变的运势之义。唯有在“畏天命”之处，它似乎还有人格神的主宰或发号施令之义。

谈到这里，我们不难发现，孔子对天和命的理解似乎是不同的。虽然天还是个人格神，但是天命或命是一种非命令式的运势或定数。这种不同是周公以来重视“德”，而让天做太上皇不干预人事的结果。徐复观说：“西周末，人格神的天命既逐渐垮掉，于是过去信托在神身上的天命，自然转变而为命运之命。天命与命运不同之点，在于天命有意志，有目的性；而命运的后面，并无明显的意志，更无什么目的，而只是一股为人自身所无可奈何的盲目性的力量。”[①]孔子这种不同很快就被墨子发现了。一方面，虽然墨子认为孔子不否定鬼神，但是他说：“儒以天为不明，以鬼为不神，天鬼不说，此足以丧天下。”（《墨子·公孟》）其实，正是孔子及其弟子重德、轻天或帝的思想，才导致他们“以天为不明，以鬼为不神”。相反，墨子及其弟子相信人格神的天和鬼，能够像人一样干涉人间事务，所以他们认为“鬼神之明智于圣人，犹聪耳明目之与聋瞽也”（《墨子·耕柱》）。另一方面，如果命自天出，却不受天或鬼主宰，成为一种茫然的必然性或偶然性，那么结果只能是：天不神，与命一样是一种自然盲目性或必然性；天与命是分离的。儒家和道家将天、命等同，认为天和命是一种无可奈何的偶然性或运势。这当然不能为笃信天鬼全能的墨家所接受。于是，墨子大谈“非命”。观《非命下》《非儒下》《公孟》诸篇，墨子所非之“命”就是孔子所谈的定数或命运，而不是天或帝的指令。他之所以非命，是因为人一旦相信定数或命运，就会放弃人为努力，而听任运数。在《非命下》，他反复指出，人们要以“力”来治理天下和修身，而不是听信“命”（定数）而放弃人为努力。因为人一旦信命，就会“谓敬不可行，谓祭无益，谓暴无伤”（《非命下》），结果就会遭到上帝的厌恶，“上帝不常，九有以亡，上帝不顺，祝降其丧”（《非命下》）。但是，墨子又说“昔者纣执有命而行”，却遭到周武王的征伐，最终灭国。这从一定程度上说明墨子似乎将

---

① 徐复观：《中国人性论史·先秦篇》，第34页。

孔子所说的运数之命与商纣王所说的天帝之命混淆了。因为我们知道，商纣王所说的“有命在天”是纯粹的帝令或天的委任，正是墨子所支持的天志。关于墨子的“非命”和尊天明鬼，郭沫若说：

> 正因为他（墨子）尊天明鬼所以他才“非命”。他是不愿在上帝鬼神的权威之外还要认定有什么必然性或偶然性的支配。在他看来上帝鬼神是有生杀予夺之权的……因为上帝鬼神可以生你，可以死你，也可以富你，可以贵你。“非命”就是叫人要对于无形的权威彻底的皈依，对于有形的权威（天子）彻底的服从。①

墨子虽然试图恢复天帝鬼神的权威，用天志来主宰人间的一切，用鬼神来监督人类的行为，但是那显然是在开历史的倒车。因为早在周厉王之时，以巫师监视谤者的方法已经行不通了。这也说明为什么墨学兴盛一时，却必然为历史所淘汰。墨子一方面重视“力”和人为，另一方面又相信天志和鬼神。这说明他徘徊于商人笃信天帝和周人重德之间。因为人们笃信天帝鬼神，必然会导致像商人那样事事听从天帝鬼神之启示，又何来人为或“力”？虽然墨子反对的是运数之命，但是从宗教学的角度上看，天帝之命与运数之命本来就没有本质的区别。正如费尔巴哈所说，上帝、自然或运数都是人类

---

① 郭沫若：《郭沫若全集·历史编》第1卷，第475页。

对超出人的能力之外的指称，都是人的幻想的。[①]墨子仍然逃不出尊天明鬼与非命之间的矛盾。

也许看到了帝令、天命与修德之间的矛盾，孟子和庄子都试图使命和德统一。孟子基本上继承了子产的态度，将“天道”和“人道”分开，像孔子那样尽人事、听天命。他说：“夭寿不贰，修身以俟之，所以立命也。”（《孟子·尽心上》）“俟之”就是等待夭寿到来那一时刻。我们因不知道生命何时结束，所以天天担心死去，那这一辈子就什么事都别做了。这是非常荒唐的。因此，孟子建议我们，只要活一天，就尽一天的社会责任；等到要死了，就坦然接受死去。这就是他所说的“莫非命也，顺受其正”。但是，孟子反对“命定论”，这一点与墨子是一致的。虽然他要求顺命，也就是顺从地接受命的到来，但是他并不认为人在命前无所作为。所以，他接着说：“是故知命者，不立乎岩墙之下。”（《孟子·尽心上》）意思是，虽然我们早晚要死，但是我们不应该愚昧地站在危墙下等着被砸死。他要求“君子行法以俟命”（《孟子·尽心下》）。所行之法就是礼义原则，也就是尽人道。可见，孟子沿着孔子的思想，以人道修德来统摄命运，使人的生活原则与命运相统一。

相较而言，庄子却以命运统摄了人为，说：“无以人灭天，无以故灭命。”（《庄子·秋水》）“是之谓不以心捐道，不以人助天。是

---

① ［德］费尔巴哈：《宗教的本质》，第9页。

之谓真人。”（《庄子·大宗师》）在庄子那里，天、命、道内涵是一致的，都是自然或大化流行之过程，而人、心和故都是有心的作为。命首先是一种人力无可奈何的自然过程。“死生存亡，穷达贫富，贤与不肖毁誉，饥渴寒暑，是事之变，命之行也。”（《庄子·德充符》）“死生，命也，其有夜旦之常，天也。”（《庄子·大宗师》）“达命之情者，不务知之所无奈何。”（《庄子·达生》）这是说，命是人之认知能力所无可奈何、不可改变的。它就像白天黑夜的转换一样，自然运转。它包括一切自然和社会中的事变和生理现象。简言之，命也就是道或天。所以，前面引文以命与道、天并举。“命”也指自然或社会形势所形成的结果，而这个结果是人力无法参与的。例如：“天无私覆，地无私载，天地岂私贫我哉？求其为之者而不得也。然而至此极者，命也夫！”（《庄子·大宗师》）“性不可易，命不可变，时不可止，道不可壅。”（《庄子·天运》）“夫若是者，以为命有所成而形有所适也，夫不可损益。”（《庄子·至乐》）这些都是说命一旦形成，皆不可改变。命不可改变，人们只能“顺受其正”，所以庄子接着说：“圣也者，达于情而遂于命也。”（《庄子·天运》）“达于情”，就是通达事情的真实状况；“遂于命”就是安于命运的安排。

虽然庄子要求安于命运的安排，但是他并不是完全否定人的主体性。他并不建议完全放弃自己的心智而不用，像慎到那样达到“块不失道”的“死人之理”（《庄子·天下》）。庄子明言：“其形化，其心与之然，可不谓大哀乎？”（《庄子·齐物论》）

又说："夫哀莫大于心死，而人死亦次之。"（《庄子·田子方》）庄子所谓的"心死"就是人用自己的认知之心固执于己见或外物，而忽视世界的多种可能性。他要求人之心保持一种开放状态，接受各种可能性，与时俱变，与化同流。但是，这种心态也关乎对外在事物的认识和把握，绝不是懵然妄行。《庄子·秋水》关尹回答列子的一段话明确地揭示了这个道理。列子问，至人为什么入水不溺，入火不热，行于万物之上而不害？关尹的回答是，至人能够因理达权，慎于去就，不是贸然行事。《庚桑楚》中的另一段话则将安命与人为巧妙地结合起来，说："备物以将形，藏不虞以生心，敬中以达彼，若是而万恶至者，皆天也，而非人也。"意思是，顺受人形以充万物之数，处于不思不虑之地以养活自己的心，慎守自己的德性以交接外物。如果这样还有万恶降临，那只能说是天意，而不是自己招致的。这样的万恶，不可让它扰乱自己的天德本性，也不可以让它入于自己的内心。简而言之，就是慎守己身以顺应命运的安排。如此看来，庄子虽然与孟子出发点不同，但是在结果上却殊途同归。

安时顺命，做好自己的事，是中华民族的优良传统。习近平在全国文艺工作座谈会上指出："中华优秀传统文化是中华民族的精神命脉，是涵养社会主义核心价值观的重要源泉，也是我们在世界文化激荡中站稳脚跟的坚实根基。""习近平认为，中国共产党提倡和弘扬的社会主义核心价值观，只有从中华优秀传统文化中汲取丰富营养，才会有强大的生命力和影响力。这样，就把古老的中华优秀传统文化与当代的社会主义核心价值观一下子打通了、联通了、畅通了，将它们贯通在一起、联结在一起、融合在一起，使中华民族的历史基因得以世代传承，永葆其青春活力和时代魅力。”①

---

① 薛庆超：《习近平与中华优秀传统文化》，《行政管理改革》2017年第12期。

第五章　天道人道：儒道二家的不同关怀

“天人合一”是中国哲学的思想底蕴。“天”泛指自然或社会中的客观存在和规律。“人”主要指人为的努力和认识。天人合一体现着人与自然、人与社会之间的和谐和互动。习近平总书记说：“中华民族有着深厚文化传统，形成了富有特色的思想体系，体现了中国人几千年来积累的知识智慧和理性思辨。这是我国的独特优势。中华文明延续着我们国家和民族的精神血脉，既需要薪火相传、代代守护，也需要与时俱进、推陈出新。要加强对中华优秀传统文化的挖掘和阐发，使中华民族最基本的文化基因与当代文化相适应、与现代社会相协调，把跨越时空、超越国界、富有永恒魅力、具有当代价值的文化精神弘扬起来。”[①]

---

① 习近平：《在哲学社会科学工作座谈会上的讲话》，《人民日报》2016年5月19日。

一、道、天道和人道

在先秦经典中，“道”的出现频率很高，但含义也最为复杂。“道”到底什么时候出现的，其最初字义是什么，到现在也没有定论。《说文解字》：“衜，古文道从首寸。”我们猜测道最初应该是水流之途径，后来用作人行之道路。庄子说“道行之而成”(《庄子·齐物论》)，似乎还保留这个古义。唐兰在《〈老子〉时代新考》中说，《诗》《书》中几乎没有带哲学意味的“道”字。道是道路，《诗》《书》里大都只这样讲。《康王之诰》里的“皇天用训厥道，付畀四方”，似乎已是道德的“道”了。[①]但是，《尚书·洪范》中“无偏无陂，遵王之义。无有作好，遵王之道。无有作恶，遵王之路。无偏无党，王道荡荡”，将义、道、路并用，说明道已经有规则或律令之义，或者至少可以说明，道之含义在从道路之义向规则之义转变。“道”在春秋时代风行一时，究其原因：一是因为人格神的天命的消退，而随着自然之天信仰的传播，人们希望找出天象的规律；二是因为人们发现人之作为也应当有准则，否则就会遭受祸凶。前者体现在人们对天道的探求上，例如：

川泽纳污，山薮藏疾，瑾瑜匿瑕，国君含垢，天之道也。

① 唐兰：《〈老子〉时代新考》，《唐兰全集》第1册，第339页。

(《左传》宣公十五年)

叔孙氏惧祸之滥，而自同于季氏，天之道也。(《左传》昭公二十七年)

盈必毁，天之道也。(《左传》哀公十一年)

宋灾于是乎知有天道……故商主大火。商人阅其祸败之衅，必始于火，是以日知其有天道也。(《左传》襄公九年)

这里，由经验总结，或者天象预测，或者人之心理来推测事情的发展，试图总结出一定的规律。像“盈必毁”“川泽纳污”直接开启老子对道的辩证性和包容性的解释。后者则体现在对人事规律的探讨上。例如：

故《诗》曰“陈锡哉周”，能施也。率是道也，其何不济？(《左传》宣公十五年)

夫以强取，不义而克，必以为道。道以淫虐，弗可久已矣。(《左传》昭公元年)

国家之败，失之道也，则祸乱兴。(《左传》昭公五年)

哀死事生，以待天命。非我生乱，立者从之，先人之道也。(《左传》昭公二十七年)

子蒲曰：“吾未知吴道。”使楚人先与吴人战，而自稷会之。(《左传》定公五年)

臣闻小之能敌大也，小道大淫。所谓道，忠于民而信于神

也。（《左传》桓公六年）

救灾、恤邻，道也。行道，有福。（《左传》僖公十三年）

大德灭小怨，道也。（《左传》定公五年）

对此，唐兰总结说，“道”的用法也很广泛，和“法”（方法）差不多。“率是道也”“先人之道也”“吴道”“道也”都是指做事之方法或准则。这种思想在先秦诸子中被广泛接受，他们所说的“天下有道”或“天下无道”基本上都是说，天下有准则、有秩序或天下无准则、无秩序。

老子的创新在于要统合天道和人事准则，归纳出一个更高的规律或本体，让它来统治和生发万物。唐兰说：“一部《老子》的中心，是道。但是这里所谓‘道’，已经不是上面所引春秋时所说的那样简单。它已经不是某一条原则，而是一切事物的总原则。”[①]唐兰的这个论断得到了《老子》文本的支持。例如，“道者万物之奥”“大道泛兮，其可左右”“道生一，一生二，二生三，三生万物”。道先天地生，是“四大”之一，是天、地、神、万物、侯王之存在的根据。“道”存在于“象帝”（上帝）之先，如果以道治理天下，可以使鬼不再神异。可见，老子试图为天和人找到一个总规律或本体，来代替往昔人格神的天或上帝。郭沫若说得好：“本来中国的天道思想是发足于殷、周时代的人格神的上帝。到了春秋末叶有老子出现，把一

① 唐兰：《〈老子〉时代新考》，《唐兰全集》第1册，第342页。

种超绝乎感官的实质的本体名叫‘道’的东西来代替了人格神。”[①] 李季也说：“老子把商周以来一脉相传的人格神的天或天帝无上的权威铲除，因为天之上还有道，天帝之先已有道，而‘王乃天，天乃道’（《老子》第十九章）、‘地法天，天法道’（《老子》第二十一章）更明白宣布使天降等，为道的下属。”[②]尽管如此，《老子》中的“天”还部分地带有人格神的痕迹，例如：

> 天之道，不争而善胜，不言而善应，不召而自来，繟然而善谋。（《老子》第七十三章）
>
> 天之道，其犹张弓与！……天之道，损有余而补不足。人之道则不然，损不足以奉有余。孰能有余以奉天下？唯有道者。（《老子》第七十七章）
>
> 天道无亲，常与善人。（《老子》第七十九章）
>
> 天之道，利而不害。圣人之道，为而不争。（《老子》第八十一章）

这些语句中的“天”都有很强的人格神色彩。天道似乎仍是天命或帝令。据此，李源澄曾说：“《老子》书中，凡天人对举者，皆天帝之天，而非自然之天。老子曰：‘治人事天莫若啬。’又曰：‘天之

---

① 郭沫若：《郭沫若全集·历史编》第1卷，第398页。

② 李季：《评嵇文甫先生的道家与小农》，《求真杂志》1946年第1卷第6期。

道，损有余以补不足，人之道则不然，损不足以奉有余。’岂能以自然之天解释之乎？”[1]许地山也说：“道儒二家都承认顺应天道为善，好像天道是有意志或能感应底存在，简单地说，也可以称它为天或天地。《老子》（七十九）说：‘天道无亲，常与善人。’与《书经·汤诰》‘天道福善祸淫’底口气一致。”[2]

其实，老子的统合最终还是落到天道上，只不过他把天道的本质看作自然，而不是上帝。这就是“人法地，地法天，天法道，道法自然”（《老子》第二十五章）。从这个依次效法上来看，老子是要以天或自然来统摄天道和人道的。因为天道自然，没有或至少没有露出有意作为，所以老子处处要求圣人要以天为准则。天道不争，圣人也不争；天地不仁，圣人也不仁；江海处下，圣人也处下。天“生而不有，为而不恃，长而不宰”，圣人也是如此。庄子则将这个思想尽数发挥。一方面“道”“神鬼神帝，生天生地”（《庄子·大宗师》），瓦辟、蝼蛄和屎溺无处不在。另一方面，“道”超越是非、形器和心智，只可以神遇或直觉感知，而不可言传。道内化为万物之本性，只要万物各自按照本性生活，不舍己慕人，就会合于道，合于自然，就会达到“鱼相忘乎江湖，人相忘乎道术”（《庄子·大宗师》）的境界。在庄子看来，圣王之治理天下，就在于效法天地之无为，所以一再说：“故古之王天下者，奚为哉？天地而已矣。”

① 李源澄：《李源澄儒学论集》，第441页。

② 许地山：《道教史》，第11页。

(《庄子·天道》)“玄古之君天下，无为也，天德而已矣。”(《庄子·天地》)因为只有无为，才能不干预他人他物的生存发展，才能使万物各畅其性命，才能达到《庄子·逍遥游》所说的，神人通过“神凝”，而使“物不疵疠而年谷熟”。庄子既然如此崇尚自然而忽视人为的积极作用，必然会遭到崇尚“赞天地之化育”的儒家批评。荀子说“庄子蔽于天而不知人”(《荀子·解蔽》)一语道出了庄子思想的实质。齐畸引孙隘堪曰：“庄子之宗旨在天……人当任天而行。为人上者不可拂人之天性而有所作为。凡一切仁义之说礼义刑赏俱是治人之具而攫人之心、违乎天道之自然者也。”[①]值得注意的是，《庄子》书中一面说“道生天生地”，另一面又说“道兼于天”，“是故古之明大道者，先明天而道德次之”(《庄子·天道》)，似乎出现了道和天之间先后矛盾。其实，庄子基本上是将天、道和自然一视同仁的，只是在不同场合有所侧重而已。例如，“道与之貌，天与之形”(《庄子·德充符》)，明显是同语重复，也就是说天就是道。

相较之下，孔子基本上延续了春秋以来道的方法、法则和秩序的含义，或者说更注重古代圣王的统治术，而较少论及“天道”。其唯一与天道相关的就是“天何言哉”一段，有点将天视为自然流行之义。所以子贡说：“夫子之言性与天道，不可得而闻也。”(《论语·公冶长》)孔子的道的含义首先是先王的统治方法，例如“文武之道”“鲁一变，至于道”“道不行”等，其实质就是周代的礼

① 齐畸：《荀卿对诸子的批评》，《再建旬刊》1940年第1卷第15期。

乐制度。所以，子游以礼乐教化武城之民，受到孔子的赞许。由此递进，道就是修身之道，是培养君子人格的准则。所以，曾子说："君子所贵乎道者三：动容貌，斯远暴慢矣；正颜色，斯近信矣；出辞气，斯远鄙倍矣。"（《论语·泰伯》）孔子评价子产说："有君子之道四焉：其行己也恭，其事上也敬，其养民也惠，其使民也义。"（《论语·公冶长》）这样，孔子将修己与治人之道融为一体，以礼乐教化统之。正是从道能够成就君子人格，进而教化民众的角度，孔子很注重"为道"，要求学生"谋道不谋食……忧道不忧贫"（《论语·卫灵公》），要"志于道"（《论语·述而》），否则，"士志于道，而耻恶衣恶食者，未足与议也"（《论语·里仁》）。最终，由依"道"培养君子人格，将道升华成为人之所以为人的根据，升华成实现人生意义的准则，以至于"朝闻道，夕死可矣"（《论语·里仁》）。

孟子对"道"的论述基本上停留在方法、准则和治术的层面。唯有其"配义与道"一语，道似乎指的是阴阳之道。[①]但是，郭沫若指出，这个"道"是孟子在借取稷下道家思想时留下的痕迹。郭沫若说："又'灵气'在主张本体观的道家本与'道'为一体，事实上也就是'道'的别名，而孟子谈浩然之气也来一个'配义与道'，'道'字便无着落，这分明是赃品的透露了。"[②]

① 清代焦循《孟子正义》引赵岐注：道谓阴阳大道。见《孟子正义》，上海书店出版社1986年版，第118页。

② 郭沫若：《十批判书》，第167页。

荀子批评庄子“蔽于天而不知人”，那么荀子应该兼天人，贯天道与人道为一。荀子论道，首先是人道，而人道的内容就是礼，说：“礼者，人道之极也。”（《荀子·礼论》）又说：“至道大形，隆礼至法则国有常，尚贤使能则民知方。”（《荀子·君道》）“先王之道，仁之隆也，比中而行之。曷谓中？曰：礼义是也。道者，非天之道，非地之道，人之所以道也，君子之所道也。”（《荀子·儒效》）但是，在《天论》中，荀子又大谈天道，说：“天行有常，不为尧存，不为桀亡。”“天不为人之恶寒也辍冬，地不为人之恶辽远也辍广，君子不为小人之匈匈也辍行。天有常道矣，地有常数矣，君子有常体矣。”这个“常”或“常道”就是老子和庄子所谓的“自然”。当荀子说：“万物为道一偏，一物为万物一偏。”（《天论》）“所谓大圣者，知通乎大道，应变而不穷，辨乎万物之情性者也。大道者，所以变化遂成万物也；情性者，所以理然不、取舍也。”（《哀公》）则直接将“道”视作万物的本体。比较《庄子·天道》：“夫道，于大不终，于小不遗，故万物备。”《庄子·天运》：“圣也者，达于情而遂于命也。”可知，荀子在天道方面是继承了庄子的。郭沫若说：“这些‘道’字决不是儒家所惯用的道术的意义，显明地是道家所惯用的本体的名目。”[①]但是，郭沫若非要将荀子的天道与老子学派的道区分开来，认为“他（荀子）把‘道’完全看成一种观念体，‘道’

① 郭沫若：《郭沫若全集·历史编》第1卷，第399页。

便是宇宙中的有秩序的变化，也就是所谓天，所谓神”[①]则值得商榷。郭沫若是根据下面一段文字得出结论的：

> 列星随旋，日月递照，四时代御，阴阳大化，风雨博施。万物各得其和以生，各得其养以成，不见其事而见其功，夫是之谓神。皆知其所以成，莫知其无形，夫是之谓天。（《荀子·天论》）

郭沫若认为这一段是荀子《天论》的精髓，“同时也就是他的道体观的全面。他是把神、天、道当成一体，看成为自然中所有的秩序井然的变化。自此以往的更深一层的穿凿是为他所摈弃的”[②]。其实，郭沫若这个理解正好说明荀子与老庄一致。因为《庄子》全书几乎都是在说明道、神、天的一致性或同一性，不仅是观念，而且包括实体。例如，“道与之貌，天与之形”（《庄子·德充符》），“道兼于天”（《庄子·天地》），“是故天地者，形之大者也；阴阳者，气之大者也；道者为之公”（《庄子·则阳》），是说道与天的等同性。“莫神于天，莫富于地，莫大于帝王”（《庄子·天道》），“一而不可不易者，道也，神而不可不为者，天也”（《庄子·在宥》），是说神乃天之特性，与荀子的描述并无二致。

---

① 郭沫若：《郭沫若全集·历史编》第1卷，第399页。

② 郭沫若：《郭沫若全集·历史编》第1卷，第399页。

但是，荀子真的统合了孔子的人道与老庄的天道了吗？从《荀子·天论》中的论述可以发现，他一方面要求发现“天行有常”之“常”，要把握“天有其时”之“时”，要利用“地有其财”之“财”，一方面要求“人有其治”，从而达到天、地、人之“能参”。这说明荀子并不反对对“天时、历数”的认识。他所声明的“不求知天”是不求知天之“神”，也就是他说的“不见其事，而见其功”“皆知其所以成，莫知其无形”的“神”和“天功”，而对于可以观测把握的四时节气还是要求认识的。可以说，他反对对“神”和“天功”的探讨，旨在反对巫祝通过占卜窥测天意而放弃人为的主张。当然，他也附带地批评庄子宿命地顺从天命而放弃人为的做法。在他看来，一旦把握好天行之常，就可以“应之以治则吉”。这个“治”就是下文的“制天命而用之”“应时而使之”和“理物而勿失之”。其手段就是“强本而节用”“养备而动时”，而不是“错人而思天”（放弃人为而祈祷天意）。这样，他将“天道”纳于人道之下，为人道服务。可以说这是对庄子“蔽于天而不知人”的纠正。本着这个思路，我们就可以明白他反对巫术和神迹的彻底性了。可以说，他是一个彻底的理性主义和经验主义者。这样，从周公的“以德配天”用人之修为来娱悦天帝，终于发展到荀子的彻底排斥天帝和鬼神。荀子说：

日月食而救之，天旱而雩，卜筮然后决大事，非以为得求也，以文之也。故君子以为文，而百姓以为神。（《荀子·天论》）

关于日食的救助，可以说直到利玛窦将地圆说传入中国之后，明朝学者才从过去“天谴说”的迷信中解放出来。王夫之说：

> 士文伯之论曰：“国无政，不用善，则自取谪于日月之灾。”呜呼！此古人学之未及，私为理以限天，而不能即天以穷理之说也。……天则有天之理矣，天则有天之事矣，日月维有运而错行之事，则因以有合而相掩之理；既维有合而必掩之理，因而有食而不爽之事。①

王夫之指出，日食、月食是因为日、月和地球的运行中相掩，并不是什么不善政治的结果。人们要根据天象发现天之规律，而不是以主观的判断来揣测天的运行。这一点与荀子视“星坠木鸣”为“物之罕至者（少见之自然现象）”一样，不足畏惧。荀子的不同在于他不能像王夫之那样对怪现象给出一个合理的解释。但是，他将救助日食、卜筮和求雨等看作圣人之“文（神道设教）”，以愚弄平民，而不视之为神迹，则是很有胆识的。

---

① ［明］王夫之：《士文伯论日食》，《船山全书》第5册，岳麓书社1988年版，第587页。

二、生之为性与化性起伪

性是命或道落实于人心而成，是人之所以为人的东西。一旦有了性，就将人别于万物。因此，性出于自然，又使人别于自然。在这一点上，虽然老庄强调顺自然本性，但是从不敢将人性与牛性、马性混为一谈。所以庄子有“哀莫大于心死，而人死亦次之”之说，说明儒家和道家在修心和养性上是一致的，不是说道家顺自然，就放弃人类的视听思维。二家的不同在于：道家强调万物各顺其本性，自我成就，“相忘于江湖”，反对干涉他人他物；而儒家则认为人为可以弥补天道之不足，要求扩充推广恻隐之心，成己成物，“赞天地之化育”(《中庸》)。

老子和孔子很少论及“性”。《中庸》的“天命之谓性”可以说是孟子和庄子之后共同论“性”的根据。郑玄注说：“天命谓天所命生人者也。……性者，生之质。命者，人所禀受度也。”[①]也就是说，天所给予的或分派的东西就是“性”。所给予的东西包括人的形体和精神，以及由此而来的各种本能。因此，性是在人的，是人之所以为人的根据。吕思勉说：“万物虽殊，然既为同一原质所成，则其本自一。若干原质，凝集而成物，必有其所以然，是之谓命；自物

① ［汉］郑玄注，孔颖达疏：《礼记正义》，《四部精要》第2册，第1625页。

言之则曰性。性命者物所受诸自然者也。”[1]这“同一原质”就是气，气所在之处就是天，气自然凝结而成万物。这个凝结过程，从天的角度就是命；而从万物各自得到成就的角度就是性。虽然同是气之凝结，但是其凝结过程中所循条理并不相同，因此就有万物各自的不同。也就是说，万物各自的命和性是各不相同的。这就像官吏各自从国王那里领到委任状，不但各自的委任状（相当于命）不同，而且各自按照委任状所做的事（相当于性）也不相同。但是，我们要知道，命是大于性的。命不仅包括生成过程中的生命成形，而且包括既生以后的各种遭遇。王夫之说“命大性小”，使命、性之关系更为明确。

性既然是天命之在人。命不可人为改变，性当然也不可改变。这个“性”在先秦几乎都是指与生俱来的本始状态。所以庄子说：“性不可易，命不可变。”（《庄子·天运》）“夫若是者，以为命有所成而形有所适也，夫不可损益。”（《庄子·至乐》）命之所成就是性，是不可增损的。告子则直接说“生之为性（与生俱来的本来状态就是性）”，并斥责孟子之仁义对性的戕害就像桮棬对杞柳的伤害。（《孟子·告子上》）当然，老子和庄子反对戕害人性更为激烈。老子的“五色令人目盲”，庄子的“不尚贤，使民不争”则直接将“五色”“五声”“趣舍”等看作‘失性”的根源。《庄子·马蹄》更将“性”看作与生俱来的本然状态，就像马生来吃草喝水、蹦蹦跳跳一样，而伯乐之相马治

① 吕思勉：《先秦学术概论》，第10页。

马反是伤害马之本性。在庄子看来，最高的修为就是所有行为都如耳听目视一样自然而然。他以美人和圣人为例，揭示了性乃出于天然。天生之美女，人们不告诉她比别人美，她就不知道。但是，她的美貌却令人喜爱。圣人之爱人，人们不告诉他这是仁爱，他也不知道，但是，他一直去爱人。(《庄子·则阳》)所以，在庄子看来，最好的待人接物、治理天下的办法，就是无为、不干涉。无论是尧的“使天下欣欣焉人乐其性”(《庄子·在宥》)，还是桀的“使天下瘁瘁焉人苦其性”(《庄子·在宥》)，都是对性的戕害。只有无为，才能使天下万物各安于他们的性命之本然。据此，许地山评价道：“《老子》里底圣人是不教，教只有越教越坏。有仁义便有诈伪，因为同是属于人为，并不是本性。这样讲到极点，势不能不主张绝圣弃智底婴儿论。”[①]老子、庄子既然认为自然的、天的都是善的，必然也认为命和性是善的。所以，他们认为一切人为的仁义礼乐都足以戕贼人性。据此，许地山将道家的人性观视为“性本善论”，说：“本善论者以为善是本然，不须教化，自然而然地会好起来。鹄本来白，怎样把它染黑了，至终还会返回原来的白；鸦本来黑，怎样把它染白了，至终还是恢复原来的黑。人性善便是善，教化不能改移它，若把教化去掉就成功了。”[②]可以说，许地山将庄子“无为也而后安其性命之情”(《庄子·在宥》)解释得更为透彻。

① 许地山:《道教史》，第32页。

② 许地山:《道教史》，第32—33页。

既然性是与生俱来的、不可变的，那么要重塑人格，就需要另辟蹊径。孔子将这个途径定为“习”。“性相近也，习相远也。”(《论语·阳货》)但孔子并没有说习是否能改变人性。孟子和荀子，将这个“习”的内容规定为仁义礼智，并以之重塑人性，于是就发生了告子和孟子的争辩。在讨论这个争辩前，我们先看看孟子是如何理解人性的。

孟子实际上也是认可“生之为性”的。试看他的这段话：

> 口之于味也，目之于色也，耳之于声也，鼻之于臭也，四肢之于安佚也，性也，有命焉，君子不谓性也。仁之于父子也，义之于君臣也，礼之于宾主也，智之于贤者也，圣人之于天道也，命也，有性焉，君子不谓命也。(《孟子·尽心下》)

五官四肢之功能是生来自有的，是性。但是，这些功能的满足程度却依赖于外在条件，是不可知的，所以说“有命”。仁义礼智圣五者是人类社会或人际交往中必有的，是每个人无法避免或逃避的，是命。这和庄子的命是一样的。庄子引仲尼曰：“天下有大戒二：其一，命也；其一，义也。子之爱亲，命也，不可解于心；臣之事君，义也，无适而非君也，无所逃于天地之间。”(《庄子·人间世》)子之爱亲是仁，臣之事君是义。可见，孟子和庄子都认为命是无可奈何、必须接受的。但是，孟子不同庄子之处在于，孟子要将这个人类社会之“命”内化为人性。明白了孟子这个企图，就可以明白告子为什么说他戕贼人性以为仁义了。孟子这个企图在下面这段话中表现得更为明确：

> 广土众民，君子欲之，所乐不存焉。中天下而立，定四海之民，君子乐之，所性不存焉。君子所性，虽大行不加焉，虽穷居不损焉，分定故也。君子所性，仁义礼智根于心。其生色也，睟然见于面，盎于背，施于四体，四体不言而喻。（《孟子·尽心上》）

这里，“欲之”“乐之”“所性”是君子之作为的三个层次。君子要达到每个层次，都需要努力。当达到“所性”之后，君子就会将仁义礼智植根于心中，就会安之若分。分也是命，也就达到了安之若命的境界。既然安之若命，就不会因为大的成功（大行）而有所增益，或因为时运不通而有所减少。因此，孟子是以人类社会之“义”来改造人性的。

孟子的这种学说必然遭到当时老庄弟子的反对，告子应是其中之一。王夫之曾说：“偷安则以义为繁难而外之，庄、告是也。”① 显然，他将庄子、告子归为一类。告子首先指出，“以人性为仁义，犹以杞柳为桮棬”（《孟子·告子上》），是戕贼人性。观孟子之反

① ［明］王夫之：《张子正蒙注》，《船山全书》第12册，岳麓书社1996年版，第260页。

驳，实在是贫乏无力。他不得已便开骂，说“率天下之人而祸仁义者，必子之言夫！”（《孟子·告子上》）问题是，如果仁义是戕贼人性的，那么为什么不可“祸仁义”或去除仁义？此外，孟子对告子“生之为性”的反驳也很苍白。孟子将性比作“白”，进而混淆白雪之白与白玉之白、犬牛之性与人之性（《孟子·告子上》），完全忽视了“白”和“性”因位置或结合不同而相异的事实。换句话说，孟子正犯了荀子所批判的“惑于用名以乱实”（《荀子·正名》）的逻辑错误。

孟子稍微有点说服力的解释就是“人性之善也，犹水之就下也”（《孟子·告子上》）的比喻。但是，这个比喻只是指出了人性可善的可能性，而不能揭示出人性为善的必然性。即使偶尔被外力推向高处，水之就下也是必然的；但是人性一旦为恶，复归善性却没有水向下那么自然、那么容易。孟子或许认识到了这个困难，所以，在回答公都子的质疑时，说：“乃若其情，则可以为善矣，乃所谓善也。”（《孟子·告子上》）这个“情”是情实之情，不是情欲之情。孟子只是说，如果从实际情形上说，人性是可以为善的。“可以”说明为善只是一种可能性，不排除为恶的可能性。据此，我们可以说，孟子的“性善”是人性有为善的潜在能力，并不是说人性的自然展开就是善的。这也说明他以“水之就下”说人性为善是不确切的。其实，孟子下文说，“四心”或仁义礼智“我固有之”，意思也只是说我有这种潜能，或等待扩充的四心种子。这也是为什么他又称之为“四端”。因为既然是种子、是端，不扩充、不发展，肯定就不能成就仁义礼智。所以，他接着说：“‘求则得之，舍则失之。’或相倍蓰而无算者，不能尽其才者也。”（《孟子·告子上》）意思是，我们要尽人之能力去开发和扩充此四端四心，使之成长完满。可以说，这仍然是从潜能的角度上来立论的，或者说是以人为戕贼人之自然本性的角度上达到的。

因为他连续受到告子、公都子和孟季子等人的质问，孟子显然对自己的性善说不是很自信。为了解释既然性善，为什么还会有人作恶的情况，他不得不诉诸形势或环境。在他看来，人性本善，是环境迫使人性变坏。他又以天下人有同味、同视、同听、同色，进而扩展到“同心（同性）”（《孟子·告子上》）。这看似合理，实际上漏洞百出。首先，既然天下人有同视同听，为什么师旷、离娄的视听能力远远超出常人。正是从这个角度，《庄子·骈拇》否定天下人有同视同听，认为没有什么共同的仁义之性。其次，既然人性本善，为什么会受制于环境？为什么乌鸦之黑、白鹤之白不受环境的影响？

荀子或许是看到了孟子性善论的困境，看到了从性善的角度论证仁义礼智的先天性或自然性的困难，于是将“性”与“心”分开。荀子直接承认人性乃生之本能，顺之而无节制就会变恶，说：“生之所以然者谓之性。性之和所生，精合感应，不事而自然谓之性。”①

① 性之和所生，王先谦将“性之”改为“生之”，似不必。孟子曾言：“尧舜，性之也；汤武，身之也。”（《孟子·尽心上》）“性之”当为天生而来的东西。“所生”指本于己性，通过交感，自然而生之外物。“精合感应”，谓若耳目心之精灵与见闻之物交合感应也。这种感应不必有心，自然而成，也是性，就像人自然好好色、恶恶臭一样。

(《荀子·正名》)“今人之性，生而有好利焉，顺是，故争夺生而辞让亡焉。”(《荀子·性恶》)在这点上，他与孟子之承认五官四肢之功能是性相一致。由荀子反观孟子将五官四肢之官能的满足视作“有命”，可以发现孟子实际上是要对之有所限制，要以仁义礼智节制它们。所以，我们可以说，孟子和荀子在节制本能之性或五官四肢之官能上是一致的，二者都认为它们的自由发展会产生恶。

荀子将人之为善和认知能力归属于“心”。一方面，他声明“心有征知”(《荀子·正名》)，如果保持“虚一而静”，就能够把握万物万事之理，达到“大清明”(《荀子·解蔽》)。一方面，他又坚持“人有气、有生、有知，亦且有义”(《荀子·王制》)，“义与利者，人之所两有也。虽尧、舜不能去民之欲利，然而能使其欲利不克其好义也。虽桀、纣不能去民之好义，然而能使其好义不胜其欲利也”(《荀子·大略》)。既然义和利二者皆自然地内在于人心，不因为尧桀之行为而绝灭，则说明“人心”天生地具有潜在的为善、为恶之能力。

首先，荀子接受了“生之为性”的传统观点，但是与庄子的不同之处在于：他认为“性”自由发展会导致恶。其次，荀子指出人心有天生的为善、为恶能力，以及认知能力，因此圣人可以本着人心之善和认知能力制定礼义，以礼义约束人性的泛滥。在荀子看来，圣人天生就能使自己的本性和欲望合于礼义。《荀子·大略》载：“舜曰：‘维予从欲而治。’故礼之生，为贤人以下至庶民也，非为成圣也，然而亦所以成圣也。不学不成：尧学于君畴，舜学于务成昭，禹学于西王国。”荀子的意思是，圣人天生就可以调适自己的本性欲望。圣人之行记录下来，自然就成为礼义。礼义是为常人设置的。荀子又说：“礼以顺人心为本，故亡于《礼经》而顺人心者，皆礼也。”(《荀子·大略》)这个所顺之“人心”不是常人之心，而是圣人之心，但也可以说是常人之心中的“义”。本着这个思路，荀子认为人性可改，是以礼义来改，而这个礼义源自人心中的天生之“义”。这样，他就避免了孟子性善论的内在矛盾。

到了明清之际的王夫之，性命关系问题有了新的突破。王夫之不但认为性可以改变，而且认为人可以“造命”。他从唐人李泌的“君相可以造命”得到启示，认为人们可以循天之理以掌握命，而不是被动地“俟命”。他说：“修身以俟命，慎动以永命，一介之士，莫不有造焉。祸福之大小，则视乎权藉之重轻而已矣。”[①]在这个层面上，王夫之的“造命”与荀子的“制天命而用之”类似。但是，王夫之进一步试图推翻传统的“初生命定论”，也就是人的命在出生之时已经确定。他从人无论生前或生后都不断地与天地之气交换的角度，提出“日日皆有天命，天命之谓性，则亦日日成之为性”[②]的观点。他认为天命不仅是初生之顷之命，而且在生后也一直被赋予人。“当有生之初，天以是命之为性；有生以后，时时处处，天命赫然以临于人，亦只是此。”[③]既然性乃是命之凝结于人，

① ［明］王夫之：《读通鉴论》，《船山全书》第10册，岳麓书社1996年版，第935页。
② ［明］王夫之：《读四书大全说》，《船山全书》第6册，岳麓书社1991年版，第405页。
③ ［明］王夫之：《读四书大全说》，《船山全书》第6册，第405页。

则性也日日更新，所以他说“性者也，日生而日成之也”[1]。王夫之的目的是，从命可改的角度来改变人性，从而达到儒家礼乐教化的目的。可是，王夫之的“命日降”同样带入了新的不确定性。既然命不受人为所左右，而时时参与人性的塑造，那么人为教化怎么能确保人性向善的一面发展呢？

最后，我们谈一下性和德的关系。德本来就是得，就是将外物据为己有或将己物施于他人的行为。这个过程包括自然和他人的赋予和人为的求取。《尚书》中的德主要是从惠民的角度上说的。能够恩惠民众的统治者就被称为“有德”，有德就可以得天命。孔子一方面将德视作恩惠，如“以德报怨”之德；另一方面将之视作天生的内在的才能，如“天生德于予，桓魋其如予何？”（《论语·述而》）老子则将德等同于道，或者视作道之内在于人心。“上德不德”，就是说人纯任自然本性而为，无造作，就是有德。《庄子》继承了其思想，说：“故通于天地者，德也；行于万物者，道也……德兼于道，道兼于天。”（《庄子·天地》）“德”就是“道”的具体化。本着这个思想，庄子将“德”等同“性”。例如，《庄子·天地》云：“物得以生，谓之德。”《庄子·盗跖》云：“凡天下有三德：生而长大，美好无双，少长贵贱见而皆说之，此上德也；知维天地，能辩诸物，此中德也；勇悍果敢，聚众率兵，此下德也。”这“三德”就是人生而自有之本能，同于人性。但是，他又认为德比性更高，不是简单的

---

① ［明］王夫之：《尚书引义》，《船山全书》第2册，岳麓书社1988年版，第300页。

生而自有的状态，而是一种共性或理想的状态。《庄子·骈拇》说："骈拇枝指，出乎性哉！而侈于德。"这是说，虽然粘接在一起的脚趾和多生出的小指都是生而有、是性，但是它们对"德"来说是多余的。由此看来，庄子认为"德"是高于性的，是一种人类共同具有的本能或形体，而不包括那些生来的变异。

庄子更将德视作顺性或顺自然而具有的心得或达到的精神境界。"自事其心者，哀乐不易施乎前，知其不可奈何而安之若命，德之至也。"（《庄子·人间世》）"德者，成和之修也。"（《庄子·德充符》）既然德是顺自然或安命而致，那就不需要有心作为，所以说："道不可致，德不可至。"（《庄子·知北游》）又说："至人之于德也，不修而物不能离焉，若天之自高，地之自厚，日月之自明，夫何修焉！"（《庄子·田子方》）庄子的修德思想表面上与儒家相似，但其实质不同。庄子是以不修修之，顺自然而行；而儒家则是以礼义修之，用礼义改造本性，就是荀子所说的"化性起伪"。

因此，道和德虽然为儒家、道家所共享，其哲学含义却随着时间的推移，越来越不同。许地山说："道家之所谓'道'与儒家之所谓'道'，其不同的地方在前者以为人生应当顺从天地之道与万物同流同化，故立基在阴阳、动静、刚柔、强弱等等自然相生、自然相克底观念上头，而忽视人为底仁义；后者偏重于人道底探索与维持，故主张仁义。"[①] 与之相关，道家以"德"为道的内在化、具体化，

---

① 许地山：《道家思想与道教》，第40页。

等同于命或性；而儒家将德视为对仁义的修持和循行。道家要求顺道顺性而安命，儒家却要求修道立命而尽性，要求以人为仁义纠正性命之不足，成就人道。因为儒家的道是仁义，而德是对仁义的修为，所以韩愈后来有“仁义为定名，道德为虚位”（《原道》）之语。道家的道和德始终保持着其自然之本义。

道、德和性的考察，凸显了中华文化的重要思想范畴和优良美德的历史渊源。习近平总书记说：“一个国家的治理体系和治理能力是与这个国家的历史传承和文化传统密切相关的。解决中国的问题只能在中国大地上探寻适合自己的道路和办法。数千年来，中华民族走着一条不同于其他国家和民族的文明发展道路。我们开辟了中国特色社会主义道路不是偶然的，是我国历史传承和文化传统决定的。”①

① 习近平：《牢记历史经验历史教训历史警示　为国家治理能力现代化提供有益借鉴》，《人民日报》2014年10月14日。

第六章 观德达数：孔老对《周易》的不同解读

既然礼乐文化是儒家和道家的共同源头，那么礼乐文化的经典——六经也为儒家和道家所共同继承。本篇探讨《周易》与儒、道二家的关系。

《周易》分经、传两部分，又称《易经》和《易传》。后者的出现远远晚于前者，是对前者的解释和发挥。余敦康先生总结说：《易经》是一部占筮书，《易传》则是一部哲学书，但是《易传》的哲学思想是利用了《易经》占筮的特殊结构和筮法建立起来的，因而这两部分在内容上有差别而在形式上却存在着联系，形成了一种哲学思想和宗教巫术的奇妙的结合。经过李镜池、顾颉刚等人的考证，《易经》是周人卜筮记录的汇编，它托始于周初，而写定在西周之末。《易传》则是战国中后期直到西汉宣帝之时，诸多儒生对《易经》解释的汇编。

一、《周易》与先秦儒家

（一）孔子与《易经》

孔子与《周易》的关系本是扑朔迷离，但是到了帛书《要》篇出现后，《论语·述而》“加我数年，五十以学《易》，可以无大过矣”和《史记·孔子世家》“孔子晚而喜《易》”“假我数年，若是，我于《易》则彬彬矣”的记载，基本上被证明是事实。这样，《庄子·天运》所说：“孔子行年五十有一而不闻道，乃南之沛，见老聃。”孔子自述治《诗》《书》《礼》《乐》《易》《春秋》、六经，求道于“度数”和“阴阳”当有所据。问题是，为什么孔子到了五十才学《易》，则需要一番解释。

我们知道，孔子继承了周公“以德配天”的传统，他更相信自己德行的提高，而不是盲目地祈祷神灵，更不用说无谓的占卜。所以，对于那种没有恒心或毅力的人，孔子认为其失败是必然的，是不用占卜的。占卜只能增强其侥幸心理。所以他断言说：“南人有言曰：‘人而无恒，不可以作巫医。’《易》曰：‘不恒其德，或承之羞。’不占而已矣。”（《论语·子路》）孔子这种态度想必为他的早期弟子所熟知。所以，子贡在帛书《要》中说：“夫子它日教此弟子曰：‘德行亡者，神灵之趋；知谋远者，卜筮之蔡。’赐以此为然矣。”“远”，不及之意。“蔡”，繁多。意思是说：没有德行的人，才会求助神灵；寡于智谋的人，才会频繁卜筮。二者皆是舍弃自身修为和能力而求助神灵保佑，都是与周公、孔子强调“以德配天”不一致的。据此，我们可以明白，为什么孔子总是以《诗》《书》《礼》《乐》为教，而不涉及《周易》。

孔子这种重德行修为、反对占卜侥幸的态度可以说影响了整个孔门弟子。孟子作为其再传弟子，就不见一言提及《周易》。《荀子》提及《易经》的话有三处：

1.《易》曰：“括囊，无咎无誉。”腐儒之谓也。(《非相》)

2.《易》曰：“复自道，何其咎。”《春秋》贤穆公，以为能变也。(《大略》)

3.《易》之《咸》，见夫妇。夫妇之道，不可不正也，君臣父子之本也。咸。感也，以高下下，以男下女，柔上而刚下。(《大略》)

荀子的宗旨不在于占筮，而在于观其德义，用《易经》的道理来指导人事。其第一条批评腐儒不知欣赏美好的言辞义理，而贪于利欲，故不能获得美好名誉。其第二条表扬秦穆公知错能改。其第三条揭示因《咸》之卦象，体悟如何正夫妇君臣之道。特别是，其《非相》篇的目的就是批评视骨状以知吉凶贵贱的相面之术，由此自然可以推知他对《周易》占筮的态度了。所以《荀子·大略》篇说：“善为《易》者不占。”

那么，问题是孔子为什么到了五十岁又喜欢上《易经》？为什么包括孟子、荀子等再传弟子都不太重视《易经》呢？首先我们推测，孔子晚年这个转变，许多早期弟子估计不知，所以作为早期弟子之弟子的孟子仍然继续了“不占”甚至不重视的传统。子贡想必晚年在孔子身边，所以能够对孔子的转变发出疑问。但是，从荀子对《易经》的利用可以发现，他已经继承了帛书《要》篇孔子“观德义”的传统，对《周易》只是选择性地引用。

再者，从帛书《要》篇可知，孔子晚年喜欢《易经》的原因：一是《周易》有古代事情的记载，还有古人留下的“遗言”，比如“不恒其德，或承之羞”之类。关于古代事情的记载，顾颉刚曾经考证出两件商代的、三件商末周初的大事。当然还有没有考证出来的。二是《周易》能够导人于德、于理。这就是“《易》罔老使知瞿，柔老使知圖；愚人为而不忘，僯人为而去诈”（《要》）的功能。“僯人”就是谗佞之人。接着，孔子直言自己研究《周易》在于“观德义”“求其德”，而不在于卜筮。孔子并不是单纯的如子贡所说的“乐其辞”，而是要从卦爻辞中发现其导人于德行的义理。高华平说：“孔子对《周易》的这种态度，规范了儒家乃至中国哲学《易》学的发展方向。此后的学者、特别是儒家学者，对《周易》关注的重点已不再筮数，而是‘观其德义’或‘求其德而已’。”①

孔子对《易经》的态度转变既改变了《易经》的本色，也提升了

---

① 高华平：《阴阳“八卦”的演变及阴阳家与〈周易〉的关系》，《中山大学学报》（社会科学版）2018年第6期。

儒生的社会地位。诚如前文所言，孔子将“小人儒”改造成“君子儒”的方法，就是发掘《礼》《乐》和《易》的德和义。《礼记·郊特牲》说：“礼之所尊，尊其义也。失其义，陈其数，祝史之事也。”《要》篇又说：“赞而不达于数，则亓为之巫。数而不达于德，则亓为之史……后世之士疑丘者，或以《易》乎？吾求亓德而已，吾与史巫同涂而殊归者也。”通过洗去《礼》和《易》的巫史祭神、重数色彩，而发掘其修德行义之理，孔子使自己的学生不再被“相礼”、占筮等小道所拘，而成为修德行义、经邦治国的君子。显而易见，他对《易经》的改造，也正如他对《礼》的改造一样，使它们不再局限于祭祀神灵、窥测神意，而是成为士人修德行义的准则。余敦康先生认为，从《易经》到《易传》，是从“宗教巫术”到“哲学思想”的既断还连的发展，它反映了殷周之际宗教思想的变革，接受了当时发展起来的“以德配天”的天命神学观念，并且把这个观念与卜筮相结合，构成一个以天人之学为理论基础的巫术操作体系。

那么，孔子是如何改造《易经》的呢？我们从帛书《要》《衷》和《史记》等古籍的记载可以推知，《易传》中肯定有孔子对《易经》的评论。郭沫若早年说：“孔子是研究过《易经》的，他对于易理当然发过些议论，我们在《易传》中可以看出不少的‘子曰’云云的话，这便是证据。大约《易传》的产生至少是如象《论语》一样，是出于孔门弟子的笔录罢。”[①]司马迁说：“孔子晚而喜《易》，

① 郭沫若：《郭沫若全集·历史编》第1卷，第68页。

序《彖》、《系》、《象》、《说卦》、《文言》。"(《史记·孔子世家》)我们虽然不敢肯定这些都是孔子所作，但是我们认为，《彖传》很有可能是孔子"观德义"的评语，而《象传》则是弟子对《彖传》的进一步发挥。陈明说："《大象传》是《易经》到《易传》发展演变的过渡性环节，与孔子及其后学没有直接关系。……孔子的《彖传》则是实现这一转折的最终升华。"[①]陈氏似乎也认为《彖传》为孔子所作，虽然他对《象传》的定位有问题。

(二)孔子与《易传》

坚持认为《彖传》是孔子所作的还有金景芳。金氏说："根据我多年学《易》所得，认为《易传》十篇基本上是孔子作。但里边有记述前人遗闻的部分，有弟子记录的部分，也有后人窜入的部分，脱文错简还不计算在内。"[②]金氏的观点部分得到丁四新的帛书《易传》研究的支持。丁氏说："孔子生前不但研述《周易》，而且也是今传本《易传》的重要来源。"[③]考虑到郭沫若、李星可等人都坚持《彖传》《象传》是《十翼》中最有系统、出世较早的作品，而且认为它们出自孔子弟子的笔录，再结合《要》的记述，我们暂时倾向认为《彖传》中含有大量孔子对《易经》的评论。

---

① 陈明:《从原始宗教到人文宗教——〈易经〉到〈易传〉的文化转进述论》,《北京大学学报》(哲学社会科学版)2018年第4期。

② 金景芳:《学易四种》，吉林文史出版社1987年版，第215页。

③ 丁四新:《马王堆帛书〈易传〉的哲学思想》,《江汉论坛》2015年第1期。

《易传》是儒家对《易经》研究的论文集，主要从卦象和卦德方面借题发挥。《彖传》中的下列诸条，就反映了其儒家思想宗旨：

1. 观天之神道，而四时不忒，圣人以神道设教，而天下服矣。（观卦）

2. 天地养万物，圣人养贤以及万民。（颐卦）

3. 家人，女正位乎内，男正位乎外；男女正，天地之大义也。家人有严君焉，父母之谓也。父父，子子，兄兄，弟弟，夫夫，妇妇，而家道正；正家而天下定矣。（家人卦）

4. “王假有庙”，致孝享也。（萃卦）

5. 汤武革命，顺乎天而应乎人。（革卦）

6. 圣人亨以享上帝；而大亨以养圣贤。（鼎卦）

7. 出，可以守宗庙社稷，以为祭主也。（震卦）

祭祀、孝享、汤武革命、女内男外等等都是从卦象中发掘人事和家齐国治之道，而不是单纯地卜问具体事件的休咎。可见，《彖传》的目的在于“观德义”，在于从天道或易象中发现指导人事行为的道理。

至于孔子与《易传》其他部分的关系，丁四新认为，自帛书《周易》经传出土以来，学者们的意见渐趋一致，认为《易传十翼》的绝大部分篇章写作于战国中期或晚期；而《系辞传》和《文言传》所载“子曰”的部分则比较可能源自孔子本人。这样，我们不妨作这样的推测，《易传》像其他古书一样，也经历了一个长期编纂的过程。在这个过程中，孔子以“观德义”开其源，后学在此基础上不断地增加，从而形成《十翼》这些篇章。虽然我们不能断定某一篇完全为孔子所作，但是，我们可以断定，它们是在孔子思想基础上发挥或发展起来的。比如在《文言》中，由“君子体仁足以长人，嘉会足以合礼，利物足以和义，贞固足以干事”所表现出的对仁、义、礼等观念的强调，与孔孟所举的德目相同。《象传》则通常被认为是对《彖传》的进一步发挥。李星可就说：“《象传》释《经》，它的解释与《经》文倒没有关系，与《彖传》的关系倒十分密切的：不是摘录《彖传》的话，便是演绎《彖传》的辞句，再不然便是从《彖传》里边偷意思。”①可以说，《象传》对《彖传》的解读，反过来证明《彖传》早出，在整个《易传》中起到引领的作用，则其为孔子本人的《周易》评论的可能性更大。

又如，《系辞上》曰：“夫《易》……广大配天地，变通配四时，阴阳之义配日月，易简之善配至德。”“夫《易》，圣人所以崇德而广业也。”这是把全部《周易》的主题概括在“崇德”即“尚德”二字。《系辞下》又曰：“是故《履》，德之基也，《谦》，德之柄也，《复》，德之本也，《恒》，德之固也，《损》，德之修也，《益》，德之裕也，《困》，德之辨也，《井》，德之地也，《巽》，德之制也。”这也是将《周易》各卦的主旨都归结到“尚德”，“归于仁义”之上。

---

① 李星可《周易的时代背景与精神生产——评郭沫若所论并抒己见（续）》，《中法大学月刊》1935年第2期。

自欧阳修以来，一般认为《系辞》《文言》由编纂而成，成书在《彖》《象》之后。它里边包括许多人的说话，许多时代的作品。这里边的材料，最早有属于战国时代的东西，如《文言传》解《乾》的头一段话：

> 元者，善之长也。亨者，嘉之会也。利者，义之和也。贞者，事之干也。君子体仁足以长人，嘉会足以合礼，利物足以和义，贞固足以干事。君子行此四德者，故曰“乾元亨利贞”。

这便是抄自《左传》襄公九年穆姜解《随》的话：

> 穆姜薨于东宫。始往而筮之，遇《艮》之八。史曰：“是谓《艮》之《随》，《随》，其出也。君必速出！”姜曰：“亡！是于《周易》曰：‘《随》，元、亨、利、贞，无咎。’元，体之长也；亨，嘉之会也；利，义之和也；贞，事之干也。体仁足以长人，嘉会足以合礼，利物足以和义，贞固足以干事。然，故不可诬也，是以虽《随》无咎。今我妇人，而与于乱。固在下位，而有不仁，不可谓元。不靖国家，不可谓亨。作而害身，不可谓利。弃位而姣，不可谓贞。有四德者，《随》而无咎。我皆无之，岂《随》也哉？我则取恶，能无咎乎？必死于此，弗得出矣。”

据此，李星可断言：《系辞》《文言》的性质，同是汇集杂说。因此，内容都十分蔆乱，其时代问题自然难以推断，但它们的成篇，却可以断定是在《彖》《象》二传以后。如《系辞上》赞《易》，说："《易》与天地准，故能弥纶天地之道……范围天地之化而不过，曲成万物而不遗，通乎昼夜之道而知，故神无方而易无体。""夫《易》广矣大矣，以言乎远则不御，以言乎迩则静而正，以言乎天地之间则备矣。"这一类的话，简直把《易》捧到天神那么高的地位。《彖传》《象传》不过仅仅从《易经》里抽取点伦理教训而已，对《易》的崇拜，显然还没有达到这种程度。《系辞》之作，旧材料自然不少，但它的成书可以断定必是在《彖》《象》以后。

《序卦》《杂卦》《说卦》不见于《史记》，说明司马迁尚未见到它们。《汉书·艺文志》提及《序卦》，但没有《说卦》《杂卦》。最早把这三篇列入《易传》的是《隋书·经籍志》。这说明三者至早只能是汉代的作品。李星可据《说卦》与孟喜的卦气图一致，指出《说卦》是汉代伪托。他说：《说卦》的内容，是一篇五行相生化的八卦说。五行与八卦本来是两种东西。五行相生的思想最早见于董仲舒的《春秋繁露》。《说卦》的五行系统正与董仲舒所列的完全一致，而且它比董仲舒还进步。《说卦》出于汉人之手，从这里看来，绝对没有可疑之处。近来有许多人主张《说卦》是汉宣帝时的作品，这也是很可信的。

（三）孔子观德义对《易传》之影响

前文已经指出，孔子因为继承了周公的"以德配天"传统，才坚持超越迷信，而强调修德行义。孔子之所以要以“观德义”改造《易经》，其社会效应可能是抑制小人靠占筮以侥幸谋利的风气。其目的是要人们认识到，吉福源于个人的德行，也就是“君子德行焉求福……仁义焉求吉”(《要》)。孔子之所以这样做，是因为他看到了当时的乱臣贼子试图以《周易》为自己的叛乱找到根据。例如，《左传》昭公十二年：南蒯之将叛。“南蒯枚筮之，遇《坤》之《比》，曰，‘黄裳元吉’，以为大吉也。”虽然子服惠伯警告他说：“吾尝学此矣，忠信之事则可，不然，必败。……夫《易》，不可以占险，将何事也？且可饰乎？”南蒯不听而叛。《左传》僖公四年：

> 晋献公欲以骊姬为夫人，卜之，不吉；筮之，吉。公曰：“从筮。”卜人曰：“筮短龟长，不如从长。且其繇曰：‘专之渝，攘公之羭。一熏一莸，十年尚犹有臭。’”

晋献公不听而立骊姬，导致晋国十年大乱。

子服惠伯之言和前面引用的穆姜解《随》的话，可以看作以德义解释易象的先驱。可以说，“春秋时人对《周易》的解读出现了以德行来占断和分析事态的普遍倾向。《衷》篇所云‘无德而占，则《易》亦不当’，可谓直承春秋以德论占说而来”[①]。

---

① 张克宾：《由占筮到德义的创造性诠释——帛书〈要〉篇“夫子老而好〈易〉”章发微》，《社会科学战线》2008年第3期。

那么，既然孔子已经倡导在《易经》中“观德义”，要求“以德论占”，为什么直到秦汉之际，以德义解释卦象的学问才兴起来呢？首先，如前所述，《易经》是一本占筮之书，而且早期的孔子也一直轻视它，所以在弟子中间形成了不重视《易经》的传统。直到《荀子》，虽然有所提及，其目的只是继续孔子的“不占”传统，偶尔也引用《易经》，发挥其德义。其次，《易经》的兴起而成为六经之首，恐怕主要因为秦皇焚书的刺激。秦焚六书，而《易》独以卜筮之书得存。李星可说：“秦火以后，诸经散佚，儒家为弥补这种缺陷，于是便把未经火烧的《周易》拉来作为自己的典籍，于是有孔子赞《易》之说，有孔子序《易》之说。”[①]《周易》被儒家拉为自己的典籍，遂由占书一变而成为“经”，于是有人效《春秋》《礼记》之有传，起而为《易》作传，《易》遂有《史记·太史公自序》中，所谓《易大传》。李星可的推断大致不错。《易传》和帛书《易传》之所以成书，其原因在于两种因素的交汇。一是从孔子以来“观德义”的传统已经传开，此由《荀子》中引用《易经》的评语可知。二是秦始皇焚书使儒生不得不借助《易经》来发挥或传播儒家的教义，到了汉代，形成一种传统，使《周易》一跃成为六经之首。比较《庄子·天下》“《易》以道阴阳”与《礼记·经解》“洁净精微，《易》教也”可知，汉人已经完成了以德义改造《易经》。例如，《乾》：“天行建，君子以自强不息。”这里的天，已经没

① 李星可：《周易的时代背景与精神生产——评郭沫若所论并抒己见（续）》。

有至上神的意味，转而要求人们效法天的刚健不息以成德。《蛊》九二爻辞："干母之蛊，不可贞。"《象传》的解释却说："干母之蛊"，得中道也。""不可贞"成了"得中道"。《系辞上》："一阴一阳谓之道，继之者善也，成之者性也。仁者见之谓之仁，知者见之谓之知，百姓日用而不知，故君子之道鲜矣。显诸仁，藏诸用，鼓万物而不与圣人同忧。盛德大业至矣哉！"则更是弘扬儒家的仁义思想。《文言》："君子体仁足以长人，嘉会足以合礼，利物足以和义，贞固足以干事。"所表现出的对仁、义、礼等观念的强调，与孔孟所举的德目相同。《序卦》："有天地然后有万物，有万物然后有男女，有男女然后有夫妇，有夫妇然后有父子，有父子然后有君臣，有君臣然后有上下，有上下然后礼义有所错。"从这里看来，我们盖知《易》的作者，观天道以察人道，进而及于君臣父子夫妇的伦道。《杂卦》："《乾》刚《坤》柔，《比》乐《师》忧……《姤》遇也，柔遇刚也。《渐》女归待男行也。《颐》养正也，《既济》定也。《归妹》女之终也。《未济》男之穷也。《夬》决也，刚决柔也；君子道长，小人道忧也。"阐述的全是儒家的伦理秩序，特别是其以女归于男、君子道长、小人道消来诠释卦序，全是对《易经》的附会。

总之，自从孔子以"观德义"重新拾起《易经》，《易经》的基调就从卜筮之书变成了哲理德义之书。到了宋代以后，不但要从中观德义，而且要以之建立宇宙论和本体论，来解释良知、性善之来源。陈明说："'生生之谓易'是《易传》的基调，'大德曰生'则是孔子思想与巫史传统相区隔的分界。”[①]我们可以补充说，“天地之大德曰生”是《易经》与《易传》的分界，是孔子对《易经》的改造。“在此理路下，易学之整体被笼罩在人文视阈之下，巫史之术被涵化于德义之学中。”[②]

二、《周易》与先秦道家

（一）《易经》与老庄

如前文所述，老子同孔子一样，继承了周公“以德配天”“敬鬼神而远之”的理性传统。所不同的是，孔子要以人为来补充天的不足，要以仁道来相天，要“赞天地之化育”（《中庸》）。史官出身的老子，更注重以天道指导人事。即便有所作为，也是顺应天道、自然而为。例如，“化而欲作，吾将镇之以无名之朴。无名之朴，夫亦将无欲。不欲以静，天下将自定。”（《老子》第三十七章）这个“无名之朴”就是道。“镇之以无名之朴”就是以道来包容、含化这些“欲作者”。其具体方式就是：“善者，吾善之；不善者，吾亦善之；德善。信者，吾信之；不信者，吾亦信之；德信。圣人在天下，歙歙焉，为天下浑其心，百姓皆注其耳目，圣人皆孩之。”（《老子》第四十九章）其一，就是像天那样，对善者和不善者、信者和不信者

---

① 陈明：《从原始宗教到人文宗教——〈易经〉到〈易传〉的文化转进述论》。

② 张克宾：《由占筮到德义的创造性诠释——帛书〈要〉篇“夫子老而好〈易〉”章发微》。

都包容善待之。其二，是像天那样，圣人不作是非善恶之分辨，而浑沌其心。其三，是圣人不教众人分辨之智能，而是浑沌他们的心，让他们像婴儿一样无知无欲。可见，老子是以天或道的胸怀来处理人事的。

但是，老子虽然“法天”，他却剥离了天的人格神色彩，而视之为一个自然的、客观的大化流行。他要求“天法道，道法自然”（《老子》第二十五章），将“道”置于“象帝之先”（《老子》第四章），可见他是以“自己而然”来解释天地万物的生成和运行的。换言之，他是不承认有什么神秘的主宰者的。如果说有什么主宰者，那就是物极必反、月盈则亏的自然运行规律，“反者，道之动”（《老子》第四十章）。所以，老子说：“以道莅天下，其鬼不神。”（《老子》第六十章）既然其鬼没有灵验，那么龟壳、蓍草这种所谓的神物，在老子看来，都不屑一顾了。更不用说由它们所进行的卜筮，和因卜筮而成的《周易》了。

许地山说：“巫与史有一本共同的典籍，但各有各底用法。那本便是《易》。从巫底眼里看，它只是一本占卜底书；从史底眼里看，它是一本记载民族经验底迹象和字书。”[①]其实，我们可以补充说，在史官的眼里，《易》是一本观测“天文历数”的书。正是因为史官重视天文历数的客观性，他们才制定了历法、更重视自然规律，而不是巫的通神和比附。帛书《要》篇记载孔子说：“赞而不达于

① 许地山：《道教史》，第142页。

数，则亓为之巫。数而不达于德，则亓为之史。”“数”就是理，就是规律。史官所重视的就是从天象地文中观测到其规律，以指导人事。例如，通过观测星相地气的变化，指导人们播种或收获。这与巫通过通神、与神对话而得来的预言相比，更具有普遍性和可操作性。因此，史官的发展要么与巫分道扬镳，成为老庄的重自然的道家；要么与巫术的比附结合成为占星术或阴阳家。成为阴阳家，就会如司马迁所描绘的那样：“尝窃观阴阳之术，大祥而众忌讳，使人拘而多所畏；然其序四时之大顺，不可失也。”（《史记·太史公自序》）成为道家，就会重视对“道”的体认，对自然的顺从，而轻视卜筮。所以，《庄子·庚桑楚》借老子之口说：“卫生之经，能抱一乎？能勿失乎？能无卜筮而知吉凶乎？”

“能无卜筮而知吉凶乎”的言外之意，就是认为卜筮并不能预知吉凶。《庄子·外物》篇中神龟能“七十二钻而无遗策（即无失算）”而不能拯救自己的性命，就是对龟灵卜筮的一大讽刺。故事大意是：

> 宋元君半夜做梦，梦见有人披发窥测他的寝室之门，对他说：“我来自宰路之渊，我是长江派往河伯处的使者。可是被一个叫余且的渔翁给捉住了。”宋元君醒来，让人占卜这个给他托梦的是什么东西。回答说是一只神龟。宋元君于是让余且到王宫，问他捕到什么鱼类。余且说：“捕得一白龟，龟壳方圆五尺。”宋元君获得了这只白龟，既想放了它，又想杀了它用来占卜。于是用别的龟占卜，占卜结果是：杀了这只白龟，用来占

卜，吉祥。宋元君杀了这只白龟，用它来占卜，果然灵验。但是，庄子借用孔子之口说："神龟能见梦于元君，而不能避余且之网；知能七十二钻而无遗策，不能避刳肠之患。如是，则知有所困，神有所不及也。……去小知而大知明，去善而自善矣。"

庄子的意思是，神龟之占卜只是"小知"。这种小知虽然能够七十二次没有失算，但是却拯救不了神龟自己的生命。这怎能算得上"大知"？占卜又如何可信？真正的"大知"是什么呢？是悟道，是与天地万物合一，而感通万物。试看庄子如何贬低神巫季咸，而揭示大道的不可窥测。《庄子·应帝王》记载：

郑国有个神巫叫季咸，能够预知人的生死祸福。他算定的日期，像有神灵指示一样准确。列子对他非常崇拜，回到学堂对自己的老师壶子说："开始我认为先生您掌握了至道，现在看来又有超过您的人了。"壶子说："你把他带来，让他相相我。"

第二天，季咸见过壶子，对列子说："唉！您的先生过不了几天就要死了。我在他身上看到了怪异之象，看到了湿灰。"列子走进去，哭着对壶子说了这个预言。壶子说："刚才我向他展示的是大地的纹理表象。大地的生意在不动不定、似动而定之间。他大概看到了我将生机封闭之后的情形。你再让他来。"

第三天，季咸看后，出来对列子说："真幸运，您的先生遇到了我。他有好转了，完全有生气了。我看见他闭塞之中有权变。”列子告诉壶子。壶子说：“我刚才向他展示的是天的生气土壤。不可名状，可是生机从脚踵处生发。他大概看到我善端发露的情形。你再让他来相。”

第四天，季咸看后出来说：“您的先生动静不定，不整齐，我没法相看。让他斋戒齐心，我再来相他。”列子告诉了壶子。壶子说：“我刚才向他展示的是太冲莫胜。他大概看到了我将二气平衡、互不相胜的局面。”（地文则阴胜阳，天壤则阳胜阴。太冲在天壤、地文之间，阴阳二气互不相胜，往复无穷。因此，季咸认为壶子不整齐。）

第五天，季咸又来相看壶子，还未站稳，就张皇失措地跑了。壶子对列子说：“把他追回来。”列子追不上，回报说：“看不见了，不知哪去了，我追不上他。”壶子说：“刚才我向他展示的是未曾离开我的宗主——天。我与天一起无心顺化，不可名状。一会顺从而静，一会波流而动。所以季咸逃跑了。”

庄子这个故事趣味横生，揭示了巫祝之卜筮相占不足以知大道。一旦体悟了大道，什么生死、什么祸福，全部都被超越。季咸或卜筮所能预测的只是有形的形体、有限的生命，但是对于“与天地同流”“与造物者游”的悟道者，他们是黔驴技穷、相形失色的。

虽然老庄贬低巫祝和卜筮，但是他们真的完全蜕去了巫祝的通神能力了吗？我们说，没有。正如郭沫若所说：“（道）这种观念其实是很幼稚的，它只是把从前的人格神还原为浑沌而已。”[①]又说：“本来中国的天道思想是发足于殷、周时代的人格神的上帝。到了春秋末叶有老子出现，把一种超绝乎感官的实质的本体名叫‘道’的东西来代替了人格神。”[②]老庄虽然用“道”代替了人格神，但是他们却延续了巫史“通神”、以直觉感通天地万物的方法和能力。比如，老子说：“不出户，知天下；不窥牖，见天道。其出弥远，其知弥少。是以圣人不行而知，不见而名，不为而成。”（《老子》第四十七章）老子重视的是通过神交、感通而知道天下之事，而不是通过耳目等感官。《庄子·田子方》记载，孔子见到自己的偶像温伯雪子后，竟然不发一言。当子路问他为何如此？他说：“若夫人者，目击而道存矣，亦不可以容声矣！”《庄子·天运》更说：“夫白鶂之相视，眸子不运而风化；虫，雄鸣于上风，雌应于下风而风化；类自为雌雄，故风化。”也是描述同类雌雄之间，不经过接触，就可以遥感交流。《庄子·在宥》更把君子治理天下描绘成：“尸居而龙见，渊默而雷声，神动而天随，从容无为而万物炊累焉。”就是说，君子静默之中，就会产生龙见雷声之外在效果，不用有心作为，就可以让万物各得其所。“炊累”，是说蒸馒头时，热气从下而上，一层层将馒头自然熏熟。用来比喻圣人之德以自然熏陶万物，使各得其所。我们可以问，这岂不正是弗雷泽所描绘的“交感巫术”吗？弗雷泽

---

① 郭沫若：《十批判书》，第186页。

② 郭沫若：《郭沫若全集·历史编》第1卷，第398页。

说："（交感巫术）认为物体通过某种神秘的交感可以远距离的相互作用，通过一种我们看不见的'以太'把一物体的推动力传输给另一物体。"[1]因此，老庄不倡导卜筮，要求"不卜筮而知吉凶"，可以说与孔子、荀子"善为《易》者不占"表面相同，但是老庄要求明于天道历数而不占、以感通而知吉凶；孔子、荀子则是以修德行义来超越占筮，要"君子德行焉求福……仁义焉求吉。"（《要》）

老庄虽然轻视《易经》，但是在他们的行文中还是可以看到《易经》的影子的。《老子》第二十七章："善数不用筹策。"《老子》第四十二章："万物负阴而抱阳，冲气以为和。"如果说它体现的不是《易经》的思想，至少也是史官的思维。"反者，道之动；弱者，道之用"（《老子》第四十章）"万物并作，吾以观复。夫物芸芸，各复归其根"（《老子》第十六章）更体现出《易经》"无平不陂，无往不复"的思维。宋人邵雍说："老子知《易》之体者也，五千言大抵明物理。"[2]这个"易之体"，恐怕指的就是老子从《易经》中吸取的"大化""阴阳""对待""刚柔"等思想。冯友兰说，《周易》有两个基本原则："一个是'流行'，一个是'对待'。……所谓道，就是那个'大化'，就是那个'大流行'。所谓阴阳，就是两个最基本的对立面。"[3]而大化流行和对立的概念，却贯穿《老子》和《庄子》全书。

---

① ［英］詹·乔·弗雷泽：《金枝》，第21页。

② ［宋］邵雍：《皇极经世书·观物外篇·心学第十二》，中州古籍出版社1993年版，第441页。

③ 冯友兰：《代祝词》，《周易纵横录》，湖北人民出版社1986年版，第7—8页。

《庄子》中数次提及《易》。《天下》说："《易》以道阴阳。"《天运》进一步指出，孔子曾经求道于"度数"和"阴阳"，二者皆是史官或《易经》的核心概念。这说明《庄子》的作者比较了解《易经》这本书。但是，由于他轻视卜筮，受到老子和孔子的双重影响，所以他更是吸取《易经》的阴阳对立、一气流行的大化思想，而抛弃其卜筮之术。陈鼓应说："庄子继承了老子以阴阳说诠解《易》、范畴《易》的传统。……庄子则在演绎《泰卦》时说'至阴肃肃，至阳赫赫；肃肃出乎天，赫赫发乎地。两者交通成和而物生焉'（《田子方》按：'肃肃出乎天'，谓阴气上出至天；'赫赫发乎地'，谓阳气下发至地。如此则恰好成为泰卦）。老子释《泰卦》为阴阳冲融——生三、生和气——生万物，庄子释《泰卦》为阴阳交通——成和——物生。这显然是同样的以阴阳解《易》的思维路径。"[①]据此，陈鼓应得出，以"阴阳"理论为中介，老子道家是"援《易》入道"。

许地山更直接声称，"全部《道德经》都是教人怎样知，和怎样去守，而这个'知'就是《系辞传》所谓'乾知大始'底'知'，'守'就是《坤卦》底'顺'。道家所谓顺乎自然，及无为而治，都是本乎地道而来底。……地道是无成无为底，故《易》(《坤》)有'地道无成而代有终'底说法。"[②]许地山看到了《易经》坤道、地道对老子的影响，也得到了《庄子·天下》"(老子)以濡弱谦下为表，

① 陈鼓应：《先秦道家易学发微》，《哲学研究》1996年第7期。

② 许地山：《道教史》，第145页。

以空虚不毁万物为实”的支持，这是值得肯定的。但是，他把道家思想归结为“地道”，则明显有悖于《老子》第二十五章“地法天，天法道，道法自然”的表述。而且，地道静而顺，可是，老庄都主张安时顺化、因动而静。老子说：“故飘风不终朝，骤雨不终日。孰为此者？天地。天地尚不能久，而况于人乎？”（《老子》第二十三章）庄子要“其生也天行，其死也物化。静而与阴同德，动而与阳同波”（《庄子·天道》），更谈不上效法坤道、地道。

（二）《易传》与老庄

正如陈鼓应所言，在《易经》是老庄“引《易》入道”，在《易传》则是《易传》“引道入《易》”。李镜池在《周易探源》中概括《彖传》与晚出的《象传》、《系辞》等之间的关系说：“《彖传》在《易传》里，最有代表性的作品，它综合了由阴阳家的阴阳说所发展出来的刚柔说，道家的宇宙观，和儒家的政治理想、行为修养思想来说解《周易》，而又奠定了后来说《易》的基础。”①

首先，我们看《易传》对《老子》的继承和吸收。老子云：“道生一，一生二，二生三，三生万物。万物负阴而抱阳，冲气以为和。”（《老子》第四十二章）《系辞上》也说：“《易》有太极，是生两仪。两仪生四象。四象生八卦。”其阴阳观基本相同，而其思考也极为相似。郭沫若说：“老子说：‘万物负阴而抱阳。’他认定了宇宙中有这种相反

---

① 李镜池：《周易探源》，中华书局1978年版，第339页。

相成的两种对立的性质。孔子说：‘天何言哉？四时行焉，百物生焉，天何言哉？’他认定了宇宙只是变化的过程。但到了《易》的作者来，他把阴阳二性的相生相克认为是变化之所以发生的宇宙的根本原理，他是完全把老子和孔子的思想综合了。”①李星可说：在《易传》的宇宙论中，一阴一阳被认为是宇宙的两种基本因素。“一阴一阳之谓道。”（《系辞上》）“所谓道，即老子所谓‘万物恃之以生’的道。”②

老子从《易经》卦象对立和天道轮回中，观测到循环往复是宇宙运行的总原则。他说，“反者，道之动”，“大曰逝，逝曰远，远曰反”（《老子》第二十五章）。所以，他要“万物并作，吾以观复。夫物芸芸，各复归其根。归根曰静，是谓复命”（《老子》第十六章）。这个“根”就是“有物混成，先天地生”之浑沌，后来被庄子称之为“通天下一气”（《庄子·知北游》）。这个“命”就是万物从气化中成形，好像接受造物主的命令暂时拥有这个“形”一段时间。“复命”就是等到形体朽坏，复归于一气之中，好像向造物主回报这番“有形”之经历。《易传》则把这个思想全盘继承。“无往不复，天地际也。”（《泰卦·九三象》“终则有始，天行也。”（《蛊卦·彖》）“反复其道，七日来复。……复，其见天地之心乎！”（《复卦·彖》）“日中则昃，月盈则食；天地盈虚，与时消息。”（《丰卦·彖》）“日往则月来，月往则日来，日月相推而明生焉；寒往则暑来，暑

① 郭沫若：《郭沫若全集·历史编》第1卷，第393页。

② 李星可：《周易的时代背景与精神生产——评郭沫若所论并抒己见（续）》。

往则寒来，寒暑相推而岁成焉。往者屈也，来者信也，屈信相感而利生焉。”（《系辞下》）“宇宙间一切现象的‘往来’‘屈信’，用一个字总括地说便是‘复’。这个‘复’，不仅与老子的复有同样的意义，而且同样是被看作宇宙间一切现象的变化的最大通则的，故曰：‘复，其见天地之心乎！’”①

刚柔二字，始见《尚书·洪范》“三德：一日正直，二曰刚克，三日柔克”，指人的两种品德。至老子始用来表达普遍性的原理，所谓“柔弱胜刚强”（《老子》第三十六章）、“以天下之至柔，驰骋天下之至坚”（《老子》第四十三章）是也。《易传》则将之作为统率地的总特征，“立地之道曰柔与刚”（《说卦》），并将之与阴阳平列，用以解释宇宙万物的变化。“刚柔相推而生变化”，“变化者进退之象也；刚柔者，昼夜之象也”。（《系辞上》）动静亦然。《老子》第十五章说：“孰能浊以静之徐清？孰能安以动之徐生？”在帛书《易传》中被解释成动静刚柔相依相成。“万物之义，不刚则不能动，不动则无功，恒动而弗中则亡，此刚之失也。不柔则不静，不静则不安，久静不动则沉，此柔之失也。……是故天之义刚健动发而不息，其吉保功也，无柔救之，不死必亡。动阳者亡，故火不吉也。地之义，柔弱沉静不动，其吉保安也。无刚救之，则穷贱遗亡。重阴者沉。故水不吉也。”（帛书《衷》篇）这样，刚柔动静，相反相成，乃是人类效法天地的准则。否则，就会像火之恒动、水之恒静那样，

① 李星可：《周易的时代背景与精神生产——评郭沫若所论并抒己见（续）》。

失去吉祥。

陈鼓应则走得更远，试图论证《彖》、《象》、《文言》以至整个《易传》都是以道家思想为主干的。他说："从总体上来看，《文言》与《彖传》、《系辞》一样，主要是一部以道家观点来解《易》的作品。"[①]陈氏的观点当然比较偏颇，因为《易传》只是借用了道家的宇宙观和生成论，而其主旨仍在于发挥《易经》卦爻中的"德义"。陈氏辩论说："《大象》的这一思维模式全然是继承原始道家托天道以明人事的特点。反之，儒家的思维方式是单调而单向的，儒家创始者孔子之思想格局仅限于人伦一隅而罕言天道。"[②]其实，陈氏这种辩说忽视了孔孟也都继承了史官"以天占人"的传统。孔子说："天何言哉？四时行焉，百物生焉，天何言哉？"（《论语·阳货》）孟子论述舜说："使之主祭而百神享之，是天受之；使之主事而事治，百姓安之，是民受之也。天与之，人与之，故曰：天子不能以天下与人。舜相尧二十有八载，非人之所能为也，天也。"（《孟子·万章上》）二者都是以天道论证人事的合理合法性。孔孟罕言天道，但并不是不用天道。但是，陈氏的论述确实提供了大量《易传》承继老庄的证据。1.《否卦·象》云："君子以俭德"，是对《老子》"三宝"的继承。2.《咸卦·象》云："山上有泽，咸；君子以虚受

① 陈鼓应：《〈文言〉解〈易〉的道家倾向》，《道家文化研究》第4辑，上海古籍出版社1994版，第147页。

② 陈鼓应：《〈彖传〉中的道家思维方式》，《道家文化研究》第5辑，上海古籍出版社1994年版，第201页。

人。”受人以“虚”的观念，无疑是源于老子。3.《升卦·象》云：“地中生木，升；君子以顺德，积小以高大。”正是引用《老子》六十四章“合抱之木，生于毫末；九层之台，起于累土”文义。所以，朱伯昆说：“儒家的伦理观念，道家和阴阳五行家的天道观，成了《易传》解易的指导思想。”①

其次，《易传》也对《庄子》有大量继承。从思想上，《庄子·徐无鬼》讲述“以阳召阳，以阴召阴”“鼓宫宫动，鼓角角动”。《文言》则直言：“同声相应，同气相求。水流湿，火就燥，云从龙，风从虎，圣人作而万物睹。本乎天者亲上，本乎地者亲下，则各从其类也。”类似的语句虽然也出现在《荀子·劝学》《荀子·大略》和《吕氏春秋·应同》，但是，其中同类相召之理，当首出于《庄子》，而为后来几家所继承，因为后者对这个思想发挥解释得更为完满。与“同类相召”相关的，就是《易传》的感通思想。《系辞上》：“《易》无思也，无为也，寂然不动，感而遂通天下之故。”从思想上则是对《庄子·刻意》篇的改写。因为后者说：“圣人之生也天行，其死也物化；静而与阴同德，动而与阳同波；不为福先，不为祸始；感而后应，迫而后动，不得已而后起。去知与故，循天之理。……不思虑，不豫谋。”（《庄子·刻意》）

从文句上看，《文言》说：“夫大人者，与天地合其德，与日月合其明。”《庄子·在宥》借广成子云：“吾与日月参光，吾与天地为常”；

① 朱伯崑：《易学哲学史》第1卷，华夏出版社1995年版，第55页。

《文言》讲“合其德”，《庄子》中多有类似用法，如“通乎道，合乎德”，“静而与阴同德”（《天道》）等；《文言》此处“大人”指君王而言，要求君王与天地合德，《天道》篇也说“帝王之德配天地”；《文言》说“与四时合其序”，《庄子》也说“春夏先，秋冬后，四时之序也”。这都体现出《易传》对《庄子》的借鉴和继承。

总之，我们可以发现《易传》试图糅合老庄的天道论和自然观、孔子的“观德义”以及阴阳家的阴阳观于一炉，铸造出一个囊括天地、经纶四时的大体系。这就是《系辞上》所言：

> 《易》与天地准，故能弥纶天地之道。仰以观于天文，俯以察于地理，是故知幽明之故；原始反终，故知死生之说；精气为物，游魂为变，是故知鬼神之情状。与天地相似，故不违；知周乎万物而道济天下，故不过；旁行而不流，乐天知命，故不忧；安土敦乎仁，故能爱。范围天地之化而不过，曲成万物而不遗，通乎昼夜之道而知，故神无方而《易》无体。

但是，这个超能的《易传》体系从欧阳修以来，就被人怀疑是一个大杂烩。欧阳修于《易童子问》卷三中指出，《易传》“众说淆乱，亦非一人之言也”[①]。欧阳修指出了《文言》中对元、亨、利、贞四

---

① 欧阳修：《易童子问》，见《四部精要》第19册，上海古籍出版社1993年版，第261页。

德存在两种不一致的解释；指出了八卦源于河图洛书与伏羲画卦的矛盾。但是，我们可以反向发现，《易传》这种不一致正说明它非出于一人之手或一时之作，而是众家试图糅合古代阴阳家、儒家和道家的初衷。

三、结论

《易经》作为一本卜筮之书，其产生乃是对商代龟卜的模拟和改进。它最初以数字卦来占筮，进而转数字卦为龟卜之兆象，从而可以通过观象来预测吉凶。这个过程在《说卦》中被称之为“逆数”。其八卦乃是对众多兆象的分类，分为比附天、地、雷、风、山、泽、水、火的八种卦象。有了兆象，其进一步融合史官或阴阳家的阴阳爻，用阴阳爻的变动来预示事情的发展趋势，这就是现存的六十四卦卦象和卦爻辞。

《易经》目的在于占筮神意或命运，这就与孔子和老子继承的“以德配天”、尽人事听天命的传统不协调。于是，孔子倡导“不占”或“占以德”；老子声言“善数不用筹策”“无卜筮而知吉凶”。孔老的这种态度基本上决定了先秦诸子对待《易经》的主调。虽然孔子晚年发现《易经》中有“古之遗言”、能揭示德义之理，而将之重新拾起，但是从子贡的疑问中可知，当时轻视《易经》的传统已经传播开来，所以孟子对《易经》不置一词，《庄子》虽然提及，但是仍然以“六合之外，圣人存而不论”将之搁置。但是，孔子既然要在

《易经》中观德义，必然要有所评述，我们猜测，《象传》和其他部分的“子曰”很有可能真是孔子之语。荀子生活在孔子之后三百年，那时孔子“以德论占”的主张应当已经传开，所以荀子有对《易经》的引用和评价。当然，将《易经》推上榜首的是秦始皇焚书。因为《易经》以卜筮之书获免，且又有孔子在《易经》中观德义的传统，于是秦汉之际《易传》盛行。

在作传的时候，尧舜禅让、汤武征诛的故事早已流行，就是黄帝、神农、伏羲诸古帝王也逐渐为时人所熟习，所以《易传》将他们统统收了进去，请其作了《周易》的“护法”。汉初，正值道家极发达的时期，一般的儒者也受了道家的影响，所以《易传》里有很多道家意味的说话。这时候《世本》出来了，《淮南子》也出来了，作《系辞传》的人就取了《世本》中古人创作的一义和《淮南子》中的“因其患则造其备”的一义，杜造了观象制器的一大段故事，以见《易》的效用之大。《易》本来只是一部卜筮之书，经他们用了道家的哲理、圣王的制作和道统的故事，一一点染上去，它就成了一部最古的、最玄妙的、与圣道关系最密切的书。于是，它从六经之末跳到六经之顶，终于将《易经》改造成一个融合儒家的德义、道家的大化流行和相反相成以及阴阳家的阴阳五行，并囊括宇宙万象、解释宇宙万象的大体系——《易传》。

第七章　儒道交融：《孟》《庄》的时代议题

“履不必同，期于适足；治不必同，期于利民。”习总书记曾多次用魏源《默觚》中的话来说明国家的发展道路应该适合本国国情，亦表示中国现在走的是在中国的土壤中生长起来的，是近代无数的进步人士和革命先驱历经数代探索所得出的道路。而孟子和庄子作为战国儒道二家的代表人物，面对当时礼坏乐崩、天下大乱的形势，他们有着共同的关怀，却提出了不同的解决方案。了解他们思考问题的角度和方式，将会为解决当下我们发展道路上所碰到的问题提供新的思路。孔子、老子思想的同异在庄子和孟子那里得到进一步体现。从《庄子》《孟子》中可知，二者虽无直接的相互批评，却对相同的概念和命题有不同的回应。如孟子的“性之同然”与庄子的“民之常性”，孟子的“恻隐”之仁与庄子的“至仁无亲”“相呴以湿，相濡以沫，不如相忘于江湖”（《庄子·大宗师》）。孟子以圣智利民，而庄子则以为圣智将“假禽贪者器”（《庄子·徐无鬼》）。可以说，二者皆希望以原始氏族中的自然相爱来重建人类的社会和谐。但是庄子认为有心之爱，必然导致爱之不真，故一切本诸自然之滥觞；而孟子则希望扩充这自然恻隐之爱，达到兼爱天下，通过人为而重新回到自然。此正体现出二者同源而对天、命、自然的不同态度。

孟子和庄子生活的时间大致相当，可是，在彼此的书中，却没有互相提及。这个问题早已被许地山注意到。许地山说：孟子是不得已而后辩底人，庄周若不向他挑战，他也乐得避免。且庄周的学问不为王公大人所器重，也不会被孟子一流的人物所注意。因此庄孟二人虽然同时，却没有什么关系。[①]我觉得许地山的假设不成立。《孟子》书中虽然对墨家夷之的“爱无差等，施由亲始”加以反驳，对杨朱派的思想仅提及“杨子取为我，拔一毛而利天下，不为也”(《孟子·尽心上》)一句，可是，他却骂墨氏“无父”，杨氏“无君”。他骂杨墨，完全是从潜在后果的角度出发，即若他们的学说发展到极端，就会使人们无父、无君。因此，孟子从卫道的角度，发现《庄子》中直接抛弃仁义、蔑视王侯的言论，必然会奋起反击。因为《庄子》所攻击的仁义，正是孟子学说的核心。那么，为什么孟子没有直接攻击庄子呢？一是庄子晚孟子二三十年，且庄子早期内篇的思想并没有攻击仁义，反而在《庄子·人间世》中，将仁、义作为人生之大戒，说明庄子早年曾习儒术，是兼通老子和孔子的学说。因此，庄子没有受到孟子的攻击。但是，从孟子与告子

① 参见许地山:《道教史》，第55页。

的争论可知，孟子的观点还是受到以“生之为性”的道家弟子的反驳。这说明当时与孟子争论的不是庄子及其弟子，而是告子一派的道家学者。

庄子与孟子没有直接的争论，但是这并不是说二者没有思想上的对峙。根据解释学循环的原则，同时代的作品或作者必有共同的话语和风格，尽管他们的观点会有不同。例如，孟子和庄子都认为人心会被意见或偏见所遮蔽，而且二者用的比喻几乎相同。《孟子·尽心下》说：

> 孟子谓高子曰：“山径之蹊间，介然用之而成路。为间不用，则茅塞之矣。今茅塞子之心矣。”

孟子的意思是，高子有一段时间不修为，其心有所障蔽，就像被茅草塞住，不见阳光一样。类似的是，《庄子·逍遥游》中，庄子在批评惠施只会用小葫芦，而不会用大葫芦之后，也断言：“则夫子犹有蓬之心也夫！”“蓬”就是一种拳曲不直的草。如果人心中有这种草，心肯定会被遮蔽，不见外物。

当然，孟子和庄子的共通之处更体现在他们对相同命题的不同看法上。前文已经提及，针对孟子所说的“心之所同然”（《孟子·告子上》），《庄子·骈拇》则针锋相对地反驳。针对孟子认为师旷、离娄、易牙、尧舜等代表了人类于目、耳、口、心方面的同然，庄子说：

> 且夫属其性乎仁义者，虽通如曾史，非吾所谓臧也；属其性于五味，虽通如俞儿，非吾所谓臧也；属其性乎五声，虽通如师旷，非吾所谓聪也；属其性乎五色，虽通如离朱，非吾所谓明也。吾所谓臧者，非仁义之谓也，臧于其德而已矣；吾所谓臧者，非所谓仁义之谓也，任其性命之情而已矣；吾所谓聪者，非谓其闻彼也，自闻而已矣；吾所谓明者，非谓其见彼也，自见而已矣。夫不自见而见彼，不自得而得彼者，是得人之得而不自得其得者也，适人之适而不自适其适者也。(《骈拇》)

庄子或其弟子并不认为师旷、离娄（离朱）等人代表了人类的共性，而是认为每个人都有其自身的特殊性。师旷这些人的能力是个体的特异功能，不具有推广价值。最终他们断言，仁义也是尧、舜、曾参、史鱼等人的个体特性，不具有效法的价值。如果我们盲目效法，就是力求获得人家的东西，而不知道去收取自已家的东西；就是盲目地走别人的道路，而不走适合自己的道路。庄子所认为的“德”和“性命之情”都是每个人自己天生得到的本能或爱好，而不是受他人或社会影响而获得的知识技能。据此，我们再回头看《孟子·滕文公上》“孟子道性善，言必称尧舜”，可知庄子学派的批评多么准确。下面我们将以命题的形式分析《庄子》中对孟子或儒家的继承和批判。

一、小国寡民

“小国寡民”出自《老子》第八十章，在《庄子·胠箧》中再次出现，其文曰：

> 子独不知至德之世乎？……当是时也，民结绳而用之，甘其食，美其服，乐其俗，安其居，邻国相望，鸡狗之音相闻，民至老死而不相往来。若此之时，则至治已。

这段话描述的是原始或上古社会自给自足的安闲生活。在人少地多、采摘和狩猎很容易满足人们生活的时候，人们自然不会到处求利，也不会产生什么算计和竞争之心。这种现象在处于热带的非洲族群中也很常见。在非洲，四季常青，人们可以轻松地采摘果实，满足生活需求，所以当地经济历千年而不发达，因为人们无求利之心。《庄子·天地》对“至德之世”的另一段描述印证了我们的分析：

> 至德之世，不尚贤，不使能；上如标枝，民如野鹿；端正而不知以为义，相爱而不知以为仁，实而不知以为忠，当而不知以为信，蠢动而相使，不以为赐。是故行而（为）〔无〕迹，事而无传。

这段话进一步指出，在小国寡民中，人们不交往并不是人们不相爱、不相助，而是他们的相爱相助完全出于无心自然，从来没有后人的欺诈要挟。

若要达到这种自然相爱相助的社会，一是这个社会原始素朴，人们没有竞争之心，人们“其卧徐徐，其觉于于；一以己为马，一以己为牛；其知情信，其德甚真，而未始入于非人。”（《庄子·应帝王》）意思是，人们没有什么是非分辨，一切纯任本真之爱，若婴儿之饥来求食、寒来求暖，从没有什么机心算计。二是社会分配平均，人们之间没有攀比竞争，没有什么是己非人的心思。这种理想社会也是孔子的追求，因为孔子发现：“有国有家者，不患寡而患不均，不患贫而患不安。”（《论语·季氏》）因为在这种均平中，人们不竞争，就会安于现状，从而有余心余力去爱护他人。也许正是本着这个思路，孟子认为，要施行仁政，就要恢复井田制，一旦将井田的边界划分清楚、土地分配适当，谷禄收成自然就会均平。于是，人们就可以“死徙无出乡，乡田同井。出入相友，守望相助，疾病相扶持，则百姓亲睦”（《孟子·滕文公上》）。对此，杨向奎评价说：“老子也有类似的思想，都是以村社为乐园的主观想法。”[①]杨向奎看到了老子与孟子的相同之处，却视之为主观想法，则显示出其并不了解人类发展的历史，也不了解原始人的无私互助。这一点张光直曾经有所辨明。“在实际上，原始人的行为、人与人之间的关系以

① 杨向奎：《宗周社会与礼乐文明》，第186页。

及对动物的态度等，比所谓文明人要文明得多。我们也知道：战争、人和人之间的暴力关系只是到了文明时代才愈演愈烈的。”[①]后来的《礼记·礼运》对大同之世的描述，更是至德之世的翻版。可见，原始的共产社会，人们的自然互助相爱，是儒家和道家共同的理想社会和奋斗目标。

二、至仁无亲

孔孟一辈子汲汲为仁，可是老庄却将仁义看作社会败坏的标志。孔孟所谓的“仁”是基于亲亲之情扩展而成，通过“亲亲而仁民，仁民而爱物”(《孟子·尽心上》)推广到社会和自然。孟子说：

> 人之所不学而能者，其良能也；所不虑而知者，其良知也。孩提之童，无不知爱其亲者；及其长也，无不知敬其兄也。亲亲，仁也；敬长，义也。无他，达之天下也。(《尽心上》)

孟子虽然以之为人之良知良能，要将它推广到天下，达到他所说的“老吾老以及人之老，幼吾幼以及人之幼”。问题是，既然是良知良能，是否有必要推广，而且是否能够推广？耳聪目明是我的良能，我能将之推广给盲人聋人吗？且既然每个人都天生地能够爱亲敬长，

① 张光直:《考古学专题六讲》，第18页。

又有何推广的必要?

孟子的辩护是从与仁义相对的功利角度出发的。在劝说梁惠王践行仁义时,他说:"上下交征利而国危矣。"孟子看到了求利之心对人际关系和社会秩序的破坏,看到了仁义对君亲的热爱和尊敬,说:"未有仁而遗其亲者也,未有义而后其君者也。"(《孟子·梁惠王上》)在与宋钘讨论如何罢秦楚之兵时,孟子又一次反对从利的角度说服他们罢兵,因为那样会导致秦楚之王和他们的民众"悦于利",而"怀利以相接,然而不亡者,未之有也"(《孟子·告子下》)。相反,如果以仁义说服他们罢兵,两个国家都会"悦于仁义",就可以王天下。孟子以此论证践行仁义可以获得王天下、得民心的大利。

但是孟子并没有看到仁义只是一种手段,一旦被有私心的人掌握,照样可以作伪、祸害天下。而老子庄子正是从仁义孝慈被工具化的角度上,反对倡导仁义。因为庄子很快就发现,这个以"亲亲"为核心的"仁"有将人类的大爱狭隘到血缘小家庭的危险,使人们变得自私,甚至以仁义之名,谋取私利,伤害他人。老子早就说:"大道废,有仁义;智慧出,有大伪;六亲不和,有孝慈。"(《老子》第十八章)老子和庄子注意到,人们本来就自然相亲,"子之爱亲,命也,不可解于心"(《庄子·人间世》),没有必要再画蛇添足,人为标榜。相反,标榜反而会使人生伪,或借之谋私利。庄子同意孟子以仁义为大利的观点,但是,既然仁义也是利,而且是大利,它又能比一般的利好多少呢?所以庄子说:"爱利出乎仁义,捐仁义者寡，利仁义考众。夫仁义之行，唯且无诚，且假乎禽贪者器。”(《庄子·徐无鬼》)意思是，一旦人们知道仁义也是利，也会像珍惜金钱一样珍惜仁义。结果仍然是，大家试图利用仁义谋取私利，如此便会给一些欺诈之人打开了方便之门。这就是“为之仁义以矫之，则并与仁义而窃之”(《庄子·胠箧》)的后果。道家的目的是要人们超越一切有形的手段，以防止手段的工具化理性化，所以他们要求“处无为之事，行不言之教”，因为一旦人们认识到一个东西是好的美的，人们的算计心功利心很快就会将它们变成谋利之工具，将它们变成恶的丑的。这就是为什么二者都倡言“道可道，非常道”(《老子》第一章)。

庄子对仁的批评更直接指向其“亲亲”的核心价值。当商太宰荡向庄子问仁，庄子直接说：“虎狼，仁也。”这个回答犹如禅宗棒喝，一下子让人看到了儒家仁的狭隘性，甚至自私性。因为人们都知道虎狼是极为凶残、伤害他人的动物。庄子却从儒家仁的定义说：“父子相亲，何为不仁？”(《庄子·天运》)庄子并不是反对父子相亲，而且知道父子相亲乃天命之天性，他所反对的是人为地去标榜这种天性只能唤醒人们的狭隘自私意识，使其失去原始的氏族成员之间的泛爱和大爱。庄子进一步指出，“至仁无亲”(《庄子·庚桑楚》)，就是说最高的仁是出于自然而然的相爱，是不需要任何心思有为的，是鱼各得其乐，相忘于江湖的状态。他首先描绘“至孝”说：“以敬孝易，以爱孝难；以爱孝易，以忘亲难；忘亲易，使亲忘我难。”(《庄子·天运》)这是说，最高的孝是子女不知道自己侍奉父母是孝，父母也不知道子女在行孝。一切的运行就像目之视物，耳之听声，相与于无相与。接着，庄子将其推进到“至仁”，说：

> 使亲忘我易，兼忘天下难；兼忘天下易，使天下兼忘我难。夫德遗尧舜而不为也，利泽施于万世，天下莫知也，岂直大息而言仁孝乎哉！夫孝悌仁义，忠信贞廉，此皆自勉以役其德者也，不足多也。(《天运》)

“至仁”就是像日月天地那样，时时恩泽着万物，却与万物相忘。所以说“利泽施于万世，天下莫知也”。相比较而言，尧舜那样以仁爱来讨好天下，“思天下之民匹夫匹妇有不被尧舜之泽者，若己推而内之沟中”(《孟子·万章上》)是不足为道的，更不用说孔孟那种以孝悌仁义来“役其德”(扭曲本性)的行为了。

三、性与故

《庄子》谈到“故”的地方有三处。一是在《秋水》：“牛马四足，是谓天；落马首，穿牛鼻，是谓人。故曰，无以人灭天，无以故灭命，无以得殉名。谨守而勿失，是谓反其真。”从行文推测其含义，“故”就是人为。宣颖注曰：“故，有心。”(《南华经解选读》)因为命是不可改变的自然赋予过程，既然不可改，就应无心任运。人如果不安心而挑战命运，就是灭命。孔子的“不知命，无以为君子”(《论语·尧曰》)也是从知命安命的角度上说的。反观他对子贡的批评:“赐不受命,而货殖焉,亿则屡中”(《论语·先进》)。“亿”,度也,臆度之义。意思是,子贡不安于命运的安排,而臆度机会且经常成功。可知,“故”是有心有为。《庄子·刻意》说:“去知与故,循天之理。”将“智”和“故”视为一类,皆是人为造作之义。对此,郭庆藩有一段很有意义的考证:

> 故,诈也。《晋语》多为之故以变其志,韦注曰:谓多作计术以变易其志。《吕览·论人篇》去巧故,高注:巧故,伪诈也。《淮南·主术篇》上多故则下多诈,高注:故,巧也。皆其例。《管子·心术篇》去智与故,尹知章注:故,事也,失之。[①]

因此,我们可以说,智偏重理性推测,而故偏于茫然妄为,类似于子贡之臆测,二者都出于有心造作。

庄子在《达生》中也谈到“故”。在那里,孔子惊叹于蹈水者能够从吕梁的瀑布(可能是壶口瀑布)顺流而下,行歌自如,就向他请教“蹈水之道”。蹈水者的回答是:自己并没有什么道术,只是“始乎故,长乎性,成乎命。与齐俱入,与汩偕出,从水之道而不为私焉”。当要求进一步解释时,他又说:“吾生于陵而安于陵,故也;长于水而安于水,性也;不知吾所以然而然,命也。”宣颖将“故”解释

---

① [清]郭庆藩撰,王孝鱼点校:《庄子集释》,中华书局1961年版,第540页。

成“素习”。(《南华经解选读》)吕惠卿说:“以生于陵而安于陵为故，故者非出于其性，而人之所为也。”[①]据此，我们可以推测，“故”仍然是有心练习之义。意思是，蹈水者对待水就像生在丘陵之地的人那样，习惯于上上下下。“长乎性”之“性”在这里似乎与“故”同义。吕惠卿说:“长于水而安于水为性，则其性之偏能也。”[②]林云铭则直接说:“所谓习与性成者也。”[③]可见，这个“性”也就是习，是与“故”等同的。整个过程在于“从水之道而不为私”，也就是在练习过程中，彻底忘我，完全与水合为一体。当练习到极致，就可以“与齐俱入，与汩偕出”(齐，水漩涡；汩，水上涌)，而不受伤害。这就是“成乎命”，达到像命运安排一样，超越人为之功。

基于庄子这三则例子，我们再来探讨孟子对“故”“知”“性”的论述。孟子说:

> 天下之言性也，则故而已矣，故者以利为本。所恶于智者，为其凿也。如智者若禹之行水也，则无恶于智矣。禹之行水也，行其所无事也。如智者亦行其所无事，则智亦大矣。(《孟子·离娄下》)

焦循引毛奇龄《四书胜言》补云:“天下之言性也，则故而已矣。”

① [宋]吕惠卿撰:《庄子义集校》，中华书局2009年版，第358页。

② [宋]吕惠卿撰:《庄子义集校》，第358页。

③ [清]林云铭撰:《庄子因》，华东师范大学出版社2011年版，第199页。

观语气自指泛言性者。与人之为言“彼所谓道”语同。至“以利为本”[①]，然后断以己意。毛说甚是。这句话意思是，天下人谈论“性”，总是将之看作“故”。“故”是什么？按前文对《庄子》引文的分析，“故”在此应该指素习。也就是说，天下人都是以“习”言性。当然，这个“习”是有心之造作或训练，是有目的的，所以孟子接着说：“故者，以利为本。”意思是，天下人的“故”或“习”都旨在追求利益，都是以“利”来解释人性。考虑到孟子认为人性的本质是仁义，他肯定不会赞同这种以利言性的世俗之见，因为这将戕贼其推崇的天然的仁义之性。据此，赵岐注说：“今天下之言性，则以故而已矣。以言其故者，以利为本耳。若杞柳为桮棬，非杞柳之性也。”[②]赵岐将以利言性，比喻以杞柳为桮棬，意思是以有心有为而扭曲人性，可谓符合孟子原义。孙奭之疏将“故”解释成“事”，则不达赵岐之意。焦循之“言天下万物之情性，常顺其故则利之也。改戾其性，则失其利矣”[③]，将“故”等同于孟子所谓的“性”，甚失孟子之旨。朱熹将“故”解释成“性”之已迹（《四书章句集注》），也不达文义。

接着，问题是：为什么孟子正在谈论“性”和“故”，却突然转向了“智”？“智”与前两者到底有什么关系呢？这就回到了《庄

---

① ［清］焦循：《孟子正义》，上海书店出版社1986年版，第344页。

② ［汉］赵岐注，［宋］孙奭疏：《孟子注疏》，《四部精要》第2册，上海古籍出版社1993年版，第2730页。

③ ［清］焦循：《孟子正义》，第344页。

子》《淮南子》中的智、故关系。在《庄子》中，智、故相近；在《淮南子·原道训》中，智、故合一，所以高诱在注“夫镜水之与形接也，不设智故，而方圆曲直弗能逃也”时说：

> 智故，巧饰也。镜水不施巧饰之形，人之形好丑以实应之。故曰“方圆曲直不能逃也”。①

智、故在这里都是有心用机巧的意思，这也是孟子所说的穿凿用智。据此，我们推测，在孟子、庄子时代，智、故意思相近，可以相通，所以孟子直接就转向了对“用智”的批判，其实也是对世人之“故”的批判（现在“世故”一词仍含有以利为心之义）。焦循说：“故原有训智者。《淮南·原道训》：‘不设智故’，谓不用机智穿凿之意。正与全文言智相合。是以孟子言天下言性，不过智计耳。”②

明白了孟子“故”“智”之转换，下面的文句就迎刃而解了。其大意就是，孟子厌恶世人之以“故”“智”言性，是因为厌恶他们有心有为，不顺人性之自然。当然，孟子这个“人性之自然”是仁义之性。孟子认为，如果人们顺着仁义之性发展，就像大禹顺水性而导引水流一样，以“智故”言性也可以，而且可成大智。简言之，孟子还是要求去除利益算计之心，顺仁义四端而扩充之，这才算大智。

---

① ［汉］刘安著，许慎注，陈广忠校点：《淮南子》，上海古籍出版社2016年版，第6页。

② ［清］焦循：《孟子正义》，第344页。

如此，实际上也消解了世人的以“故”“智”言性。据此，我们可以说，孟子试图将道家的自然嫁接到自己的仁义性善学说上，以论证仁义之生发若禾苗之自然。但是，这种仁义，在庄子看来，仍是“故”，是有心之人为。

四、心与气

心、气同时出现在《庄子》《孟子》《管子》等书中，说明是当时的一个共同话题。但是“气”到底指什么，以及气与心在《庄子》《孟子》之中处于什么关系，倒是一个比较复杂的问题。

庄子对心气关系的谈论，见于大家熟知的“心斋”。庄子借仲尼之口说：

> 仲尼曰：“若一志，无听之以耳而听之以心，无听之以心而听之以气！听止于耳，心止于符。气也者，虚而待物者也。唯道集虚。虚者，心斋也。”（《庄子·人间世》）

意思是，要专一，不要用耳听，而要用心听；不要用心听，而要以气听；听到耳朵这里则止，心达到符应则止。“气”是空虚而能容物的东西；“道”只停留在空虚的地方；“虚”就是心斋。

这里涉及心、气、虚、道。其中，关键是“气”指什么。《文子·道德》：“上学以神听，中学以心听，下学以耳听。”正好对应于庄子的气、心、耳，说明“气”可能就是神。《管子》则直接将“气”等同于“精”，将“精”等同于“神”：

> 凡物之精，此则为生。下生五谷，上为列星。流于天地之间，谓之鬼神。藏于胸中，谓之圣人。……是故此气也，不可止以力，而可安以德。不可呼以声，而可迎以音。敬守勿失，是谓成德。(《管子·内业》)
>
> 敬除其舍，精将自来。精想思之，宁念治之。严容畏敬，精将至定。(《管子·内业》)
>
> 虚其欲，神将入舍。扫除不洁，神乃留处。(《管子·心术上》)

《内业》中将气视作万物之“精”，若能敬守勿失，就可以“成德”。人们要敬守勿失，就要将自己的处所打扫干净，即使自己的心思专一无杂。对比《心术上》，我们可知，就是将心中的私心杂念去除。这样，精或神就能留驻心中。类似《管子》的话语，《庄子·知北游》说：“若正汝形，一汝视，天和将至；摄汝知，一汝度，神将来舍。德将为汝美，道将为汝居。”“天和”与“神”互用，而天和就是元气（林希逸注），就是神。因此，庄子所谓的“听之以气”就是听之以“心之神”，是直接地与天地万物感通。

接着，庄子又论述了气与虚、道之关系。“气也者，虚而待物者也。唯道集虚。”(《庄子·人间世》)实际上是说，神或心神是空虚无执，而且能够容纳他物的。正是因为能够容纳，所以“道”

才可以留处。前面所引《知北游》的论述说的也是这个意思。那么，“道”是什么？道就是自然，就是去除了有心有为之后的心理状态，实际上也就是“神”。所以庄子说，如果一个人能够“寓庸（任物自用）”而不加干涉，就可以停止一切作为。停止了一切作为而不知自己为何这么做，就是道。下面这段话更证明了这个推断：

> 夫徇耳目内通而外于心知，鬼神将来舍，而况人乎！是万物之化也，禹舜之所纽也，伏戏几蘧之所行终，而况散焉者乎！（《庄子·人间世》）

“徇耳目内通而外于心知”就是不用耳目而内视。他又进一步去除内视，也就是“外于心知”，是“心斋”的另一种说法。达到这种地步后，就可以为鬼神所依赖，更不用说其他人了。这就是掌握了万物变化的根本、虞舜等圣人的准则，也就是掌握了“道”。因此，庄子的“心斋”本质上就是去除心中的杂念或执着而入神体道。气、虚、道，都是在无欲无执后达到的心理状态。

其实，庄子“心斋”是从《管子》四篇中借来的。试看：

> 洁其宫，阙其门。宫者，谓心也。心也者，智之舍也，故曰宫。洁之者，去好过也。门者，谓耳目也。耳目者，所以闻见也。（《管子·心术上》）
>
> 无以物乱官，毋以官乱心，此之谓内德。是故意气定然后

反正。气者，身之充也。(《管子·心术下》)

夫道者，所以充形也，而人不能固。……凡道无所，善心安爱。心静气理，道乃可止。(《管子·内业》)

“好过”，即欲望之好恶。前两条是要求去除好恶、齐一视听。其“无以物乱官，毋以官乱心”，就是不让外物和耳目视听扰乱身心的意思。心不受扰乱，没有好恶，就是虚，虚则神将来舍，道乃来集。后两条则指出，“气”就是“道”，都是充于身体之中的，也就是主宰身心形体的神。据此，我们可以明白为什么庄子那么推崇宋荣子，为什么庄子之齐物论与宋荣子之“齐万物以为首”那么接近。而且，“气者，身之充也”“夫道者，所以充形也，而人不能固”则直接发展为孟子的“浩然之气”。郭沫若也是如此认为的，说：“《内业》和《心术》的基调是站在道家的立场的，返复咏叹着本体的‘道’以为其学说的脊干。这‘道’化生万物，抽绎万理，无处不在，无时不在，无物不有，无方能囿。随着作者的高兴，可以称之为无，称之为虚，称之为心，称之为气，称之为精，称之为神。”[①]

郭沫若更为睿智的是，发现了孟子“浩然之气”对《心术》《内业》《白心》这几篇重要作品的袭取和改造。他认为《内业》的“精存自生，其外安荣，内藏以为泉原。浩然和平，以为气渊”正是孟子

---

① 郭沫若：《郭沫若全集·历史编》第1卷，第563页。

浩然之气说的原型。[①]下面，我们将首先分析《孟子》中心、气关系，再过渡到“浩然之气”。《孟子·公孙丑上》：

（公孙丑）曰：“敢问夫子之不动心，与告子之不动心，可得闻与？”

告子曰：“不得于言，勿求于心；不得于心，勿求于气。”不得于心，勿求于气，可；不得于言，勿求于心，不可。夫志，气之帅也；气，体之充也。夫志至焉，气次焉。故曰：“持其志，无暴其气。”

“不动心”看来是当时修身的一个术语，应该就是《管子》中的“不以物乱官，不以官乱心”和《庄子》中的“心斋”。“不得于言，勿求于心”就是“不以官乱心”，不让听到的东西扰乱心思。[②]“不得于心，勿求于气”中的“气”相当于《管子》和《庄子》中的“神”，就是《庄子》的“外于心知”，不让心知扰乱心神。赵岐说告子对人之恶言恶心加诸己，“直怒之矣”[③]，正好说明告子是“动心”，甚失告子之意。焦循说，此不动心只是老子所云宠辱不惊，近乎告子之意。[④]朱熹认为，告子不理解人言则不求其理于心，更是望文生义。

---

① 郭沫若：《十批判书》，第166页。

② 郭沫若：《十批判书》，第167页。

③ ［清］焦循：《孟子正义》，第115页。

④ ［清］焦循：《孟子正义》，第115页。

其实，告子之语正是《庄子·逍遥游》“举世而誉之而不加劝，举世而非之而不加沮，定乎内外之分，辩乎荣辱之境”的写照。所谓“不得于言”“不得于心”是听到的或心里想到的与己之心志不合，不是说自己不理解，或者自己被恶言、恶心所加。“勿求于心”“勿求于气”是不让这些与己之意志不合的东西乱心乱神。这就是庄子所说的：“若夫人者，非其志不之，非其心不为。虽以天下誉之，得其所谓，謷然不顾；以天下非之，失其所谓，傥然不受。天下之非誉，无益损焉，是谓全德之人哉！”(《庄子·天地》)

孟子其实是傲视世俗之非誉的，这就是他所说的“富贵不能淫，贫贱不能移，威武不能屈”之大丈夫，所以他接受“不得于心，勿求于气”，不让不合己意的东西扰乱自己的心神。但是，他要批邪说，就必须对“言”有所考察，不可置之不顾。因此，他不同意告子的“不得于言，勿求于心”。其“知言”正是从卫道和社会影响的角度上，而不是从道家或告子的洁身来说的：

> 诐辞知其所蔽，淫辞知其所陷，邪辞知其所离，遁辞知其所穷。生于其心，害于其政；发于其政，害于其事。圣人复起，必从吾言矣。(《孟子·公孙丑上》)

据此，我们可以明白孟子的儒家立场与告子的道家立场之区别。告子的“不动心”是漠然世外、忘却物我，达到庄子的“凝神”和“坐忘”。孟子所谓的“不动心”实际上是“不动神”，是自己的志气不受外在环境的影响，是“虽千万人，吾往矣”的坚定志向，而不是不动判断是非之心。相反，他要“知言”，要批邪说，要常常“动心”。这样，我们便过渡到孟子的“不动心”——浩然之气。

孟子“浩然之气”的“气”，是神或心理状态。《礼记·祭义》：“气也者，神之盛也。”《淮南子·原道训》：“夫形者生之舍也，气者生之充也，神者生之制也。”在这一点上，孟子与庄子、管子、告子是一致的。“志”则是心之所向。《论衡·无形》：“性情神志，皆不离乎气，以其能别同异、明是非，则为志。”因此，“志”是有所选择的，有是非分别的，在孟子这就是“义”和“道”。孟子要求用志来指引气，或者说用道义来主导自己的心理情趣。这一点与庄子、告子等人不同。庄子、告子只是要超越是非分别，达到一个浑沌的无我之境，从而对世间的是非超然世外。因此，王夫之批评庄子和告子“以义为繁难而外之”[①]。孟子既然要以志帅气，肯定要以持志或守志为主，因为只有有了志向，一个人才可以有用力的方向，调动一切能量来达到目的。但是，孟子也看到了“暴其气”对志向的影响。“暴”，乱也。所谓“暴其气”，就是胡乱地用其气，主要指以期必之心来指导自己的气或活动。一旦有了期必之心，就会像宋人拔苗助长伤害禾苗那样，伤害其气，扰乱心神。

为了培养“浩然之气”，孟子可谓兼用道家的自然和自己的“以志帅气”。首先，他要求“直养而无害”。“直”是“直道而行”

① ［明］王夫之：《张子正蒙注》，《船山全书》第12册，第260页。

之直，是顺其自然，不用心思之义。意思是，孟子要求养气要顺自然，不要有所期必，就像农人养护禾苗一样，顺应自然规律。其次，他要求“配义与道”来养气。这是他区别于庄子、告子之处。这个“义”和“道”是儒家的是非判断。“义”是宜，是是非之条理，“道”是准则，是孟子所谓的“求之有道，得之有命”(《孟子·尽心上》)之道。孟子要求以道义充塞于气和心之中，这样就可以使自己的气充塞天地之间，成为浩然之气，不为任何世俗险难所动心，这就孟子的“不动心之道”。王阳明说：“孟子不论心之动与不动，只是集义。所行无不是义，此心自然无可动处。”[①]一语点出了孟子“不动心”与“浩然之气”的关系。

如果比较孟子的浩然之气与《管子》对“气之充”的描写，可见孟子对道家养气说的袭取。《管子·心术下》说：“是故意气定然后反正。气者，身之充也。行者，正之义也。充不美则心不得。”《管子·内业》说：“精存自生，其外安荣。内藏以为泉原，浩然和平，以为气渊。渊之不涸，四体乃固。泉之不竭，九窍遂通，乃能穷天地，被四海。”前者讲以“意气”主导气之充；后者指出，如能存得“精气”，就能够成为气的渊源，就能够“穷天地，被四海”。孟子的发展只是将“意气”换成“义道”，而将“疾然和平，以为气渊”改为“其为气也，至大至刚，以直养而无害，则塞于天地之间”。所以，郭沫若说：“这所谓‘灵气’(《内业》‘灵气在心’)，在我看

① 陈荣捷:《王阳明传习录详注集评》，台湾学生书局1983年版，第329—330页。

来，毫无疑问便是孟子的‘浩然之气’。《内业篇》也正说：‘精存自生，其外安荣，内藏以为泉原。浩然和平，以为气渊。’孟子显然是揣摩过《心术》、《内业》、《白心》这几篇重要作品的。只是孟子袭取了来，稍为改造了一下。”[①]又说：“事实上《孟子》上所受的影响还不仅这一点，所谓‘养心莫善于寡欲’，所谓‘万物皆备于我’，所谓‘上下与天地同流’，无一不是受了影响的证据。”[②]据此，郭沫若得出结论：“庄子的大我观出发点虽然和孟子略有不同，但结果是一致的。他们两人约略同时，大约同是出于一种的宗教情操的产物。”[③]这个宗教情操是什么呢？就是道家的“道”，在《庄子》称为大宗师，在《孟子》称为浩然之气，它们充塞天地之间。不同的是，一个要乘天地之正，御六气之辨，以游无穷；另一个要充塞天地，达到“虽千万人，吾往矣”的大丈夫精神。

《孟子》和《庄子》为我们留下了丰富的精神财富。习近平总书记指出：“学习和掌握其中的各种思想精华，对树立正确的世界观、人生观、价值观很有益处。古人所说的‘先天下之忧而忧，后天下之乐而乐’的政治抱负，‘位卑未敢忘忧国’、‘苟利国家生死以，岂因祸福避趋之’的报国情怀，‘富贵不能淫，贫贱不能移，威武不能屈’的浩然正气，‘人生自古谁无死，留取丹心照汗青’、‘鞠躬尽瘁，死而后已’的献身精神等，都体现了中华民族的优秀传统文化和

---

① 郭沫若：《十批判书》，第166—167页。

② 郭沫若：《十批判书》，第167页。

③ 郭沫若：《郭沫若全集·历史编》第1卷，第370页。

民族精神，我们都应该继承和发扬。”[①]因此，澄清和理解《孟子》和《庄子》，为我们正确理解社会主义核心价值观，对推动中国社会发展进步、促进中国社会利益和社会关系平衡，都将发挥十分重要的作用。同时，中国优秀传统文化中丰富的哲学思想、人文精神、教化思想、道德理念等，也蕴藏着解决当代人类面临的难题的重要启示，可以为人们认识和改造世界提供有益启迪，可以为治国理政提供有益启示，也可以为道德建设提供有益启发。

---

① 习近平:《在中央党校建校80周年庆祝大会暨2013年春季学期开学典礼上的讲话》,《人民日报》2013年3月1日。

第八章　魏晋风度：循名教还是任自然

“中华文明历史悠久，从先秦子学、两汉经学、魏晋玄学，到隋唐佛学、儒释道合流、宋明理学，经历了数个学术思想繁荣时期。”[①]中国历代古圣先贤的思想与智慧，为中华文明的灿烂历史作出了重大的贡献，也是一笔超越时代的精神财富。今天我们回过头来重新审视挖掘历代先贤的思想，能够更好地为建设中国特色哲学社会科学发挥应有的作用。

一、汉代的儒家教化

战国时期的百家争鸣最后以法家胜出而结束。商鞅、吴起等人看到了周朝宗法制度的弊病，要求限制宗室贵族之特权，加强中央集权，对儒家的仁义政策进行了猛烈的批判。特别是，商鞅要求男子成年必须结婚，分门立户，既增加了秦国的税收，也破坏了宗法

① 习近平：《在哲学社会科学工作座谈会上的讲话》。

制度，提高了政府的管理效率，为秦国统一天下做好了准备。相对地，其他所谓的强国，还蹒跚在宗法制度的泥潭中，国君的权力被宗室权力或限制或削弱。历史上有名的四公子信陵君、平原君、孟尝君和春申君，表面上是贤能之人，实际上却是权臣，扰乱所在国的政务。秦朝历经几代人的努力，到秦始皇时统一了天下。可以说，秦国是以法家学说作为国策而统一天下的。

汉承秦制。汉初的黄老政治表面上是休养生息，实际上是以秦朝法治来治理天下的。因为黄老的“道”与法家的“法”从客观性和齐一性上是相通的。其不同之处在于：黄老任自然，以天或自然齐一天下；法家以统治者之执法必严来齐一天下。《管子·心术上》“法出乎权，权出乎道”道出了道、法之关系。许地山认为《管子》的《内业》《白心》《心术上》《心术下》四篇是稷下道家的遗著，体现了慎到、田骈等人齐万物的思想。他说：“从这理论发展出来，人间一切若得其法，虽然没有贤智的人来指导也可以治理，结果，只要有了固定的法则，天下便治了。慎到被归入刑名家就是这个原故。《荀子·解蔽篇》说：‘慎子蔽于法而不知贤。’有法无贤，是稷下道家底一派。这种对于法底全能底态度是道家一派转移到法家底枢纽。”[①]

汉武帝虽然在董仲舒的建议下，“罢黜百家，独尊儒术”，但是正如容若所指出的，汉武帝何曾罢黜百家？容若说：“汉武帝求变，在文、景‘好黄老刑名’的基础上，广及其他各家各派，儒学

① 许地山：《道教史》，第47页。

比前重视，也是很自然的。多用几个儒臣，甚至‘表章六经’，也不足奇怪。把汉武帝较文景重儒，夸张为‘罢黜百家’，根本经不起考证。”[①]汉武帝之孙，汉宣帝在回答太子刘奭“陛下持刑太深，宜用儒生”时，一语道破了汉家之制度。“汉家自有制度，本以霸王道杂之，奈何纯(住)〔任〕德教，用周政乎！且俗儒不达时宜，好是古非今，使人眩于名实，不知所守，何足委任！”[②]可以说，汉家大倡儒术，应当是在汉元帝之后。这从刘向、刘歆父子校书，设置《春秋左传》博士等可以证明。

如果说西汉对儒家的推崇仅仅是停留在以孝治天下的名号上，东汉光武帝刘秀则是真诚地将儒家的礼义应用于修身和治国。据《资治通鉴》记载，建武五年十月，“初起太学。车驾还宫，幸太学，稽式古典，修明礼乐”[③]。因此，王夫之称赞说：“天下未定，战争方亟，汲汲然式古典，修礼乐，宽以居，仁以行……三代以下称盛治，莫有过焉。”[④]在统一天下之后，光武帝及其子孙虔诚地行郊祭、籍田之礼，接待三老五更，开经筵学习五经，继续施行西汉以来的举贤良政策。当宗室聚会之时，刘秀则直接声明：“吾理天下，亦欲以柔道行之。”[⑤]王夫之解释说：“柔者非弱之谓也，反本自治，顺人心

① 容若:《汉武帝何曾“罢黜百家”》,《明报月刊》1990年11月。

② ［汉］班固:《汉书·元帝纪》，第277页。

③ ［宋］司马光:《资治通鉴·汉记三十三》，中华书局1956年版，第1335页。

④ ［明］王夫之:《读通鉴论》,《船山全书》第10册，第229—230页。

⑤ ［宋］范晔撰,［唐］李贤等注:《后汉书》，中华书局1965年版，第68—69页。

以不犯阴阳之忌也。”[①]换言之，就是以仁爱包容来治理天下。汉明帝更是亲自为天下表率，修礼乐、崇三老五更。

汉章帝亲自裁定五经博士之争论。可以说，整个东汉是真正以礼教或儒术治国的。但是，礼教的核心是亲亲，是由亲亲而来的仁孝。这就是为什么汉人要“移孝为忠”的原因。且不说移孝为忠是否可行，亲亲必然导致任人唯亲，从而影响贤人的任用和公正的执行。于是，整个东汉外戚专权层出不穷，梁冀、窦宪、何进是其大者。为对付外戚专权，皇帝启用了宦官，又导致宦官专权和乱政。外戚和宦官的专权乱政必然会使汉朝的察举征辟政策失效。葛洪说“举秀才，不知书，察孝廉，父别居”（《抱朴子·外篇·审举》），指的就是这种腐败现象。

当然，政治腐败往往和政策的工具化有关。外戚本来是皇帝利用亲情来加强王权的，结果却使外戚专权和背叛皇帝。察举征辟本来是选拔贤良辅助治国的，结果却是人们结党营私、沽名钓誉以滥竽充数。老子曾说：“天下皆知美之为美，斯恶已；皆知善之为善，斯不善已。”（《老子》第二章）所以，老子反对推崇仁义，主张无为，不要去激发人们的欲望和私智。可是，汉代的征辟察举制却一步步地走向老子所反对的境地。人们为了获得推荐资格，广泛结交世人以追逐名声。徐幹说：

① ［明］王夫之：《读通鉴论》，《船山全书》第10册，第223页。

桓灵之世，其甚者也。自公卿大夫、州牧、郡守，王事不恤，宾客为务；冠盖填门，儒服塞道……详察其为也，非欲忧国恤民，谋道讲德也；徒营己治私，求势逐利而已。有策名于朝而称门生于富贵之家者，比屋有之。为之师而无以教，弟子亦不受业。然其于事也，至乎怀丈夫之容，而袭婢妾之态；或奉货而行赂，以自固结，求志属托，观图仕进。然掷目指掌、高谈大语。若此之类，言之犹可羞，而行之者不知耻。嗟乎！王教之败，乃至于斯乎？（《中论·谴交》）

这种结交的华而无实使原来选拔贤良的标准完全变成了空洞的形式。原来对士人评价的孝悌、诗赋、教训等都成了一纸空文，而选拔出来的人不是伪君子，就是伪学士。王符曾慨叹："教训者，以道义为本，以巧辩为末。辞语者，以信顺为本，以诡丽为末。列士者，以孝悌为本，以交游为末。孝悌者，以致养为本，以华观为末。人臣者，以忠正为本，以媚爱为末。"（《潜夫论·务本》）而今，世人皆舍本而务末，是非黑白全部颠倒了。一个广为流传的事例就是陈蕃见到的伪孝子。《后汉书·陈蕃传》载：

民有赵宣葬亲而不闭埏隧，因居其中，行服二十余年，乡邑称孝，州郡数礼请之。郡内以荐蕃，蕃与相见，问及妻子，而宣五子皆服中所生。蕃大怒……遂致其罪。

《后汉书·黄琼传》则记述了一些伪学士：

> 近鲁阳樊君被征初至，朝廷设坛席，犹待神明。虽无大异，而言行所守无缺。而毁谤布流，应时折减者，岂非观听望深，声名太盛乎？自顷征聘之士，胡元安、薛孟尝、朱仲昭、顾季鸿等，其功业皆无所采，是故俗论皆言处士纯盗虚声。

这种腐败的政治和人才选拔必然遭到民众的不满，于是产生了“清议”。所谓“清议”，就是在野派和有正义感的士大夫群体对朝政的评论。这种评论以“拯救时弊”为目的，其初衷是使社会各阶层重新步入正道，以求得太平政治。其实，清议就是社会舆论、街坊邻里的社会评论，小到对一个人的品行之鉴定，大到对皇帝国家政事好坏之议论。社会腐败之时，清议常常至为激烈。顾炎武曾说：“天下风俗最坏之地，清议尚存，犹足以维持一二。至于清议亡，而干戈至矣。”[①]

二、由清议到清谈

清议的矛头对准的是当权者，包括东汉末年的宦官，必然遭到当权者的镇压，于是产生了“党锢之祸”。《后汉书·党锢传》说：

---

① ［清］顾炎武著，周苏平、陈国庆点校：《日知录》，甘肃民族出版社1997年版，第600页。

逮桓灵之间，主荒政缪，国命委于阉寺，士子羞于为伍，故匹夫抗愤，处士横议，遂乃激扬名声，互相题拂，品核公卿，裁量执政，婞直之风，于斯行矣。

党锢虽然激励了一些人杀身成仁，如范滂、杜密等，但它使更多的人因顾及自己和家庭的安危而远离政治。余英时称之为“士的自我觉醒”（余英时：《士与中国文化》），实际是人们对政治的失望和对生命的珍视。《后汉书》中记述了不少这样的事例。例如，廖扶“感父以法丧身，惮为吏。及服终而叹曰：‘老子有言：“名与身孰亲？”吾岂为名乎！’遂绝志世外。……州郡公府辟召皆不应”（《廖扶传》）。许劭说：“方今小人道长，王室将乱，吾欲避地淮海，以全老幼。”（《许劭传》）袁闳见天下乱，“欲投迹深林。以母老不宜远遁，乃筑土室，四周于庭，不为户，自牖纳饮食而已”（《袁闳传》）。周勰“慕老聃之清静，杜绝人事，巷生荆棘，十有余岁”（《周勰传》）。这种对政治的失望和对生命价值的反思必然导致士人回归老庄思想。这样，“清议”便过渡到了“清谈”。

“清谈”其实是“清议”的继续，不同之处在于由原来的批评时政、品核公卿转移到重点评判个人之品性和能力（才性），因为才性是衡量一个人能否胜任官位和享有盛名的关键。所以，当曹操获得许劭之品评“君清平之奸贼，乱世之英雄”后，大笑而去。何晏曾经评价夏侯玄、司马师和自己说：“唯深也，故能通天下之志，夏侯泰初是也；唯几也，故能成天下之务，司马子元是也；唯神也，不疾而速，不行而至，吾闻其语，未见其人。”（《魏氏春秋》）何晏以《周易易传》来分别三人，将自己视为通神入化之人，不再是简单的仕途预测。但是，这种人物品评逐渐地发展为对人格和气象的评价，而不再局限于预测个人之能力和前途。例如，郭泰评价袁奉高、黄叔度说：“奉高之器，譬诸泛滥，虽清而易挹。叔度汪汪若千顷陂，澄之不清，淆之不浊，不可量也。”（《后汉书·黄宪传》）“世目李元礼：‘谡谡如劲松下风。’”（《世说新语·赏誉第八》）“庾子嵩目和峤：‘森森如千丈松，虽磊砢有节目，施之大厦，有栋梁之用。’”（《世说新语·赏誉第八》）“太尉神姿高彻，如瑶林琼树，自然是风尘外物。”（《世说新语·赏誉第八》）清谈既然是对才性的品评，必然涉及对人的能力、性情和品格的裁定。这样，《周易》的预测和老庄的境界自然成为人们品评的工具。何晏就是用《周易》的深、几和神来分别人品的高低。廖扶和周勰更是以老庄思想为自己的品评找到根据。或许，这可以解释为什么《周易》《老子》和《庄子》会并称“三玄”。

三、名教与自然

清谈的盛行既然是对政治的回避、对社会腐败的漠视和对自己生命价值的反思，必然导致士人蔑视礼教，因为那些社会腐败是以礼教的名义进行的。于是，前有戴良，后有阮籍，皆在守丧期间蔑视礼法，食肉饮酒。当外人问及时，一个说："礼所以制情佚也。情苟不失，何礼之论！夫食旨不甘，故致毁容之实。若味不存口，食之可也。"（《后汉书·戴良传》）一个则"饮酒二斗，举声一号，吐血数升。及将葬……举声一号，因又吐血数升。毁瘠骨立，殆致灭性"（《晋书·阮籍传》）。其作为不但出自真性情，还是对世上伪君子的蔑视。他们之所以如此，是要警醒世人，不要被外在的礼节掩盖了真情自然，也不要为统治者（司马氏）倡导孝悌仁义忠信的外表所迷惑。相较于二者，孔融的行为则更为大胆，直接挑战儒家的根本——亲亲之孝，以致招来杀身之祸。孔融说：

> 父之于子，当有何亲？论其本意，实为情欲发耳。子之于母，亦复奚为？譬如寄物瓶中，出则离矣。（《后汉书·孔融传》）

孔融之言论虽说源自道家，但即便是庄子，也从未敢挑战亲亲之情，而视"子之爱亲"（《庄子·人间世》）为天下之大戒。置于当今，人们对这种"无情"之言论，仍然会感到震惊。孔融与祢衡在什么语境下发出此论已不可考，但是其蔑视汉代以来的礼教的用意是非常明显的。其目的就是抛弃一切的虚伪的、外在的礼义文饰，回归自然的、本真的原始状态。但是这种回归即使对庄子来说，也确实有点太远了。所以，有人说："魏晋玄学所论的'自然'与遵奉老庄思想的道家所崇尚的天然、本然、质朴状态的本体并不一样，是对国家政治失去信心的一部分士人的精神避难所和其心理机制的自我平衡与调节。"①

戴良的"情苟不佚，何礼之论"，开启了汉魏之际的名教与自然之辩。世人一般将名教、自然的关系分为名教出于自然、越名教而任自然和名教即自然三个阶段。但实际上，前二者是一个阶段，都是越名教而任自然。坚持"名教出于自然"的人们所乐道的是下述引文：

> 始制，谓朴散始为官长之时也。始制官长，不可不立名分以定尊卑，故始制有名也。过此以往，将争锥刀之末，故曰："名亦既有，夫亦将知止"也。遂任名以号物，则失治之母也。故"知止所以不殆"也。②

"朴"是无名之状态；"有名"是以名称分别万物，包括礼义名教。但是，王弼并不赞成以"有名"治理天下。他要求人们时刻牢记"立名分以定尊卑"只是治理天下的权宜之计，应该尽快复归自然。否则，迷于名号礼教，就会"将争锥刀之末"而"失治之母"。"母"就是道，就是自然。可见，王弼的初衷仍然是以自然为宗，或超越名教的。又如：

---

① 乔凤岐：《"名教"与"自然"之辩及向秀对二者关系的调和》，《郑州大学学报》(哲学社会科学版)2016年第2期。

② ［魏］王弼著，楼宇烈校释：《王弼集校释》，第82页。

何晏《无名论》曰："为民所誉，则有名者也；无誉，无名者也。若夫圣人，名无名，誉无誉，谓无名为道，无誉为大。则夫无名者，可以言有名矣；无誉者，可以言有誉矣。然与夫可誉可名者岂同用哉？"……夏侯玄曰："天地以自然运，圣人以自然用。自然者，道也。道本无名，故老氏曰强为之名……夫唯无名，故可得遍以天下之名名之。"[①]

何晏仍然是以"无名""无誉"为大，是要超越有名有誉而达到无名无誉。夏侯玄说得更清楚，直接以道和自然为无名，唯达到自然，才能统率天下之众名。因此，从本体论或政治论上，玄学最初的三位元老都不是简单地肯定"名教出于自然"，而是认为自然高于名教。所以，王弼说："夫礼也，所始首于忠信不笃，通简不阳，责备于表，机微争制，夫仁义发于内，为之犹伪，况务外饰而可久乎！故夫礼者，忠信之薄而乱之首也。"又："本在无为，母在无名。弃本舍母，而适其子，功虽大焉，必有不济；名虽美焉，伪亦必生。"[②]这里首先指出，礼是对外表的要求，是外饰，是不可长久的。其次，他又指出，道或自然之情是内、是母，而礼是子、是外，因此不可倡导。其实，王弼等人对名教的态度也可以从后人的批判中反映出来。晋人范宁就认为："王何蔑弃典文，不遵礼度……遂令仁

① 杨伯峻：《列子集释》，中华书局1979年版，第121页。

② ［魏］王弼著，楼宇烈校释：《王弼集校释》，第94页。

义幽沦，儒雅蒙尘，礼坏乐崩，中原倾覆。”（《晋书·范宁传》）可见，王弼、何晏是以自然为宗而蔑视礼教的。

因此，王弼与嵇康等人的越名教而任自然并无本质的不同。他们都要求复归自然，不要被礼教的外在形式所束缚或误导。他们以性情为本质，以礼教为外在的粉饰，是对韩非“礼者，所以貌情也”（《韩非子·解老》）的继续。其细微区别在于，王弼可能对礼还有一丝容忍，要求暂时用之而尽快复归自然；而嵇康等人则要求纯粹地任自然而忘却名教。下面我们来看一下嵇康、阮籍对“越名教而任自然”的论述。嵇康说：

> 夫称君子者：心无措乎是非，而行不违乎道者也。何以言之？夫气静神虚者，心不存乎矜尚；体亮心达者，情不系于所欲。矜尚不存乎心，故能越名教而任自然；情不系于所欲，故能审贵贱而通物情。物情通顺，故大道无违；越名任心，故是非无措也。①

这里，嵇康首先指出，君子要超越是非、行不违道。“气静神虚”“体亮心达”实际上就是庄子所说的心斋或虚室生白。如果一个人心神镇定、通彻物理，就会忘却外在的礼仪和内在的情欲，就能够超越名教

① ［魏］嵇康著，戴扬明校注：《嵇康集校注》，人民文学出版社1962年版，第234页。

是非，顺应本性自然而为。这就是庄子所说的："圣也者，达于情而遂于命也。"（《庄子·天运》）在《难自然好学论》中，嵇康更详细地解释了何为名教，何为自然。在他看来，自然是人们顺应自己的本性或本能生活，是《庄子·天道》中的至德之世。在那个世界里，"君无文于上，民无竞于下，物全理顺，莫不自得。饱则安寝，饥则求食"[①]。这里需要澄清的是，关于远古之人的生活有两种推测：一种是老子的小国寡民和庄子的至德之世，认为人们会生活在无识无知、自然相爱的社会之中；另一种是荀子和韩非子的推测，认为人们因为没有等级和秩序而相互争夺。考古学家张光直从大量实地观测发现，古人或原始人并不是像我们想象的那样野蛮和好斗，而是非常仁慈和互爱。[②]因此，老子和庄子所说的至德之世人们若婴儿之无知的状态倒更接近事实。据此，我们可以说，人类文明是从"无识无知"向"机心竞争"发展的，后人在利益的刺激下，变得愈加虚伪和奸诈。老子和庄子看到了这一点，嵇康也认为，仁义礼乐乃是对远古大道的破坏，说："及至人不存，大道陵迟，乃始作文墨，以传其意，区别群物，使有类族，造立仁义，以婴其心，制其名分，以检其外，劝学讲文，以神其教。"[③]据此，他得出结论："六经以抑引为主，人性以从欲为欢，抑引则违其愿，从欲则得自然。"[④]言下之意，六经之礼义乃是对

---

① ［魏］嵇康著，戴扬明校注：《嵇康集校注》，第259页。

② 张光直：《考古学专题六讲》，第18页。

③ ［魏］嵇康著，戴扬明校注：《嵇康集校注》，第259—260页。

④ ［魏］嵇康著，戴扬明校注：《嵇康集校注》，第261页。

人性自然的束缚，是应该摒弃的。

人们或说，荀子早就说过，人性若不以礼义节制之，就会泛滥作恶。庄子也说过，欲望乃性之蒹葭，如果应用不好，就会反过来伤害本性自然（《庄子·则阳》）。难道嵇康不知道吗？嵇康当然知道。嵇康的目的是抨击司马氏集团伪善的假名教。但又不能直接斥责，只好以反真的方式来批评他们的作伪。谢大宁说："嵇康写释私论是有现实因缘的，那是在司马家夺得政权，由于司马家乃是世家大族出身，所以刻意提倡名教，以名教来成其私的状况下，因而引起出身曹家的嵇康之批判的。"[①]阮籍作为嵇康的挚友，以食肉喝酒的方式为母亲守丧，也是出于一种社会批判，批判司马氏篡权和不敬曹魏皇室。但是，他的这种极端蔑视礼教的行为，反而说明他很在意礼教。因此，鲁迅说，阮籍那样"表面上毁坏礼教者，实则倒是承认礼教，太相信礼教"[②]。阮籍和嵇康对曹魏的忠诚和对司马氏篡权的蔑视其实正是他们对礼教重视的表现，反而不像庄子那样将这种权力争斗看作触、蛮二氏微不足道的争夺（《庄子·则阳》）。最终，他们被司马氏杀害也证实了其"越名教而任自然"只是一种政治态度，而不是一种行身方式。

嵇康、阮籍的"越名教而任自然"为后人所效法，这些人可以

---

① 谢大宁：《再论魏晋玄学与儒道会通》，《吉林师范大学学报》（人文社会科学版）2017年第1期。

② 鲁迅：《魏晋风度及文章与药及酒之关系》，《鲁迅杂文辞典》，山东教育出版社1986年版，第293页。

说是真“任自然”，但是没有“越名教”，因为他们是借用越名教满足其动物性本能和权力欲望，是工具化地利用名教和自然。《世说新语·德行》注引王隐《晋书》载：

> 魏末阮籍，嗜酒荒放，露头散发，裸袒箕踞。其后贵游子弟阮瞻、王澄、谢鲲、胡毋辅之之徒，皆祖述于籍，谓得大道之本。故去巾帻，脱衣服，露丑恶，同禽兽。甚者名之谓‘通’，次者名之谓‘达’。

可以说，阮籍的狂放是有精神依托的，以蔑视司马氏的伪名教而有意为之。但是，后人的模仿却成了东施效颦，为狂放而狂放。这就像《庄子》中画师之裸裎是专心于画而忘记外物，而后代艺人之怪异其形是为了标新立异而吸引外物，内心中则空空也。

这些“东施效颦”者对名教或社会风俗的践踏必然引起正统派的反击。原其始乃在于王弼、嵇康等人对自然的推崇和对名教的蔑视。特别是，王弼以“无”为道、为自然，这样将“体道”视作超越任何规定性的境界。①于是，人们以顺性自然为通达，以拘泥于礼法

① 王弼注《老子》第四十二章说：“万物万形，其归一也。何由致一？由于无也。由无乃一，一可谓无？……过此以往，非道之流。故万物之生，吾知其主，虽有万形，冲气一焉。”这是说，万物都出于一气之自然变化，是在人的命名下而出现二、三等多。其注《老子》第三十二章：“朴之为物，愦然不偏，近于无有，故曰‘莫能臣’也。抱朴无为，不以物累其真，不以欲害其神，则物自宾而道自得也。”“朴”就是道，就是无或自然。顺自然就可以统领万物而合于大道。

为俗行。为反击这种打着自然旗号而蔑视礼法的行为，必须首先要破王弼、何晏等人的贵无论。因为只有肯定世界为实有、有形、有象、有条、有理的，才能为儒家的名教找到存在的根据。所以，裴颁《崇有论》首先说：

> 夫总混群本，宗极之道也。方以族异，庶类之品也。形象著分，有生之体也。化感错综，理迹之原也。……是以生而可寻，所谓理也。理之所体，所谓有也。①

裴颁指出，物各有形，有形故可以相感。物各有类，有类自然有共性条理。可以相感，又有共性，那么按共性制定礼义原则以治理万物，自然也是可行的。这样，就回到了孟子、荀子认为人有共性，圣人先得之，制定之为礼义，以协调天下。

接着，裴颁认为人们虽然“宝生存宜，其情一也”。但是若“淫抗陵肆”，就会招致祸害，就会“以厚生而失生”。意思是，本欲足欲以养生，结果却纵欲而伤生。裴颁从对“无”的批判转移到对“纵性任自然”的批判。他说：“贱有则必外形，外形则必遗制，遗制则必忽防，忽防则必忘礼。”②在他看来，正是因为何晏等人“盛称空无之美”，才导致世人“忽容止之表，渎弃长幼之序，混漫贵贱

① ［唐］房玄龄等：《晋书》，中华书局1974年版，第1044页。

② ［唐］房玄龄等：《晋书》，第1044页。

之级。其甚者至于裸裎，言笑忘宜，以不惜为弘”[①]。基于此，我们不同意许抗生先生将“有无”关系划为本体论，而将“名教自然”关系划入政治学说的简单划分。[②]因为无就是自然。有或有名包括名教之礼义法度。正是因为贵无，才导致超越一切礼义规则，从而达到对名教的超越，对自然或纵性的追求。

如果说裴頠是从“崇有”的角度反驳“越名教而任自然”，郭象则直接从“有”的角度论证“因自然以行名教”。郭象首先肯定天地万物是有，是自然而有，不是出自空无。他说：

> 一者有之初，至妙者也。至妙故未有物理之形耳！夫一之所起，起于至一，非起于无也。(《庄子·天地注》)
>
> 非唯无不得化而为有也，有亦不得化为无矣。是以夫有之为物，虽千变万化，而不得一为无也。不得一为无，故自古无未有之时而常存也。(《庄子·知北游注》)

“一”作为初始之有，是本有，不是出于虚无。他进一步指出，“有”“无”互不转化，“有”者恒有，“无”者恒无，不存在“有”化为“无”的情形。这种观点其实就是庄子“通天下一气也”的新的表述。既然天底下只有一气流行，只有这一气不同形态之变化，

---

① ［唐］房玄龄等：《晋书》，第1045页。

② 许抗生：《谈谈玄学中“名教与自然”问题和“有无”之辩的关系》，《孔子研究》1994年第3期。

而不存在从“有”到“无（虚无）”或从“无（虚无）”到“有”的变化。从这个角度上说，郭象认为的“无”是虚无，与裴頠将“虚无”视作“有之所谓遗者也”（《晋书·裴頠传》）是一致的。既然“有”“无”不能相互转化，郭象于是用“独化”来解释万物的生起。他说：

是以涉有物之域，虽复罔两，未有不独化于玄冥者也。故造物者无主，而物各自造，物各自造而无所待焉，此天地之正也。（《庄子·齐物论注》）

故人之所因者，天也；天之所生者，独化也。（《庄子·大宗师注》）

然则凡得之者，外不资于道，内不由于己，掘然自得而独化也。（《庄子·大宗师注》）

夫死者，独化而死耳，非生者生此死也。生者，亦独化而生。（《庄子·知北游注》）

观“独化”在语境中的含义，其实就是自然，就是大化流行。罔两、得失和死生都只是自然之变化的不同阶段，不存在一个主宰者或造物者，也不存在一个开始。基于这个观点，仁义、礼法也可以是自然之阶段。他注《庄子·天道》“是故古之明大道者，先明天而道德次之，道德已明而仁义次之，仁义已明而分守次之”一段说：

> 天者，自然也。自然既明，则物得其道也。物得其道而和，理自适也。理适而不失其分也。得分而物物之名各当其形也。无所复改。物各自任，则罪责除也。各以得性为是，失性为非。赏罚者，失得之报也。夫至治之道，本在于天而末极于斯。

这说明，郭象承认仁义、分守和赏罚也是“独化”而来的，是自然而然的。《庄子·齐物论注》中更明确地说：“故知君臣上下，手足内外，乃天理自然。”但是，郭象同老子和庄子一样，要求人们守道以行仁义礼法，而不是执着于仁义礼法，否则就会违背自然，偏离大道，使仁义礼法成为戕害人性的工具。“夫仁义者，人之性也。人性有变，古今不同也。”“况夫礼义，当其时而用之，则西施也；时过而不弃，则丑人也。”（《庄子·天运注》）他要求的是基于自然而行仁义礼法。这个观点在注释“牛马四足，是谓天；落马首，穿牛鼻，是谓人”时表现得尤为明了：

> 人之生也，可不服牛乘马乎？服牛乘马，可不穿落之乎？牛马不辞穿落者，天命之固当也。苟当乎天命，则虽寄之人事，而本在乎天也。（《庄子·秋水注》）

这样，名教之仁义礼法不是不可有、不可为，而是要本于自然天性而为。郭象认为，牛马生来就适合穿落，人们因此天性而穿落之，是合于天然的。后来，王夫之《庄子解》基本上全盘承袭了郭象的观点。我们或许会问，牛马真的生性就适合穿落吗？郭象和王夫之明显是以人类之利益代替了自然天命。但是，这也正好体现出，郭象已经像裴頠一样，转向了用自然来维护名教，试图完成儒道在新的层面上融合。许抗生在《谈谈玄学中“名教与自然”问题和“有无”之辩的关系》中说“魏晋时代玄学兴起，它总结了汉代儒家名教之治失败的教训，从而研讨了名教（有为）与自然（无为）关系问题，希望能把两者统一起来，以救汉代名教之弊”是非常有见地的。

四、玄学的衰落和佛教的挑战

但是，裴頠、郭象对名教的维护在当时只是玄风大潮中的一点微弱的声音。在何晏、王弼、嵇康等人开展的贵无、越名教、任自然的玄风吹拂下，社会上逐渐形成了裴頠所说的风尚：

> 是以立言藉于虚无，谓之玄妙；处官不亲所司，谓之雅远；奉身散其廉操，谓之旷达。故砥砺之风，弥以陵迟。放者因斯，或悖吉凶之礼，而忽容止之表，渎弃长幼之序，混漫贵贱之级。其甚者至于裸裎，言笑忘宜，以不惜为弘，士行又亏矣。[①]

① ［唐］房玄龄等：《晋书》，第1045页。

较晚的干宝则如此描绘西晋社会风气：

> 朝寡纯德之士，乡乏不二之老。风俗淫僻，耻尚失所。学者以老庄为宗，而黜《六经》；谈者以虚薄为辩，而贱名俭；行身者以放浊为通，而狭节信；进仕者以苟得为贵，而鄙居正；当官者以望空为高，而笑勤恪。[①]

士人如此，官员如此，难怪乎西晋之“八王”各自觊觎天子之位，争斗不休。天下鲜死节之士，而听任晋室之沉浮。特别是何晏、王弼的追随者王衍，位居三公，却崇尚玄虚。裴頠虽“著论以讥之，而衍处之自若”，但等到被石勒俘虏，却自说少不豫事，欲求自免，并劝石勒称帝。石勒却并没有为此而高兴，而是愤怒地问他：“君名盖四海，身居重任，少壮登朝，至于白首，何得言不豫世事邪！破坏天下，正是君罪。”[②]石勒念及王衍是名士，不忍用刀子杀他，让人将墙推倒，把他压死。衍将死，顾而言曰：“呜呼！吾曹虽不如古人，向若不祖尚浮虚，戮力以匡天下，犹可不至今日。”[③]

王衍的死既是西晋的终结，也是玄学的高峰。它揭示了越名教而任自然不可行，也证明了裴頠、郭象的先见之明。但是，当世之显要又有谁能够居安思危、见冰知寒呢？后世周密对道学先生的批

① ［梁］萧统编，［唐］李善注：《文选》，中华书局1977年版，第692页。
② ［唐］房玄龄等：《晋书》，第1238页。
③ ［唐］房玄龄等：《晋书》，第1238页。

判、李贽对明儒误国的谴责，都发生在国破之前，但都是在国破之后才被人们痛哭流涕地发掘出来，奉为龟鉴。嗟乎，人类之政治竟然是如此周而复始吗？！

晋室南迁，玄学也随之风行江左。但是，由于北边五胡对佛教之弘扬，及至梁武帝之时，佛教已经完成格义阶段，借玄学老庄广为流行。王夫之说，面对梁武帝萧衍崇尚佛教，陶弘景和何敬容却攻击萧衍的玄谈。这是因为“自晋以来，支（支道林）、许（许询）、生（道生）、肇（僧肇）之徒，皆以庄生之说缘饰浮屠，则老、庄、浮屠说合于一久矣。尝览昭明太子二谛义，皆以王弼、何晏之风旨诠浮屠之说。空玄之说息，则浮屠不足以兴，陶、何之论，拔本之言也”[①]。可以说，玄学在南北朝之时成了佛教的接引婆，使佛教顺利地完成了中国化。其禅宗更是结合玄学的虚无、自然和佛教的空而成的新产物。等到了隋唐，佛教达到鼎盛，反而开始攻击道家和儒家，欲取代中国固有传统。试看宗密对儒、道二家的攻击，便可见一斑。宗密著《华严原人论》说：

儒、道二教，说人畜等类皆是虚无大道生成养育，谓道法自然，生于元气，元气生天地，天地生万物，故愚智贵贱贫富苦乐皆禀于天，由于时、命故，死后却归天地，复其虚无。然外教宗旨，但在乎依身立行，不在究竟身之元由，所说万物不论象外，虽指大道为本，而不备明顺逆、起灭、染净、因缘，

① ［明］王夫之：《读通鉴论》，《船山全书》第10册，第651页。

故习者不知是权，执之为了。

今略举而诘之。所言万物皆从虚无大道而生者，大道即是生死贤愚之本，吉凶祸福之基。基本既其常存，则祸乱凶愚不可除也，福庆贤善不可益也，何用老庄之教耶？又道育虎狼、胎桀纣、夭颜冉、祸夷齐，何名尊乎？

又言万物皆是自然生化非因缘者，则一切无因缘处悉应生化，谓石应生草，草或生人，人生畜等；又应生无前后，起无早晚，神仙不藉丹药，太平不藉贤良，仁义不藉教习，老庄周孔何用立教为轨则乎？

又言皆从元气而生成者，则欻生之神未曾习虑，岂得婴孩便能爱恶骄恣焉？若言欻有自然便能随念爱恶等者，则五德六艺悉能随念而解，何待因缘学习而成？又若生是禀气而欻有，死是气散而欻无，则谁为鬼神乎？

又言贫富贵贱、贤愚善恶、吉凶祸福皆由天命者，则天之赋命，奚有贫多富少贱多贵少？乃至祸多福少？苟多少之分在天，天何不平乎！况有无行而贵，守行而贱，无德而富，有德而贫，逆吉义凶，仁夭暴寿，乃至有道者丧，无道者兴？既皆由天，天乃兴不道而丧道？何有福善益谦之赏，祸淫害盈之罚焉？又既祸乱反逆皆由天命，则圣人设教，责人不责天，罪物不罪命，是不当也。然则诗刺乱政，书赞王道，礼称安上，乐号移风，岂是奉上天之意，顺造化之心乎？是知专此教者，未能原人。（《华严原人论》）

宗密的批判动摇了儒家、道家的天命论、气化论、自然观和价值论。如果任之流行而不反击，儒家、道家将失去士人之信任，举天下将成为佛教之天下。对此，韩愈、李翱反击于前，而宋儒继之于后，遂开启了糅合儒、道和释的宋明理学。

第九章　圣贤气象：儒释道的碰撞与融合

佛教传入中国，使中华文化发生了深刻的变化。正如“马克思主义进入中国，既引发了中华文明深刻变革，也走过了一个逐步中国化的过程……产生了毛泽东思想、邓小平理论、‘三个代表’重要思想、科学发展观等重大成果，指导党和人民取得了新民主主义革命、社会主义革命和社会主义建设、改革开放的伟大成就”[①]。今天，我们回过头来，重新审视佛教传入并融入中华文明的过程，审视儒道二家尤其是宋明理学与佛教冲突融合的历史，能够为我们今天吸收借鉴外来文化和马克思主义中国化提供宝贵经验。

一、佛教的挑战

宗密首先攻击儒道二家的自然生成论。儒道二家皆认为万物自然化生，没有主宰者。宗密质问道，既然大道自然，则祸乱吉凶皆为天

---

① 习近平：《在哲学社会科学工作座谈会上的讲话》。

定，虎狼桀纣皆属自然化生，大道又“何名尊乎？”（《华严原人论》）显然，宗密的攻击力不强。因为大道正是自然，它超越是非好恶，齐一虎狼桀纣，才成其为尊。这也是为什么宋明理学家一直用自然化生来反驳佛教的缘起论。宗密为了捍卫佛教的缘起论，认为自然化生既然无心，就应没有规律，就应是胡乱而生的。它的表现，在自然界中，就是“石应生草，草或生人，人生畜等”；在人类社会中，就是好坏治乱互相自然生成，“神仙不藉丹药，太平不藉贤良，仁义不藉教习”。那么，“老庄周孔何用立教为轨则乎？”（《华严原人论》）宗密的批评忽视了《庄子》中对化生之中的“理”的重视。《庄子·天地》说：“物得以生，谓之德；未形者有分，且然无间，谓之命；留动而生物，物成生理，谓之形；形体保神，各有仪则，谓之性。”这说明所生万物各有自己的“形”和“性（仪则）”，不是胡乱生成的。《庄子·知北游》说：“果蓏有理，人伦虽难，所以相齿。”这是说人类社会也有本于自然之纹理和年齿的准则，用以成就帝王之业。宗密自以为“缘起论”的因缘和合就能够解释万物之生成，但是我们发现，其缘起说也面临“既然万物由于缘起而生，为什么石不生人，人不生马”的困境，而且后来之王夫之正是从这个角度上攻击佛教的。为了批判佛教的“天地与我同根，万物与我共命”，王夫之提出了“理一分殊”说，并反驳道：“使命而同矣，则天之命草木也，胡不命之为禽兽；其命禽兽也，胡不一命之为人哉？使性而同矣，则犬之性犹牛之性，牛之性犹人之性矣！”①

① ［明］王夫之：《读四书大全说》，《船山全书》第6册，第1117页。

不过，宗密的批判促使儒家学者对万物皆出于天，而又各不相同地给出解释。周敦颐说："二气交感，化生万物，万物生生而变化无穷焉。惟人也得其秀而最灵。"（《太极图说》）张载和二程则直接提出"理一分殊"说。

宗密接着攻击儒家和道家的人性论。他质问儒道二家到底婴儿初生，有无认知心和道德心？如果没有，为什么婴儿"能爱恶骄恣"？如果有，为什么婴儿不能对"五德六艺"马上理解，还需要学习？（《华严原人论》）这个质问，用现在的话语说，就是本能和德行（文化）间是什么关系？人生而具有求生之本能，故婴儿"能爱恶骄恣"。但是，这种"爱恶骄恣"是无心的，所以老子崇尚婴儿之无知。人生虽然有认识能力，但是必须在与外物的交往中才能运用熟练，所以需要"习"或教化。这就解释了为什么婴儿不能理解"五德六艺"。宗密的质疑，使我们理解周敦颐说"惟人也得其秀而最灵"，是为了回应人天生有认知能力；也使我们看到张载作《正蒙》，强调"养蒙以正""知礼成性"的目的。

宗密最后攻击儒家和道家的天命论和鬼神观，目的在于为佛教的因缘说和报应论找到根据。宗密看到了自然化生的不可预测或"无理"，于是质疑因此而来的儒道"天命论"。他质问：为什么天那么不公平，使世界上"贫多富少、贱多贵少、祸多福少"？又为什么会出现"无行而贵，守行而贱，无德而富，有德而贫，逆吉义凶，仁夭暴寿，乃至有道者丧，无道者兴"？这样，天"何有福善益谦之赏，祸淫害盈之罚焉？"（《华严原人论》）宗密这里指出了儒家和道家天命论的矛盾："天命无常"和"皇天无亲，惟德是辅"(《尚书·蔡仲之命》)、"天道无亲，常与善人"(《老子》第七十九章)之间的矛盾。意思是，既然天命无常，就不可能有"福善益谦之赏，祸淫害盈之罚"。宗密的目的在于为世界上的贫富贵贱等给出佛教因果报应的解释。就像佛教经书或故事中常说的，无德无行之人今生贵富，是因为前世之积德；有德有道者今生受难是因为前世之作恶。当然，宗密没有理解到，儒道之源头已经对上帝鬼神之福报有了一个扬弃。儒道的目的在于将天道与人道分开，要么法天道之自然，要么以人道相天道之不足。《尚书》和老子所说的"福善益谦之赏，祸淫害盈之罚"都是从人为的角度上说的。所以，韩非解"祸兮福之所倚，福兮祸之所伏"完全是从人之谨慎戒惧或放肆妄为角度来解释的。(《韩非子·解老》)至于为什么好人恶报或恶人好报，儒道二家则用"遇"(运气)来解释，并不认为这里存在什么天的主宰意志。

与报应说相关，宗密必然肯定鬼神的人格化存在。他列举了一些传闻鬼神报应之事，反驳儒家道家以气化解释生死，说："若生是禀气而欻有，死是气散而欻无，则谁为鬼神乎？"(《华严原人论》)对此，无论是庄子、王充，还是张载、王夫之都会说，鬼神乃气之屈伸。气聚而伸则为神，气散而缩则为鬼，没有有形有意志的鬼神。可以说，儒道这种传统，从《左传》中对鬼神报应之质疑已经开始，到伯阳父、叔兴、老子、庄子和荀子等人以气之屈伸解释万物的变化而更加成熟。这也解释了为什么无神论思想容易为中国人所接受。

宗密通过上述质疑，得出结论：

> 既祸乱反逆皆由天命，则圣人设教，责人不责天，罪物不罪命，是不当也。然则诗刺乱政，书赞王道，礼称安上，乐号移风，岂是奉上天之意，顺造化之心乎？是知专此教者，未能原人。(《华严原人论》)

宗密的根据是儒道认为“祸乱反逆皆由天命”，其实这个根据是有问题的。儒家“以德配天”，不任由天命自不用说。道家虽法自然，也不是“心死”而完全摒弃人为。二者皆认为天生之、人成之。也就是说，一旦人生之为人，天的任务就完成了，剩下的就是人自己的修为了。它在儒家，就是行仁义以成德；在道家，就是顺应自然而无期必，安时顺命以达到至人之境界。二者的共同之处都在于：以理义节制情欲，不让情欲泛滥，反伤自己的心智性命。而且，诗书礼乐之有为，都在于“修德”以相天，不是像慎到那样的“块不失道”的完全无为。(《庄子·天下》)从这个角度看来，宗密说二家“责人不责天，罪物不罪命，是不当也”，是不理解二家的。因此，他得出结论“专此教者，未能原人”，恰说明宗密不知道儒道二家之“原人”在于以人为相天。想宗密之“原人”当是指人之作为，形成业报锁链，因果相续，形成业报。宗密之“原人”重视的是人为招致祸福报应，是来世的；而不知道儒道二家重视的人为是当世的，是不相信因果报应的。或许正是从这个角度，程颢批评佛教说：“高明之说，穷深极微，不足以开物成务。”[①]王夫之批评说：“释氏专于言死，妄计其死之得果；而方生之日，疾趋死趣，早已枯槁不灵，而虚负其生。”[②]因此，宗密的“原人”是“原死”而不是“原生”，他的批评貌似甚辩，却不合人生之意义。

宗密的批判涉及天、道、命、性、鬼神、祸福等，这些都是儒道二家本来建立于元气论或自然气化论而不予深刻探究的。因为儒道二家自继承周公之“以德配天”之后，重视的是人之修为（修德、修心、凝神）和社会治理（立德、立功、立言），所以对“天道性命”要么避而不谈，要么以安时处顺而听任之。可是，佛教的流行、宗密的批判，特别是其鬼神报应之说，兼有取儒道二家而代之之趋势。这势必引起儒道二家士人的担忧。于是，从宗密的挑战开始，韩愈、李翱就开始反击。到北宋中叶，蔚为而成一股洪流，周敦颐、张载、二程等在吸收道、释二家方法论的基础上，形成道学。在他们的批判下，佛学转向衰落。

二、韩愈李翱的反击

宗密的攻击，必然遭到当时士人的回击。其中，最为知名的二位就是韩愈和李翱。韩愈认为：“夫佛者，夷狄之一法耳。”“夫佛本夷

① 林科棠：《宋儒与佛教》，商务印书馆1928年版，第44页。

② ［明］王夫之：《庄子解·达生》，中华书局1964年版，第154页。

狄之人，与中国言语不通，衣服殊制，口不言先王之法言，身不服先王之法服，不知君臣之义、父子之情。”(《论佛骨表》)意思是，佛教是西方夷狄的一种法术。其创始人佛祖不遵守中国之风俗，不践行“君臣之义、父子之情”，因此不应该让其在中国传播，要“人其人，火其书，庐其居，明先王之道以道之”(《原道》)。韩愈的建议虽然没有得到实施，可是在他死后不久，唐武宗时就开展灭佛运动，真正做到了让佛教徒返俗，让佛寺成为官邸或民居，并焚毁了大量佛经。韩愈也从人性论上反驳佛教。他认为，人性是与生俱来的，人性之本质乃在于仁义礼智信。性分三品，上等之性者，以一德主，践行其他四德；中等之性者，五者皆俱，但其为主之德或多或少，而且其他四德也混杂不纯；下等之性者与为主之德完全背反，而且其他四德也相反。因此，圣人之教化，在于中等之性者。对于下等之性者，圣人用刑罚法令制之。最后，韩愈指出，当时人们常以佛教和玄学谈论“人性”，以人性为虚空、自然，是不知真正的人性。(《原性》)正是因为人们尚玄虚，所以他们“外天下国家，灭其天常，子焉而不父其父，臣焉而不君其君，民焉而不事其事”(《原道》)。可见，韩愈倡导“性三品说”和排佛都是从维护儒家教义和政治治理立论的。

李翱之语道出了其著《复性书》和韩愈著《原性》的原因。李翱说：“性命之书虽存，学者莫能明，是故皆入于庄、列、老、释。不知者谓夫子之徒不足以穷性命之道，信之者皆是也。”[①]言

① [唐]李翱:《复性书》,《国学治要》，北京理工大学出版社2014年版，第995页。

下之意，当时很多学者不明白人性是什么，都选择了玄学和佛教对人性的解释，于是形成对儒家人性论及其教化理论的威胁，建立或阐明儒家的人性论势在必行。所以，吴郡芦修盛赞李翱说："子之言，尼父之心也。"而李翱也自信地说："夫子复生，不废吾言矣。"①

李翱著《复性书》之目的在于揭示人性本善，是仁义道德，不是空无，是人异于禽兽虫鱼的根本，从而区别于佛教之"一切有生皆有佛性"。他坚持人性皆善，循之不息就可以成圣，而所循之道就是礼义，从而区别于佛教的背弃人伦。他说："视听言行，循礼法而动。所以教人忘嗜欲而归性命之道也。"②对于恶的出现，他诉诸情，说："人之所以为圣人者，性也；人之所以惑其性者，情也。"③情指喜、怒、哀、惧、爱、恶、欲七情。因为七情的蛊惑干扰，使本善之性得不到扩充，因而产生恶。

> 曰："为不善者非性耶？"
>
> 曰："非也，乃情所为也。情有善有不善，而性无不善焉。"……
>
> 问曰："尧、舜岂不有情耶？"
>
> 曰："圣人至诚而已矣。尧、舜之举十六相，非喜也；流共

---

① ［唐］李翱：《复性书》，《国学治要》，第995页。

② ［唐］李翱：《复性书》，《国学治要》，第994页。

③ ［唐］李翱：《复性书》，《国学治要》，第993页。

工，放驩兜，殛鲧，窜三苗，非怒也；中于节而已矣。其所以皆中节者，设教于天下故也。”①

据此可见，李翱试图将孟子的性善说和中庸的中和说融为一体。人之不善，不在于本性，而在情之所感或干扰。因此，人之为善，要使情发而中节，达到性、情俱善。但是，在如何使人为善或复性上，李翱的论述似乎出现了不一致。首先，他借用了佛教的“灭情复性”说，视情为性之邪妄，断言“情不作，性斯充矣”，“情者，性之邪也”。其方法是：“弗虑弗思，情则不生。”但是，他马上意识到如此便进入了佛教的禅定，于是又否定之，说：

此斋戒其心者也，犹未离于静焉。有静必有动，有动必有静。动静不息，是乃情也。《易》曰：“吉凶悔吝，生于动者也。”焉能复其性邪？②

李翱的意思是，由“无思无虑”而来的七情不生的状态，虽然是静，但是还属于“情”的范围。这就是“类与不类，相与为类”（《庄子·齐物论》）的逻辑，因此不能复性。要复性，必须达到“动静皆离”的境界，达到老子所谓“大道泛兮，其可左右”和孔子“无可

① ［唐］李翱：《复性书》，《国学治要》，第997页。

② ［唐］李翱：《复性书》，《国学治要》，第995页。

无不可”的超越状态。面对他人对“动静皆离”是不是不闻声、不见物的质疑，李翱搬出了《易传》的“易无思也，无为也，寂然不动，感而遂通天下之故”作为解释。意思是，圣人虽然其心寂然，七情不生，但是自然能视听昭昭、无不知、无不为。据此，我们可以发现，李翱试图用庄子的“至人之心若镜”来解释“圣人无情”之后的心境。这种无情而有性，正像《庄子·德充符》中“不以好恶内伤其身”，无所执着而因任自然。这种寂然不动，感而遂通也正是《庄子·在宥》中至人“尸居而龙见，渊默而雷声，神动而天随”的写照。不过，这里也看出李翱试图肯定情之存在，那就是在无心状态下，情的自然发用不会影响性的扩充。可惜他没有说得那么明白。

另外，他认为“性与情不相无也”。既然性情不可相无，“情不作，性斯充”就不可成立。李翱似乎没有意识到这个矛盾。他指出，“无性则情无所生矣。是情由性而生，情不自情，因性而情。……情者，性之动也”[①]。既然情是性之动，那么除非性保持寂静，否则情就会自然而生。而若保持性之寂静，则又回到了佛教灭情的地步。李翱似乎并不想，也知道不可能避免情之生起，所以他说：“性不自性，由情以明。”他肯定圣人也有情，但是圣人“虽有情也，未尝有情也”。意思是，圣人之有情而“未尝有情”是因为圣人之情“中于节而已矣”。既然圣人有情，别人便问道：“敢问圣人之性将复为嗜欲所浑乎？”这里情与嗜欲相同。于是，李翱诉诸佛教禅宗的迷悟来

① ［唐］李翱：《复性书》，《国学治要》，第993页。

解释圣人的性情关系。他说：

> 情本邪也，妄也。邪妄无因，人不能复。圣人既复其性矣，知情之为邪；邪既为明所觉矣，觉则无邪，邪何由生也？①

李翱的意思是，圣人觉悟之后，情自然不能为邪，也不能影响性的扩充。这使人理解为性、情本一物，觉悟则情为性；不觉则性为情所昏。于是，它便与禅宗“前念迷即凡夫，后念悟即佛”不能划清界限了。而且这与其“情的中节”可以显“性”的说法似乎也不一致。

对于李翱之《复性书》，林科棠睿智地评论说：“此书乃综合《易》《中庸》老庄佛教而成……然情如何而动，性动之情，如何为邪妄，如何灭情，情昏尚灭何物等问题，咸未能有所说明。”②“翱之长处，乃在以佛教之止观、老庄之复归、儒教之寂通诚明巧为调和之，惜其间有不合理之处，是其所短也。”③但是，林科棠将“寂然不动，感而遂通”、诚明、“不睹之睹、不闻之闻”等皆视为李翱得自禅之思想④，却忽视李翱对《易传》和《庄子》及玄学的继承，忽视了其目的在于以《易传》《中庸》《孟子》和《庄子》对性的理解反击佛教

① ［唐］李翱：《复性书》，《国学治要》，第998页。

② 林科棠：《宋儒与佛教》，第63—65页。

③ 林科棠：《宋儒与佛教》，第65页。

④ 林科棠：《宋儒与佛教》，第65页。

空无佛性的事实。

李翱不仅反驳佛性，还反驳佛教之生死观。他主要以孔子的“未知生，焉知死”将死后之事搁置起来。虽然他也用《易传》“原始反终，故知死生之说。精气为物，游魂为变，是故知鬼神之情状”支持自己的观点，但是缺乏解释和理论深度，只是像以往一样强调尽“生之道”。于是，不能为人们排除面对死亡的心理恐惧，当然也不能说服人们不信佛教的报应说。后来的张载对《易传》这句话，借用庄子之气化说，解释清楚，但是仍然不能给面对死亡的人以心理安慰。但是，即便如此，李翱《复性书》对宋明理学的影响还是巨大的。林科棠总结说：“宋儒学说之大体，殆祖述于李翱。盖对于《易》之寂然不动感而遂通、老子之复归、《中庸》之诚明，而以佛教之止观的内容以统一之，且以之分配于性情者，无论周子程子，悉其共通之思想也。”[①]可以说，李翱开了一代学术之风气，这也印证了他的那句话：“夫子复生，不废吾言矣。”（《复性书》）

三、宋明理学的兴起

理学在宋代最初被称为“道学”，元人的《宋史》立“道学传”，囊括周敦颐、张载、朱熹等人。但是在南宋，道学家已经将自己的学问称为“理学”。于是，元代以后，理学名称盛行，而道学

① 林科棠：《宋儒与佛教》，第66页。

名称鲜为人提及。关于理学之兴起，林科棠概括为内因、外缘两种。外缘是宋代士人和官僚之激烈排斥佛老。孙复曾说：“佛老之徒横于中国，与儒相并而为三，甚可怪也！彼等破灭人伦，儒者鸣鼓而攻之可也。”①内因则是佛教之刺激与儒道之融合，或者说儒道之联手共同反击佛教。

宋初排佛既是佛教长期占有大量土地和资产、收养大量不事生产的男女、影响政府经济运行的结果，也是后周世宗灭佛的继续。我们这里主要着眼于理学家从学术上对佛教的批判和回应。周敦颐一般被认为是理学的开山祖师。其《太极图说》融合道家、道教和《易传》为宇宙万物的生成提供理论根据，以回应宗密“大化自然”可以胡乱生物的观点。周敦颐确定出一个宇宙的发生顺序，最终落实到人和万物，指出人之特殊性乃在于“惟人也得其秀而最灵”。这个“秀”是阴阳二气中最好的部分。周敦颐的“无极而太极”是糅合老庄的“无极”和《易传》的“太极”而产生的。“无极”是《老子》中的“有物混成”、《庄子》中的“浑沌”或“通天下一气”。“太极”相当于老庄之“一”，或《易传》中阴阳的混合状态。无极和太极本是一物而两名。接着，周敦颐以人之神形与外物交感，而产生人性之善恶，回答了宗密关于婴儿是否有欲望和神识的提问。既然人性交感而有善恶，必然要有所治理，这就是“圣人定之以中正仁义而主静，立人极”（《太极图说》）。“人极”就是人的生活行

① 林科棠：《宋儒与佛教》，第2—3页。

为准则，从而为儒家的道德原则提供了根据。

与周敦颐类似，张载综合了《庄子》的气化生死思想和《易传》的宇宙观，提出了精致的气一元论，批判佛教的空无、生死和报应观念。他指出，太虚就是气，是有，而不是空无。整个宇宙就是一团流动不息的气，万物万象只是变化过程中的暂时状态。像庄子一样，他将这一团流动不息的气看作自己的本体，视生死、有形无形为此气的不同状态，说："气之为物，散入无形，适得吾体；聚为有象，不失吾常。""聚亦吾体，散亦吾体，知死之不亡者，可与言性矣。"[①]据此，他批评佛教的空幻，说："若谓万象为太虚中所见之物，则物与虚不相资，形自形，性自性，形性、天人不相待而有，陷于浮屠以山河大地为见病之说。"[②]"不知天命而以心法起灭天地，以小缘大，以末缘本，其不能穷而谓之幻妄。"[③]相对于气与万物同体，张载认为佛教以万物为太虚中之幻相（佛教比喻法相若水中泡，若捏目生花），陷入虚与物、形与性（理）的分离，是不理解宇宙之本源。

张载也对宗密的"无理"作了回应，说："天地之气，虽聚散、攻取百涂，然其为理也顺而不妄。"[④]接着，他批评佛教和道教说："彼语寂灭者往而不反，徇生执有者物而不化，二者虽有间矣，以言乎失

① ［宋］张载著，章锡琛点校：《张载集·太和》，中华书局1978年版，第7页。
② ［宋］张载著，章锡琛点校：《张载集·太和》，第8页。
③ ［宋］张载著，章锡琛点校：《张载集·大心》，第26页。
④ ［宋］张载著，章锡琛点校：《张载集·太和》，第7页。

道则均焉。”[①]意思是，宇宙间的生灭变化是有规律的，是自然的，佛教之追求寂灭、道教之追求形体不死，都是昧于大化自然之理，因此说他们“失道均焉”。在张载看来，这个“理”在具体的物之中就是“性”，所以才说：“合虚与气，有性之名。”[②]“虚”是理，而“气”则是凝聚而成之形体。这里面已经有理一分殊的含义，用以解释万物的多样性。但是，张载又说，“性者万物之一源，非有我之得私也”[③]。这个“一源”当是从天之气化过程，或《中庸》之天命过程来说。“太和之谓道”“由气化，有道之名”都是从气化尚未成具体的物说的，一旦落实到具体的物，“道”成为“性”，万物就各自不同了。

张载更重视佛教的鬼神报应说，可能是他看到这是佛教得以流行的关键。他指出，自从佛教的生死轮回说传入中国，“儒者未容窥圣学门墙，已为引取，沦胥其间，指为大道”[④]，言被其生死轮回报应之说迷惑。天下人更是“冥然被驱”，放弃儒家之修行，而堕入佛教之空无顿悟，力求一念悟空即可解脱。“因谓圣人可不修而至，大道可不学而知。”[⑤]据此，张载解释说，鬼神只是阴阳之气的功能。在生物的生存过程中，其气的积累就是神，而其气之消散就是鬼：“至之谓神，以其伸也；反之为鬼，以其归也。”[⑥]没有佛教所说的有识有知之

---

① ［宋］张载著，章锡琛点校：《张载集·太和》，第7页。
② ［宋］张载著，章锡琛点校：《张载集·太和》，第9页。
③ ［宋］张载著，章锡琛点校：《张载集·诚明》，第21页。
④ ［宋］张载著，章锡琛点校：《张载集·乾称》，第64页。
⑤ ［宋］张载著，章锡琛点校：《张载集·乾称》，第64页。
⑥ ［宋］张载著，章锡琛点校：《张载集·动物》，第19页。

鬼神，更没有什么生死轮回。“浮屠明鬼，谓有识之死受生循环，遂厌苦求免，可谓知鬼乎？以人生为妄〔见〕，可谓知人乎？”[①]既然鬼神乃一气之屈伸，人生不是幻妄，就应该尽人生之义务，而对不可知之死置之不问。进一步说，要以“尽生之义务”来“尽死之道”，因为人死之后不能有为，或不知道死后如何，只有将生之时的事做好，才能为不可知之死做好准备。这就是孔子为何说“未知生，焉知死”的原因。于是，张载著《西铭》，糅合庄子的安时顺化与儒家的道德义务于一炉，要求每个人尽自己在宇宙和社会中的义务，以仁爱之心交接他人外物，以安时顺命修己养性。从积极的角度看待生命中的“贫贱忧戚”，认为那是上天要磨炼成就自己。从淡然的角度看待生死，达到“存，吾顺事，没，吾宁也”[②]的境界。

关于张载对佛教的批评，林科棠曾总结说：“以山河大地为见病，以六合为尘芥，以人世为梦幻，或所谓销碍入空，皆以《楞严经》为背景而攻击之也。《楞严经》之世界观、人世观，张子视为走于空平等之一面而不知假差别之他面……张子对幻妄的世界观之攻击，其文章雄浑，实有冲佛老弱点之处。”[③]但是，林科棠忽视张载对鬼神报应的批评、对性空的批评，则未解张载批佛的目的仍在于人伦之建立和践行，而不在单纯的形上理论。

程颢对佛教的批评主要集中在人伦和人性论。其批评要点，林

① ［宋］张载著，章锡琛点校：《张载集·乾称》，第64页。

② ［宋］张载著，章锡琛点校：《张载集·乾称》，第63页。

③ 林科棠：《宋儒与佛教》，第44页。

科棠总结为：佛教高明之学说，虽穷深极微，却不足以开物成务。其唯觉之理，虽有敬以直内，然无义以方外，流于枯槁或恣肆。其以为蠢动之含灵皆有佛性，非是。其说死生以恐吓人，为求利之心。他们追求的“免死、齐烦恼”也是自私自利。他们要灭除外物，以外物为患为障碍，堕于内外二境分离之弊。[①]同张载一样，程颢反对佛教“一切有生皆有佛性”的观点，坚持性只能适用于人，而其他万物只能说有理有道。他也批评佛教之生死轮回说和寂灭涅槃为自私，而不知道“为天地立心，为生民立命”。因此，他认为佛教虽然对如何清心寡欲、如何体悟空无有所得，却不能“开物成务”“义以方外”，为人类社会作出自己的贡献。所以，他说佛教“自谓之穷神知化，而不足开物成务，言为无不周遍，实则外于伦理，穷深极微，而不可以入尧、舜之道”[②]。

程颢也是基于糅合儒家和道家的思想来批判佛教的。观其《定性书》，通篇是以庄子之自然、因物、“至人之心若镜”来解释如何才能“定性”。他实际上是用以上方法来定心，通过“物来顺应”“内外两忘”达到因物无己的心境。其《识仁》篇则糅合儒家之仁与庄子“通天下一气”的观点，达到“仁者浑然与物同体”的境界。其体仁之方，虽然用了孟子之“必有事焉而勿正，心勿忘，勿助长”(《孟子·公孙丑上》)，但是，我们知道，即便是孟子也是借

① 林科棠：《宋儒与佛教》，第44—45页。

② ［元］脱脱等：《宋史》，中华书局1977年版，第12717页。

用了道家的自然思想。

程颐对佛教的批判大体与程颢相同，但是更注重“理”和“动”。相对于佛教的寂静，程颐主张世界万物都是动的，否则就是死的。他反对以动静描述万物，建议以动止描述宇宙的本质。他要求从动处、从万物之生发处观看天地生物之心，而不是从静处。在道德修养上，他主张以“敬”来统摄动静，只要保持一颗诚敬之心，无论动静，人们都会循理而合于中道。接着，他指出，天地万物皆有理。存得此理于心，顺之而行，就会无往不利。据此，他认为佛教错看了“理”。佛教把“理”视作空，与自身分为二，要求灭身灭情而求涅槃，堕入了“理障”。

朱熹继承了北宋诸人的思想，一方面批评佛教只识“人心”，不识“道心”，因而将人心之知觉运动当作人性，而不知本着“道心（天理）”践行人伦。据此，他指出，佛教禅宗说见性成佛，是不知性，故灭尽人伦。因此，佛教犯三纲五常之大罪，“佛灭尽人伦，禅则灭尽义理”。但是，朱熹强调静坐以体验喜怒哀乐未发前气象，相对程颐的主敬主动，显然有些倒退。

可以说，理学诸大家都是有意识地排佛，进而建立自己的思想学说。吕思勉说：“理学者，佛学之反动，而亦兼采佛学之长，以调和中国之旧哲学与佛学者也。”[①] 林科棠说：“宋儒一般之风尚，均脱老佛之影响，尽力排除，然公平观察之，终不能谓为脱离二氏之

① 吕思勉：《理学纲要》，东方出版社1996年版，第3页。

影响也。”[①]那么，宋儒如何在反佛的过程中吸取佛教的思想和方法呢？这里既关系到解释学所说的同时代之话题和术语之共通性，也关系到部分佛教高僧在反佛的氛围中，力图融合儒佛的尝试。

四、宋儒对佛教的吸收

首先，据林科棠的研究，在北宋初期，面对自韩愈倡导的排佛浪潮愈演愈烈，达观、昙颖、大觉怀琏、契嵩等人乃谋以会通儒释。契嵩的《辅教编》竭力调和儒佛。他的《镡津文集》中排韩数篇，一面攻击韩子（韩愈），一面调和儒佛。《辅教编》卷首之《原敬》起笔便以《易传》和《礼记·乐记》诠释佛性，说：“性者寂静不动，人之资质者也；情者感而通，人之欲者也。”盖以性情配之于本觉、不觉也。德洪觉范《礼契嵩塔诗》云：“吾道比孔子，譬如掌与拳，展握故有异，要之手则然。”其赞成两教之调和。另外，大觉怀琏与契嵩同时受仁宗之归依，亦主张儒佛一致。大觉之意，以性命之理与慈悲之行为佛教之要，以为惟由于禅即得无为之化。[②]因应佛教之调和儒佛，王安石、张商英等儒生也响应之。一儒者读了德洪觉范《礼契嵩塔诗》后说：“初爱其文，终畏其理胜而不能夺，排佛之声渐止，而王安石、张商英，乃由此结归佛之缘。”王安石罢相后撰此

① 林科棠：《宋儒与佛教》，第6页。

② 林科棠：《宋儒与佛教》，第60—63页。

《楞严经》疏解，详诸师之略，略诸师之详，有表一家识妙之处。张商英则改窜缘起，移置前后，芟除重复，任意增减，师心变易，全经之面目为之一变，将《楞严经》改变为《清净海眼经》。[①]于此，可见当时儒佛交流之深。

其次，按照解释学循环的原则，在部分与整体，特别是词语与句子、文章与其作者的时代风格之间，有一个互动。读者应该在这种互动中解读文本和把握作者的思想。[②]这个原则告诉我们，同时代的学者之间会有共同的话语、用词和写作风格。即使不同的学派或论证对手之间，其共同话语或用词也是难免的。据此，我们可以观察宋初诸儒在思想和行为上的佛教特色。

周敦颐的《爱莲说》倡言“出于污泥而不染”，显然与佛教莲华自性清净的说教有关。[③]程颢十五六岁时，在周敦颐的启发下，为探求圣道，曾经“泛滥诸家，出入释老几十年”[④]。当他说：“早梅逐枝，各有一乾坤”，即当于“一即一切之教理”[⑤]。当他说，“与善人处，反而坏我，须与不善人处”[⑥]确有菩萨入生死海中渡苦恼之趣。程颐亦然。程颐所谓静坐、所谓“主一无适”，所谓明镜止水，所

---

① 林科棠：《宋儒与佛教》，第57页。

② Richard E. Palmer, *Hermeneutics: Interpretation Theory in Schleiermacher, Dilthey, Heidegger and Gadamer*, (Evanston: Northwestern University Press, 1969), pp.77.

③ 侯外庐：《宋明理学史》，人民出版社2005年版，第81页。

④ 林科棠：《宋儒与佛教》，第34页。

⑤ 林科棠：《宋儒与佛教》，第35页。

⑥ 林科棠：《宋儒与佛教》，第37页。

谓离物复性，俨若佛教，而其中心则在主一无适之禅定。[①]“伊川自夸醇儒，云正敬一生，不曾看庄列佛书，然其修养方法，不仅组有戒定慧之形式，且自用力于入定……游定夫与杨龟山，一日见伊川时，伊川坐而瞑目。二子侍坐不去，久之，伊川顾云：‘二子犹在此乎？日暮矣，姑就舍。’二子退，门外雪深尺余矣。此与达摩与二祖可慧之事何相似乎？”[②]张载虽然以《中庸》为入道之门，但是他又访求老佛诸书，最后才反诸六经。张载虽以排佛闻名，但是由于他阅读了《楞严经》等，也不免受到熏染。王夫之就指出，张子亦有沤冰之喻，朱子谓其近释氏。林科棠也推测，张子之言气质性、天地性，似出于《荀子》及《礼记》注疏中（《荀子》中已言及气质性，《礼记》注疏中已有性情对立之文字）然《楞严经》首卷言缘心、性心，第四卷言和合性、本然性，张子或由此推论而得气质性与天地性，亦未可知。[③]后来，朱熹受佛教之沾染更不用说。朱熹的“月印万川”以解释“理一分殊”和“通体一太极，又物物各有一太极”，显然是借用了天台宗的《永嘉证道歌》。他对“性为万物之一源”[④]的解释，显然是佛教众生皆有相同佛性的翻版。因此，通观宋代理学大家，基本上没有不受佛教熏染的，不管他们是排佛或是容忍佛教。所以，金代的李屏山说：“李翱见药峤，因著复性书。张载二程出，

① 林科棠：《宋儒与佛教》，第22页。

② 林科棠：《宋儒与佛教》，第38—39页。

③ 林科棠：《宋儒与佛教》，第58页。

④ ［宋］黎靖德：《朱子语类》第7册，第2511页。

其徒张九成，刘屏山，张南轩，吕伯恭，朱熹，皆借佛祖之意，笺注经书，自为一家之言。其论佛老也，实与之而文不与，阳挤之而阴助之，盖有微意存焉。”①等到了明清之际，王夫之则直接对朱熹及其弟子清算，指出朱熹的静坐、存理灭欲、豁然贯通等学说都是在贩卖佛教或禅宗的思想，而颜元则直接疾呼，“必破一分程、朱，始入一分孔、孟”，视程朱后学“人人禅子，家家虚文，直与孔门敌对”。②据此，可见程朱理学受佛教影响之深。

与程朱理学并行的陆王心学也受到了禅宗的熏染。面对程朱派的格物穷理、寻章摘句，陆九渊要求直指本心，明心见性。他称朱熹的为学功夫“支离”，而号称自己的方法“易简”。当他说“斯人千古不磨心”③时，无意中透露出他以神秀磨镜比喻朱熹的方法，而认为自己的方法是惠能的顿悟。朱熹则直接道出陆九渊的禅学本质，“禅家教更无定，今日说有定，明日又说无定，陆子静似之”④。明代王阳明的“无善无恶是心之体”⑤虽然可以说源自庄子的“至人之用心若镜”（《庄子·应帝王》），但是考虑到超越善恶是非为庄子禅宗共有，也不能否认王阳明受禅宗的影响。其“岩中花树”不见时与心俱寂，看

---

① 林科棠：《宋儒与佛教》，第6页。

② ［清］颜元著，王星贤、张芥尘、郭征点校：《颜元集》下，中华书局1987年版，第774页。

③ ［宋］陆九渊著，钟哲点校：《陆九渊集》，中华书局1980年版，第427页。

④ ［宋］黎靖德：《朱子语类》第8册，第2974页。

⑤ 陈荣捷：《王阳明传习录详注集评》，第360页。

到时与心俱显[①]，显然是佛教寂感的实证，而不是《易传》的“寂然不动，感而遂通”。特别是，他天泉证道的故事[②]，足见他对禅宗高僧的崇拜和模仿。《传习录下》记载，当时王畿（字汝中）与钱德鸿争论王阳明“四句教”[③]的含义。王汝中以为心本体既然无善无恶，则意、良知、物也当无善无恶。钱德洪则坚持，心本体无善无恶，但是人受习惯污染，导致意念有善恶；格物正是要去除恶念，恢复良知本体。于是，二人于一天晚上在天泉桥向王阳明质证。王阳明则认为，二人的见解正好可以互补。他以王汝中为利根之人，“一悟本体，即是功夫。人己内外，一齐俱透了”。而钱德洪是良知本体受习心遮蔽之人，因此要“在意念上实落为善去恶。功夫熟后，渣滓去得尽时，本体亦明尽了”[④]。“二君相取为用。则中人上下，皆可引入于道。”[⑤]

王阳明的断定让我们想到禅宗弘忍、慧能和神秀关于心之本体是无还是像明镜，是否需要拂拭的故事。王夫之更是一语道破王阳明的禅学面目：

> 语学而有云秘传密语者，不必更问而即知其为邪说……王龙溪、钱绪山天泉传道一事，乃摹仿慧能、神秀而为之，其

---

① 陈荣捷：《王阳明传习录详注集评》，第332页。

② 陈荣捷：《王阳明传习录详注集评》，第359—360页。

③ “四句教”指：“无善无恶是心之体，有善有恶是意之动，知善知恶是良知，为善去恶是格物。”

④ 陈荣捷：《王阳明传习录详注集评》，第359—360页。

⑤ 陈荣捷：《王阳明传习录详注集评》，第360页。

“无善无恶”四句，即“身是菩提树”四句转语。附耳相师，天下繁有其徒，学者当远之。[①]

五、宋明理学之衰落

宋明理学因为反击佛教的批判而兴起，也因此种回应和反击而衰落。唐代以前的儒家宗旨在于事功，在于齐家、治国、平天下，修身和正心诚意只是为治平服务的。可是，受到政治形势和佛教挑战的影响，宋明理学却从治平转向了正心诚意和修身，虽然他们号称要“为万世开太平”(《张载集》)。这种转向使他们夸大道德人格的感化能力，认为一旦通过自修成为圣人，就能够感化平民，使他们沐浴圣人之德而成为圣贤。于是，他们强调“寂然不动，感而遂通”(《易传》)，强调“能尽其之性，则能尽人之性；能尽人之性，则能尽物之性；能尽物之性，则可以赞天地之化育”(《中庸》)。于是，陆九渊盛称，识得本心，“若某则不识一个字，亦须还我堂堂地做个人”[②]。王阳明则说，顿悟良知，“见满街人都是圣人”[③]。

这种对心性的修炼实际上是与佛教的修身禅定竞赛。这种竞赛在于向世人表明，吾儒也有圣道，也可成圣，不必向佛教中探寻。这也是范仲淹言“名教中自有可乐”之义。但是，这种竞争却忽视

① ［明］王夫之：《俟解》，《船山全书》第12册，岳麓书社1996年版，第488页。

② ［宋］陆九渊著，钟哲点校：《陆九渊集》，第447页。

③ 陈荣捷：《王阳明传习录详注集评》，第357页。

或放弃了先秦汉唐以来的事功，导致儒生的空谈和无能。如果说孔子尚以“言语、政事、德行、文章”四科教人，宋人则唯注重德行了。不仅如此，程颐还痛斥言语、文章和科举坏人心性。如果说汉唐还以六经为主，从中汲取治国平天下的经验和道理，宋儒则代之以“四书”，唯注重其中的心性修养，而斥齐桓晋文之事为霸道，不是王道，不值得推崇。等到在战争或外交中失利，宋儒首先考虑的不是敌我双方的军事力量或敌方的贪欲，而是己方在外交中是否足够诚敬宽容。程颐曾经评价一次北宋使臣出使西夏。使节献了金钱货物之后，西夏人还是不断挑起衅端。于是，程颐建议：“只朝廷推一宽大天地之量，许之自新，莫须相从。然此恐未易。朝廷之意，今日不得已，须著如此。”①

当然，宋人对正心诚意、宽容感化的狂热也与政治风向有关。宋朝王室经历唐末和五代的战乱，深感不忠不仁之人不可以托付重任。因为正是这些有才无德的人将前朝小皇帝废黜或屠杀，迎来新的皇帝，使社会动乱不安，朝廷更替不断。于是，宋皇室强调修德，崇文抑武。宁可奉岁币以求得边境之平安，也绝不重任武将猛夫授以军权。结果，士大夫在养尊处优下空谈国事，武将在朝廷抑制下郁郁而终，以致在北宋南迁之后，辛弃疾疾呼：“功名本是真儒事，君知否？”（《水龙吟·渡江天马南来》）可是，谁又能改变这种风

---

① ［宋］程颢、程颐著，王孝鱼点校：《二程集》第1册，中华书局1981年版，第50页。

向呢？岳飞矢志收复中原，却因为皇帝害怕其军力太强而被杀。王夫之曾评价说，岳飞被杀，使朱熹虽有收复中原之志，却不敢妄谈时政。等到了贾似道之时，儒生鉴于对心性的追求和对时政的无奈，基本上自甘沉沦、无所事事，以明哲保身为主。周密就说：

> 道学之党名，起于元祐，盛于淳熙……凡治财赋者则目为聚敛，开阃捍边者则目为粗才，读书作文者则以为玩物丧志，留心吏事者则以为俗吏。盖其所读书止《四书》《近思录》《通书》《太极图》《西铭》及语录之类；自诡为绝学者……驯至淳祐咸熙，则此弊极矣。是时为朝士者，必议论愦愦，头脑冬烘，敝衣菲食，出则以破竹轿，舁之以村夫，高巾破履，人望之知为道学君子，明达清要，旦夕可致也。然可其家囊金遗帛，为市人不为之事。贾师宪独持相柄，惟恐有夺其权者，则专用此等之士，列之要路，名为尊崇道学，其实幸其愦愦不才，不致掣其肘。以是驯致万事不理，丧身亡国。呜呼！孰倡伪学之党，甚于典午之清谈乎？①

“典午之清谈”就是始于何晏，终于王衍的魏晋清谈。滑稽的是，时隔千年，类似的社会风气、类似的国破家亡再次发生，到底是天命，

---

①［宋］周密：《志雅堂杂钞》，《越缦读书记》下，上海书店出版社2015年版，第693页。

还是人为呢？到底是政治所致，还是学说使然呢？

两宋的灭亡并没有影响后人对理学的信仰，到明朝反而成了国教。但是，其弊病很快就显现，人们为了修养心性，成圣成贤，反而怠弃人事。或许是畏惧迫害，或许是真心向道，吴与弼坚决退出仕途，去追求他那淡定清静的生活。王阳明起初相信理学，却发现其磨心循礼使士人拘束无能，于是提出“良知说”和“知行合一说”，使学术界为之振奋和充满活力。但是，很快，王阳明的良知说也堕入了“天下皆知美之为美，斯恶已”（《老子》第二章）的处境。太监恶人都利用顿悟良知，以洗去自己过去的污点；商贩妓女都称自己顺良知行事，以最大化地满足自己的私欲。更可怕的是，良知说对外在礼法的蔑视，导致明末社会伦理的解体。于是，在农民军起义前，无人为皇帝效死；在满人入侵之时，没有人为汉族效力。结果，人们又一次高呼：

> 儒者之学，经天纬地，而后世乃以语录为究竟，仅附答问一二条于伊洛门下，便厕儒者之列，假其名以欺世，治财赋者，则目为聚敛，开阃捍边者，则目为粗材……徒以生民立极，天地立心，万世太平之阔论，钤束天下。一旦有大夫之忧，当报国之日，则蒙然张口，如坐云雾。（黄宗羲：《赠编修弁玉吴君墓志铭》）

这一次，是黄宗羲和顾炎武的高呼。但是这一次，满人不再给理学发展的机会（虽然康熙帝等试图弘扬理学）。在文字狱的压制下，理学中那么一点的自由解经传统，也让位于乾嘉学派的考据和训诂。

因此，可以说，宋明理学因为佛教而兴起，也因为吸收佛教思想而毁灭。王夫之、陈确、颜元都对之进行了清算。其核心问题就是，在推崇心性修德过程中，忽视了现实中的政事实践，妄想以道德感化世人，以风俗良好追求万世太平。这种空想既源自对《中庸》尽人尽物的错误理解，也源自对佛教之神通感化的迷信。但是，不得不承认，在理论学说上，在对心、性、情、欲的分疏和修炼上，宋明理学是对唐代以前儒学的发展。

第十章　中西相遇：传统文化的批判与重建

习近平总书记说："传承和弘扬中华传统文化，并不意味着固步自封，闭上眼睛不看世界。中华民族是一个兼容并蓄、海纳百川的民族，在漫长历史进程中，不断学习他人的好东西，把他人的好东西化成我们自己的东西，这才形成我们的民族特色。文明因交流而多彩，文明因互鉴而丰富，对各国人民创造的优秀文明成果，我们当然要学习借鉴，而且要认真学习借鉴，在不断汲取各种文明养分中丰富和发展中华文化。"[①]"中学为体，西学为用"，坚持以中华优秀传统文化为体，以西方近代科学技术、教育、赋税、武备、律例等为用，实现富国强兵。进入21世纪，我们仍然面临着如何吸收西方优秀文化和技术，以重建中华文化的任务。为此，我们首先回顾先辈的尝试，再思考未来中华文化的重建。

① 《创造中华文化新的辉煌——关于建设社会主义文化强国》，《人民日报》2014年7月9日。

一、中西碰撞

清朝的文字狱使重视义理、六经注我的理学传统逐渐消弭。一句“清风不识字，何必乱翻书”（徐骏诗）都可以被指控为诽谤清朝，而遭杀头之罪，可以想到，当时的知识分子为明哲保身，绝不敢轻易地随意解释古代经典。于是乾嘉考据学兴，而士人泥于章句训诂。正如庄子所说，我之所言都是古代前人所已言，即使有什么不妥，也不能完全怪罪我。这种考据学确实在“四书五经”、先秦诸子的句读、训诂、音韵等方面作出了令人可喜的贡献，但是它缺乏思想的创新和活跃。可以说，整个清朝是中国思想的蛰伏时期。

清朝统治中国虽然极大地扩大了中国的疆域，但是摧毁了汉人的自豪感和自尊心。易服和剃发带来的不仅是汉人对清皇室的认可，更是汉人民族气节的丧失。这解释了为什么王夫之、顾炎武等人担忧华夏文明的丧失，而疾呼“天下兴亡，匹夫有责”。这个“天下”是汉人几千年来培育出的风俗、人文和自信心，而不是单纯的地理概念。虽然满人力倡程朱理学，并极力论证自己也是华夏之正统，但是其落后的民族文化和对中华文化肤浅的理解不足以认清明末儒家文化发展到的地步。因而清皇室不能将王阳明学派和明末遗老所要解决的理欲问题接续下来，不能完成儒学的自我更新和资本主义萌芽的培育，从而使中国错失了工业革命的良机。

清王室更大的问题在于其自身的保守和封闭。他们以为自己的清骑兵就可以征服天下，而不像明人那样愿意与西方进行器物上的交流。特别是，乾隆皇帝的狂妄自大使中国失去了学习英国的科学技术的机会。据载，1793年，英国使臣马嘎尔尼向乾隆祝寿，带来了众多的礼品。英国人想把他们最新的发明介绍给中国，如蒸汽机、棉纺机、织布机，并猜想定会令中国人惊喜。英王特意赠送了当时英国规模最大并装备有110门大口径火炮的“君主号”战舰模型。礼单中还专门提及了卡宾枪、步枪、连发手枪、钟表和地球仪等。但遗憾的是，这些洋人的东西，得到的只是乾隆的一句话：“你们有的我们都有。你们这些礼物，不过是些无用的奇技淫巧罢了。”

乾隆皇帝对西方器物的不屑当然也可以从儒家和道家的学说中找到原因。因为要成圣成贤，儒道二家都强调寡欲、安命和淡泊名利。为追求人与人、人与自然的和谐，儒道二家都反对干涉或强制性地改造外物。寡欲安命，因顺外物必然导致不重视利益的获得和经济的发展，进而器物的改进也不会被重视。老子在前倡导“虽有舟舆，无所乘之；虽有甲兵，无所陈之”(《老子》第八十章)。庄子则说“有机械者必有机事，有机事者必有机心”(《庄子・天地》)，有了机心，人就会欺诈。孔孟老庄的合流，导致后人很少重视科技的发展，即使像毕昇对印刷术那样贡献大的人，也名不见经传。因此，乾隆皇帝视英人的枪炮钟表为精巧的玩具也不足为奇了。但是，以这种态度对待西人之器物，很快就让乾隆的子孙尝到了受坚船利炮攻击的苦头。于是，魏源首倡“师夷之长技以制夷”，张之洞继之以“中学为体，西学为用”，康有为要求对西方政治制度加以借鉴，实行君主立宪制。中国文化又进入了活跃阶段。不过，这个阶段是以中国文化与西方文化的较量为核心的。三者的共同点都是认为中国的固有文化是优秀的，我们只需要借鉴西方的器物文明。这种观点即使放在当今社会，仍然是正确的。问题是，在不接受西方的哲学、政治和思维方式的前提下，我们是否能引进或掌握西方人的长技？

二、全盘西化

鸦片战争、中法战争、甲午海战的失败，不但将清王朝推向万劫不复的深渊，也刺痛了中国知识分子的心。一些知识分子认为，要救国救民必须全盘西化，引进西方的思想兼器物。陈独秀说：“吾宁忍过去国粹之消亡，而不忍现在及将来之民族，不适世界之生存而归削灭也。”[①]可以说，陈独秀是在“保种”“保文化”之双向选择的前提下提出西化的，因为皮之不存，毛将焉附。陈独秀、胡适、鲁迅等人便开展了一场轰轰烈烈的新文化运动，吹响了一百多年来中国人虔诚地学习西方科技的号角，也开始了彻底批判和反省传统文化的运动。

时至今日，西方文化和生活习惯已经弥漫中国。正像一个马来

---

① 陈独秀：《陈独秀文章选编》上册，生活·读书·新知三联书店1984年版，第75页。

人对Martin Jacques所说："我们穿着你们(西方式)的衣服，说你们的语言，看你们的电影，用你们的日历，甚至亚洲这个术语也是欧洲人的发明。无论你走到哪里，你都感觉到西方的存在……西方在东方的存在和影响是东方对西方的影响永远无法比拟的。"[①]但是，正是在西方文化和价值风靡世界之际，西方文化的弊病也暴露无遗。西方人引以为豪，也最为中国人醉心的莫过于科学和民主。科学虽然使人类的生活大为便利，但是也变成了人类践踏自然的工具。"科学文明进入了一个它不再只是去科学地认识自然、人和社会，而是去认识它自己、它的产物、影响和错误的阶段。"[②]科技带来的工业化大生产繁荣了商业，但是商业却从服务于人类的物资流通，将人类变成金钱的奴隶，将所有人商品化、世俗化和精神生活空洞化。因为商业化的生活本来就是将人性异化的生活，是将人从礼让友爱降低到动物的食物争斗。这一点《礼记·乐记》和马克思都早已警告过人类。民主虽然没有变成柏拉图所言的多数人的暴政，却变成了政客如何讨好民众和世俗的工具。一种极端的情形则是，民主被异化成膨胀的自我权利和私欲以逃避忽视责任，以民主和个人权利为借口，公然地蔑视公共道德和社会风俗。据此，潘尼卡指出，"我们必须从这个现代文明中逃出，因为它没有前途，不能无限地生长和

---

① Martin Jacques, *When China Rules the World*, (London: Allen Lane, 2009), pp.113.

② [德]乌尔里希·贝克：《风险社会》，何博闻译，译林出版社2004年版，第194页。

发展下去”[①]。

“反者，道之动。”（《老子》第四十章）曾经一度被西方人嘲笑和新文化运动者所痛批的“落后的”儒家和道家文化，竟然又成了治疗人类情感疏离和精神空虚，和谐人与人、人与自然的良药。特别是，儒家“以义制利”和道家“道法自然”的传统可以说是疗治工商化弊病的不错选项。其实，中国文化的活力和复兴不在于它对利欲的追求，而在于它合乎人性和天道自然。儒家的仁孝是基于动物的亲子之情，只要人类还是通过夫妻结合繁衍，这种基于家庭的仁孝就会继续是人类精神和亲情的家园。道家的自然则是顺应物性而为，达到万物共育而不相害的境界，正符合现代生物链的良性循环。这与现代西方以征服为目的的思维正好相反。这也是习近平总书记选择中华文化作为建设人类命运共同体的根基的理由所在。

三、重建中国文化之必要

自五四运动以来，中国的西化派将中国的落后挨打归罪于儒家和道家，试图通过甩掉这个包袱，引入西方的民主、科学和社会主义，恢复中华民族的自尊和自信。时至今日，虽然我们已经掌握了大量的科学技术，综合国力和防卫能力空前提高，但是，没有“以

① Panikkar, Raimon, *Religion, Philosophy and Culture*. in http://them. polylog. org/1/fpr-en. htm.

义制利”原则的指导，科学技术发展的同时带来了一些弊病，如资源浪费、环境污染等。综合国力的建设和传统文化的发扬不但兼容，而且相互支持。鉴于资源有限和开发的混乱，我们可以将科学与商业适当分开，在宏观调控下，用科学技术来促进公共福利和资源合理开发，而不是追求局部的商业利润。我们可以用法律和道德促进商业的流通功能，而限制商业带来的人性异化和拜金主义。在这些方面，儒家和道家都有着丰富的资源。

儒家最重要的，也最为近代人所诟病的就是“义利之辨”及其延伸命题“天理人欲之辨”。但是稍微对儒家有所了解的人就会知道，儒家的真实目的是要用道义来调整对利欲的追求，是要用天理良心来限制私欲的泛滥。儒家忌讳的是不顾道义地追求利欲，这也是他们批判和限制工商的原因。这种限制无疑延缓或阻碍了中国科技和商业的发展，但是从后工业阶段的弊病来看，它无疑也为消费主义的困境指明了一条出路。这条出路就是，通过集体（包括人类、国家、小区和家庭等）利益与个人利益的平衡，限制个人私欲的膨胀，而将人生意义定位在对人类、国家或家庭的奉献上。其实，我们遍观世界，没有一个民族的英雄和伟人不是以此为标准的。在中国文化传统中，普通人通过孝敬父母、祭祀祖先和家庭的兴旺，使小我的生命得到延续和发展。士大夫通过立德、立功、立言，把个体小生命融入社会群体的大生命，在大生命的延续中求不朽。宋代哲学家张载更将宇宙万物比作一个大家庭，将世人看作自己的同胞，将万物看作自己的伙伴，而自己的责任就是与这些同胞和伙伴建立一种和谐共荣的关系。无疑，这种和谐关系和价值取向必将打破工商业社会中因自私而带来的孤独和疏离，将个人导向一个健康的生活目标，从而避免人们精神生活的商业化和庸俗化。

道家对机心、机械的拒斥和对淳朴自然的追求当然更是中国古代科技发展的障碍。但是，这种恬淡和超脱却如一丝凉风不时地吹醒沉酣在功名利禄追求中的中国士人。它指明了“人爵”世俗之外，尚有“天爵”，尚有个人的精神逍遥和尊严。它以泽中之雉宁可忍受寻觅食物的辛劳，而不愿被人养于笼中的故事揭示了自由的可贵和“人为物役”的悲哀。可以说，正是这种清高造就了历朝历代的仁人志士，与儒家的“舍生取义”“杀身成仁”互相支持，维持了中华文化的健康和活力。道家对自然的效法和尊重也不是无所作为，而是要顺物性而为，按鸟的生活习性来养鸟，按照每一个事物的特性加以利用。牛适合穿鼻就穿鼻，马适合络首就络首。人类要尊重自然规律，顺自然而为，建设和谐社会。

因此，重建中国哲学是针砭工业化弊病的一个重要选项。它既是拯救中国，也是拯救世界的一个重要尝试。它需要地球人从狭隘的民族和国家利益中跳出，以拯救地球和全人类为宗旨，坚守“己所不欲，勿施于人”的黄金法则，及时地从商业竞争和消费文化中解惑，用人类和地球的“大义”来节制民族国家的“私利”，早日走向全球共和。

四、重建中国哲学之前提

重建中国哲学，需要扫除一些障碍。具体措施概括起来包括三方面：一是中国人要恢复对民族文化的自信；二是要有意识地对引进的欧美商业文化加以改造转化；三是西方人放弃其工业文明以来的文化霸权及其隐含利益。

首先，要重新树立中国人的文化自信心。自五四以来，随着在与西方竞争的过程中不断战败，中华民族陷入了对自己本民族文化深刻的焦虑与怀疑之中，不仅在军事、技术、经济、政治等方面开始向西方学习，而且在伦理价值、学术范式方面纷纷采用西方标准与模式，即便是那些捍卫传统文化的国粹派，也不得不借用西方的思想来为中华文化辩护。例如，梁启超的《欧游心影录》就借用西方人对工具理性的批判性反思和对中国文化中和平主义的赞许，倡导中西文化互补。①牟宗三等发表的《为中国文化敬告世界人士宣言》曾试图响应韦伯等人的观点，辩说中国文化虽无西方制度化的宗教，但仍然有"即内在即超越"的宗教精神。②从此以后，西方人的评价或思想成了研究中国文化的参照标准。康德讲"道德宗教"，我们就要论证儒家也是道德宗教；黑格尔讲辩证法，我们也要在中国思想

① 刘东、翟奎凤选编：《梁启超文存》，江苏人民出版社2012年版，第7页。

② 牟宗三、唐君毅、张君劢、徐复观：《为中国文化敬告世界人士宣言》，http://wenku.baidu.com/view/ae37391052d380eb62946d5a.html。

家的文集中找到辩证法。这种通过人家的眼光和需要来论证自己文化的价值……丧失的不仅是自己的言说方式，还意味着丧失了自己独立的思维方式和价值取向。[①]

当然，造成这种自卑心理的深层原因是鸦片战争之后的屡次失败和中国经济、政治在世界格局中的边缘化。治疗这种心理疾病的根本方法就是中国恢复繁荣富强，重新确立与英、美、俄等国家在政治、经济上的平等地位，在国际社会上拥有话语权。随着中国改革开放的成功和综合国力的提升，这种情况得到好转。1993年，崔之元首先提出中国知识分子要从盲目崇拜西方资本主义中解放出来。[②]接着，蒙培元等反对以西方思想为框架来诠释中国文化，认为中国人应当本着历史和经验规划自己的现代化概念，而不是全盘从西方引进。[③]中国人的自信心更表现在全世界各地建立孔子学院以教授汉语和中国文化。

其次，我们要有意识地对引进的欧美商业文化加以改造转化，避免它对本土文化的侵蚀或代替。过去一百多年里，我们始终怀着崇拜西方文化的心态来改造甚至代替中国文化。我们用西方的哲学来衡量中国的思想家，忽略了其礼乐文化的语境和本质，用宇宙论（物理学）、人生论（伦理学）、辩证法和知识论（方法论）来削足适

---

① 陶东风：《中国文化与学术中的西方影响——兼论中国学术的本土化问题》，《原道》第2辑，团结出版社1995年，第355—356页。

② Mark Leonard, *What Does China Think?* (London: Fourth Estate, 2008), pp. 14.

③ 蒙培元：《我的中国哲学研究之路》，http://www.confuchina.com/xuezhe%20wenji/meng%20peiyuan.htm。

履，结果不仅没有正确地理解和引进西方哲学，还造成了对自己文化传统的误解。冯友兰的《中国哲学史》虽然开创了以西学研究中学的楷模，文辞明白易懂，但是留给读者的却是支离破碎的古代思想家，因为这些西方哲学范畴根本不能凸显中国古代思想的本质和全貌。[①]同样，我们用科学来衡量一切，将科学“神化”，无论研究什么学科都要冠以“科学方法”，却忽视了科学本身也是一种思维方式，有自身的局限性、先验性和超功利性。这种“神化”的结果不但没有将科学的批判和创造精神变成中国文化的内在构成，而且阻碍自己独立地去寻求新的研究方法。

其实，中国文化与西方文化本质上是两种不同的异质文化。中国文化以礼乐为其本质，以家庭伦理为其教义，以家庭家族为其载体，追求的是社会和谐与自然和谐。从其通过礼乐教化提升人的精神来看，它是精英文化。相比较而言，（近代）欧美文化则以理性为指导，以探求与征服自然和他人为目的，追求的是社会和个人利益的最大化。其自由竞争和天赋人权虽然促进了个体间的平等，但是其整体价值取向是功利的、商业的和世俗的。霍韬晦说：“如果不是西方鼓吹理性、启蒙，我们不会产生今日的制度，但也同时不会释放出人的私欲，让它登上文明的舞台……把理性变成工具，形成一

---

① 冯友兰在其《中国哲学史·绪论》中写道：“所谓中国哲学者，即中国之某种学问或某种学问之某部分之可以西洋所谓哲学名之者也。所谓中国哲学家者，即中国某种学者，可以西洋所谓哲学家名之者也。”（冯友兰：《中国哲学史》，重庆出版社2009年版）

个自我中心主义的文化。”[①]毫无疑问，这两种文化相遇之际，即使没有坚船利炮，其商业趋利性也会受到普通民众的拥护，迅速将儒家文化击垮。目前，全球各地对欧美文化的拥护不正是因为它的高效率、高产出的生产方式和经营理念吗？这里我们需要明白，民众的爱好并不一定代表正确的发展方向。虽然《尚书·泰誓》中有言，“天视自我民视，天听自我民听”，但是民众的短视、自私和盲从并不一定就代表真理。历史上，西门豹若是听从民众的意见，就不可能杜绝为河伯娶媳妇的恶习，并引黄河水灌溉邺田。李纲正是误信了汴京民众捍卫京城的欢呼，才导致了宋徽宗的被俘。今天，如果没有政府干预和调控，任凭民众接受美国文化，后果必将是将中国文化冲洗殆尽，到头来即使想重新拾起，也会像埃及人寻找法老文化那样无从做起。

我们这样建议并不是回到文化保守主义或排斥西方文化，我们的目的是，既然看到了欧美文化的不足，我们要有选择地吸收或改造欧美文化以重建中国文化和哲学。同时，鉴于欧美文化对其他文化的吞噬威胁，我们要为人类文明的发展保留一个可供参考的选项。

第三，当然，单纯的自信或自我陶醉还是不够的。且不说国力微弱时，文化影响力微不足道；就是国力强盛时，没有挣得国际社会的话语权，影响力仍然有限。自工业革命以来，西方人借用军事、经济和科技的优势捍卫其话语权，推行其价值观。虽然全世界的人

① 霍韬晦：《推动性情教育、性情文化以解除人类社会危机》，第412页。

为求得生存，都在学习西方文化以改造或重组本土文化，可是西方人除了将其他文化当作文物放入博物馆欣赏之外，很少真正地聆听其他文化的声音。中国哲学的重建与中国国际地位的提升，特别是话语权的获得是密不可分的。这样，就构成了一个两难的境地：为重建和弘扬中国哲学，必须增强综合国力，学习西方的工商文化，而工商文化的泛滥又是对儒道二家的侵蚀。所以，我们建议从政府层面施行宏观调控，将科技、教育与商业适当分开，利用科技的力量增长物质财富和优化资源利用，利用商业搞好物资流通，但要限制私利的膨胀和影响。同时，用教育提高全民素质，以义制利而不贬低利益。

同时，美国或西方应当放弃他们自殖民时代养成的霸道的对话风格，真诚地从全人类和全球利益出发，在其他文化中探寻补救工商文明的良方，给其他文明生存和发展的机会。他们应当认识到，西方工业文明只能是人类文化发展的一个阶段或局部，并不是所有文明发展的必经之路，也必定要被人类新的文明所扬弃。他们更应当认识到西方人的话语霸权也只是一种近期才有的现象。早在文艺复兴时代，欧美人的先驱，如康德、莱布尼兹和伏尔泰等，都高度认可中国文化，并希望以之来弥补西方传统的不足。因此，欧美应当真正地接受“他者”，认可人类发展管道的多元性。否则，欧美至上主义的心态只能导致对人类整体的伤害。

五、如何重建中国哲学

要重建中国哲学，首先要跳出以西方哲学为标准的误区。鉴于中国哲学的礼乐教化本质，要将其改造以符合西方哲学的特色犹如截鹤之胫、续鸭之腿。这就是为什么牟宗三先生以“良知坎陷”开出科学与民主的想法沦为空想[①]，而林安梧教授以“夫妻轴的契约关系”代替“父子轴的血缘关系”来发展中国的公民伦理的建议只能肢解儒家哲学[②]。因此，颜炳罡要求，走出“依傍”，回归中国哲学本身就是中国哲学史研究合乎逻辑的发展。中国哲学并不依赖于任何外国哲学的存在而存在，也不假借洋人的承认与否而存在，它有无当代价值、有无世界性意义也没有必要放入西方哲学的“表格”加以检验。回归中国哲学义理本身，发现中国古圣往贤的义理智能，去应对当代世界发展的各种挑战，敲叩时代的脉动，这才是检验中国哲学有无价值的标准。[③]其实，中国哲学与西方哲学是两种异质文化体系，前者以道德或情感理性为主而注重伦理教化，后者以工具理性为主而崇尚物质追求。二者的相互借鉴应当各从自身的需要出发，

---

① 牟宗三：《现象与物自身》，吉林出版集团有限责任公司2010年版，第105—111页。

② 林安梧：《“道德与思想之意图”的背景理解：以“血缘性纵贯轴”为核心的展开（下）》，《西南民族学院学报》（哲学社会科学版）1999年第2期。

③ 颜炳罡：《从“依傍”走向主体自觉——中国哲学史研究何以回归其自身》，《文史哲》2005年第3期。

在保持自身独立的情形下，转化性地吸收对方的某些方面。在这方面，儒家与佛教的交流很有借鉴意义。

佛教初入中国，虽然受到一定的排斥，但是经过自身的调整和“格义”过程，逐渐为中国各社会阶层所接受。通过与中国固有文化的交流，佛教吸收了道家思想而发展出禅宗；而儒家吸收了佛教的本体论和修养方法形成了宋明理学。儒家与佛教都是在保持自己基本教义的前提下，完成了对对方思想的转化和吸收。据此，我们可以考虑吸收西方哲学中的工具理性和实证主义以完善儒家的格物之学，容纳西方的民主和人权思想来优化《尚书》中的“天民关系”。这就需要我们首先回归传统，去发现和挖掘自身文化的精神。在对自身文化的优缺点有一个清晰认识的前提下，通过“格义”的方式吸收西方文化的精华。在“格义”过程中，要以我们的文化需要为标准，对西方的思想和概念加以改造，以适应我们的文化构建。

其次，在认识到自身优缺点的基础上，吸收西方哲学之长，以补己之短。这一点仍然是“五四”以来向西方学习的继续。所不同的是，这个学习过程是以“参考”和对话、以中国文化之需要为出发点，而不是以向西方看齐、崇拜西方为标准。转换到这个思维之后，“五四”以来的学习经验都可以作为重建中国哲学的资源加以回收利用。例如，最为陈独秀和吴虞所憎恨的是儒家的礼教。他们批判礼教的本质是不平等，在君臣、父子、兄弟、夫妻间制造等级和压迫，倡导西方人以人格独立和经济独立为基础的平等。这些建议，除了君臣一环外，今日基本上得到实现。但是，在实现的过程中，我们似乎被商业性算计之心所主导，完全抛弃了古人所讲的父子、兄弟、夫妻间互爱互助的责任，以致于在当今社会中出现父子相讼、兄弟为仇、夫妻离异等现象。其实，即使像吴虞这样反传统的人，也还是希望传统文化可以创造性转化，比如他在批评了孝道之后说："我的意思，以为父子母子不必有尊卑的观念，却当有相互扶助的责任。"[①]针对君臣、上下级这一环，我们可以借鉴西方以法律限定公共权力，使个人的正当权利免受国家或领导的干预；在国家内部实行分权制衡的原则，防止权力造成的腐败。这种对法制精神、规则意识和个人权利的重视将建立起一个公平正义的社会环境，使儒家的道德教化发挥出更大的作用。同时，儒家的"礼"所蕴含的讲秩序、讲礼仪、避免粗野的思想则应当继承。

第三，重建中国哲学要有意识地抵制或限制商业消费文化的泛滥，要"制民之产"，培养"富贵不能淫，贫贱不能移，威武不能屈"（《孟子·滕文公下》）的君子人格。要弘扬中国哲学，就必须从行政和教育上自觉抵制消费主义对人格道德的侵蚀。孟子曾言，"无恒产者无恒心"（《孟子·滕文公上》）。政府必须保证民众有足够的生活资本，使贫富差距不是太大而不形成攀比竞争的社会风气，才能使人们安定心思，考虑人格尊严和精神提升的问题。古代社会之所以有不受"嗟来之食"之廉者，是因为其自给自足的小农经济可以使人们自得其乐，减少对他人和社会的依赖。这就是"凿井而饮，

① 吴虞：《吴虞集》，中华书局2013年版，第17页。

耕田而食，帝力于我何有哉”（《论衡·感虚》）的写照。现在，我们如果任凭商业文化肆意泛滥，其结果是将儒家道家连根拔起，彻底使后人忘记或无法理解儒家或道家的理想人格如何可能。

最后，语言是文化和思想的载体。尽管庄子倡导“言不尽意”（《庄子·天道》），但是庄子的思想还是靠言传承的。在全球化时代，英语风靡全球，传递着人们向往的技术、经济和娱乐方面的信息，是有必要适当地掌握。但是，一个民族如果放弃自己的语言，就等于放弃了自己的传统和思想，即使用别的语言来表达，也常常若隔靴搔痒，不及本质。因此，我们要注重汉语的发展，发挥其主体作用。同时，我们应当利用传媒的力量，让中国人和东亚人沐浴在儒家和道家的价值观中，并有意识地向全球推广。当然，其前提是在对其批判地继承后，使它更适合后工业时代人们的精神和生活需要。

简而言之，要拯救地球和人类，我们必须反思和调整西方工商文明主导的全球化，我们要向其他曾经被西方贬为落后、保守的文化中寻求可持续性发展的选项。其中，中国文化中的儒家和道家以其和谐家庭和社会、调整人类与自然的智慧将使人们精神充实、尊重自然。因此，我们可以从新的视角来发掘儒家和道家的普世价值，避免“五四”以来那种以西方文化为标准的否定或改造。我们要认识到西方文化和中国文化是人类认识世界的两个不同的方法或窗口，是“时为帝者也”（《庄子·徐无鬼》），不存在孰优孰劣，但可以相互借鉴和支持。从某种程度上，中国文化对君子人格或天地境界的追求与西方工业文明对物质利益的满足正好构成人类文化的雅俗两面。我们需要的是在二者中间找到平衡，不过分贬低利欲而阻碍生产力的发展和生活水平的提高，但是也不竭泽而渔，让利欲和私心膨胀到毁灭地球和人类的地步。当然，重建中国文化还需要中国人自觉的文化意识，去保护、开发和发展儒家和道家；也需要西方人放弃其文化霸权，真切地借鉴其他文化以探求拯救地球的方法。

结　论　儒道共生互补：中华文化历久弥新

可以说，从中华文化的最初孕育，它的氏族—部落—部落联盟—天下的家国一体模式就决定了其重视人与人、人与自然和谐共荣的特色。这与古希腊雅典城邦以地域和商业为划分、以法律和规则调解人与人之关系而视家庭氏族为城邦建设的障碍是完全不同的。中华文化的这种重和谐的特色使它尊重他人和自然，反对干涉或强制性地改造外物，节欲自足，因而不太重视利益的获得、经济的发展和器物的改进。相比较而言，古希腊的航海商业贸易和规则意识则奠定了西方人以理性为指导、以探求与征服自然和他人为目的的文化指向。待到近代工业革命，西方人对社会和个人利益最大化的追求，使他们的发明和技术不断翻新，最终对世界产生了重大影响。

但是，正如庄子所警告的，“民之于利甚勤，子有杀父，臣有杀君，正昼为盗，日中穴阫”（《庄子·庚桑楚》）。西方这种功利实用之文化只能导致人们为了自身利益，不择手段地侵害他人、破坏自然。结果，每一个人对每一个人都处于战争的状态。为了保证每个人的安全和和平，他们追求一种公共权力。这种“公共权力可以保护他们不受外人侵略以及彼此伤害，从而使他们活得安全。……这就是那伟大的‘利维坦’的产生……给他们以和平与保卫”①。这种公共权力其实就是西方的法律和制度，它虽然稳定了西方的社会秩序，但是却不能培养出公民高尚的道德感，特别是西方公民在政府福利稍微削减之际，就游行抗议甚至枪杀他人，报复社会。这也印证了孔子两千年前的担忧：“道之以政，齐之以刑，民免而无耻。”(《论语·为政》)当然，我们引用孔子的观察，并不是否定法治，而是说，要以法治辅助道德教化，使人们相亲相爱，促进社会和谐，避免欺诈和伤害。

其实，中国先哲早就发现了利欲和智巧对人类社会和谐与自然和谐的负面影响。当孔子发现人们为了追求利益而蔑视周礼之时，他要求人们诉诸内心之“心安”，要人们“谋道不谋食”(《论语·卫灵公》)。孟子则直接提出“养心莫善于寡欲”(《孟子·尽心下》)以培育人之仁爱之心。荀子意识到顺从人的趋利本性发展，必然会让人沦为禽兽，于是要求以礼义节制之。内在地诉诸寡欲心安，外在地节制于礼义，可以说是儒家教化民众的良方。王夫之说：“内外交相维，交相养者也。既饰其外，必求其内，所以求君子之尽其诚。欲动其内，必饬乎外，所以导天下而生其心。”②所谓“饰其

① Thomas Hobbes, *Leviathan*, (Penguin,1968), pp.105–106.

② ［明］王夫之：《船山全书》第16册，岳麓书社1996年版，第1097页。

外”，就是以礼义约束人们之行为；所谓“动其内”“生其心”就是生发其恻隐仁爱之心。基于这样的原则，儒家崇尚贤良孝悌，将华夏建设成为周边所效法的礼仪之邦。

但是，正如前文所述，当孔子及其弟子积极地克己复礼、尚贤使能之时，老子及其弟子却视人为、尚贤为潜在的祸乱根源，发现了礼乐教化工具化的弊病，高呼：“夫礼者，忠信之薄而乱之首”。庄子更直接说：“举贤则民相轧，任知则民相盗。之数物者，不足以厚民……大乱之本，必生于尧舜之间，其末存乎千世之后。千世之后，其必有人与人相食者也！”（《庄子·庚桑楚》）老子和庄子看到人为容易产生诈伪，要求尽量地顺自然而不干涉外物和他人。老庄的这种批判，不但堵住了利欲的泛滥，而且从源头上堵住了人们的机心和私欲。他们提醒历代先贤在治国理民之际，要防止社会制度和治理方法被工具化，要“为之于未有，治之于未乱”（《老子》第六十四章）。

老庄对礼制和尚贤的批评再一次被何晏、王弼、嵇康等人对名教的批评和对自然的崇尚所证实。何晏等人的批评使儒家学者不得不重视礼教或名教必须奠基于人类的自然情感，于是裴頠、郭象倡导将名教立于自然，完成了第一次儒道的融合，赋予儒家新的活力。到唐朝末期，佛教的批判激起了儒家和道家的反击，于是宋明理学再一次以融合儒释道的姿态出现，在吸取道家的宇宙观和佛教的本体论基础上，建立了自己的本体论：张载的气一元论、程朱的天理说和陆王的心本论。与此同时，佛教吸收了老庄的玄学建立了禅宗。

禅宗一方面保持了佛教的空无本体，另一方面吸收了道家的自然。例如，禅宗禾山和尚问诸人："作么生是狸奴白牯？"时有僧出来对云："饥则吃草，渴则喝水。"[①]又，有僧问从谂禅师："如何是祖师西来意？"师云："庭前柏树子。"[②]这些皆表明禅宗本于自然。而慧能的偈言"有情来下种，因地果还生"[③]也体现出自然之义。

等到王阳明开始批评程朱理学，虽然这是儒学内部的冲突，但是王阳明的心本体或良知说则更具有道家的"至人之用心若镜"的特点，也可以说是借用道家的自然观批评程朱。因此，从老庄孔孟开始，儒道二家就成了中国文化的阴阳二翼，互相扶持又互相批判，互相对立又互相融合，既保持了中国文化的基本宗旨，又使它不断更新、避免僵化，从而保持了中华文化的活力。

但是，无论道家、儒家还是禅宗，都可以归结到一点，就是人们常说的天人合一。虽然道家是"道法自然"，而儒家是"法天以相天"。所谓"法天"，就是效法天的包容、效法天的万物并育而不害，效法天的"生而不有，为而不恃，长而不宰"和"功成而身退"。这种文化特点使中国文化具有强大的包容性和开放性。这种包容性演变成以德怀来远人，使中华民族若滚雪球似的不断地同化周边民族。回顾历史，北边的游牧民族、西边的羌藏、东边的朝鲜和南边的百越基本上被汉文化所同化，这就是中华民族共同体的内在动力。这种开放

---

① ［南唐］静、筠二禅师编：《祖堂集》，中州古籍出版社2001年版，第418页。

② ［唐］文远记录：《赵州录》，中州古籍出版社2001年版，第8页。

③ 宗文点校：《禅宗经典精华》下，宗教文化出版社2015年版，第668页。

性也为中华文化吸收和改造外来文化奠定了基础。佛教经过道家“格义”过程而变成中国化宗教，特别是禅宗、华严宗和天台宗。马克思主义也经过共产党的改造与儒家思想相结合。毛泽东的群众路线就吸收了《尚书·泰誓》“天视自我民视，天听自我民听”和王夫之“征天于民，用民以天”（《尚书引义》）的思想。刘少奇的《论共产党员的修养》糅合了马克思主义的集体个人关系和程朱理学以义制利的思想。道家吸收佛教的地狱观和戒律而产生道教；儒家吸收佛教的禅定和空观而形成宋明理学。明代人对西洋历和火炮技术的采用、孙中山三民主义的提出和当代中国对西方市场经济的改造都体现出中华文化与时俱进、变化日新的特质。我们相信，随着中华民族的伟大复兴，儒道这种包容、进取、变通的价值将会促进世界和谐，成为西方自由主义之外的新的价值选项。这样，我们将能够响应习近平总书记的号召，把弘扬优秀传统文化和发展现实文化有机统一起来，夯实国家文化软实力的根基，传播当代中国价值观念，展示中华文化的独特魅力，增强国际话语权，从而充分实现中国梦。

党的十九大后，“中国特色社会主义进入了新时代，这是我国发展新的历史方位”[①]。进入新时代，不仅意味着中国迎来了中华民族伟大复兴的光荣前景，还意味着在之后的改革发展道路上，我们比以前任何时候，都更需要从中华民族的先哲那里汲取智慧，寻找答案，都

① 习近平：《决胜全面建成小康社会　夺取新时代中国特色社会主义伟大胜利——在中国共产党第十九次全国代表大会上的报告》，《人民日报》2017年10月28日。

更需要将马克思主义原理同中国社会现实、中国优秀传统文化进行紧密结合，完善指导理论，从而更好地指导中华民族伟大复兴的历史实践。特别是，中华文化强调“民惟邦本”“天人合一”“和而不同”；“天行健，君子以自强不息”“大道之行也，天下为公”；“天下兴亡，匹夫有责”，以德治国、以文化人；“君子喻于义”“君子坦荡荡”“君子义以为质”；“言必信，行必果”“人而无信，不知其可也”；“德不孤，必有邻”“仁者爱人”“与人为善”“己所不欲，勿施于人”“出入相友，守望相助”“老吾老以及人之老，幼吾幼以及人之幼”“不患寡而患不均”等。习近平总书记认为：“像这样的思想和理念，不论过去还是现在，都有其鲜明的民族特色，都有其永不褪色的时代价值。这些思想和理念，既随着时间推移和时代变迁而不断与时俱进，又有其自身的连续性和稳定性。我们生而为中国人，最根本的是我们有中国人的独特精神世界，有百姓日用而不觉的价值观。我们提倡的社会主义核心价值观，就充分体现了对中华优秀传统文化的传承和升华。”① 因此，习近平总书记站在21世纪的时代高度，从实现中华民族伟大复兴出发，高屋建瓴，气贯长虹，深刻总结中华优秀传统文化对中华民族发展的内在关系与生命力、影响力、凝聚力和创造力，对中华优秀传统文化做出新的判断、新的概括和新的定义，赋予崭新的时代内涵：“中华文明绵延数千年，有其独特的价值体系。中华优秀传统文

① 习近平：《青年要自觉践行社会主义核心价值观——在北京大学师生座谈会上的讲话》，新华网2014年5月4日。

化已经成为中华民族的基因，植根在中国人内心，潜移默化影响着中国人的思想方式和行为方式。”[①]

儒道释三家的融合也为我们发扬和继承世界各民族的优秀文化提供了良好的借鉴和启示。习近平总书记说：“当今世界，各国人民形成了‘你中有我、我中有你的命运共同体’，‘应该从不同文明中寻求智慧、汲取营养，为人们提供精神支撑和心灵慰藉，携手解决人类共同面临的各种挑战’。”[②]“中华文明是在中国大地上产生的文明，也是同其他文明不断交流互鉴而形成的文明。”[③]谈到中华文明与其他文明之间的交流互鉴，习近平主席特别以佛教传入中国后对中华文明的发展所产生的影响作为例证：“佛教产生于古代印度，但传入中国后，经过长期演化，佛教同中国儒家文化和道家文化融合发展，最终形成了具有中国特色的佛教文化，给中国人的宗教信仰、哲学观念、文学艺术、礼仪习俗等留下了深刻影响。”[④]不仅如此，“中国人根据中华文化发展了佛教思想，形成了独特的佛教理论，而且使佛教从中国传播到了日本、韩国、东南亚等地”[⑤]。

---

① 薛庆超：《习近平与中华优秀传统文化》。

② 习近平：《佛教文化在文明交流互鉴中的价值》，《人民政协报》2015年3月26日。

③ 习近平：《佛教文化在文明交流互鉴中的价值》，《人民政协报》2015年3月26日。

④ 习近平：《佛教文化在文明交流互鉴中的价值》，《人民政协报》2015年3月26日。

⑤ 习近平：《佛教文化在文明交流互鉴中的价值》，《人民政协报》2015年3月26日。

后　记

“文化三源”系列丛书，由中共山东省委宣传部组织编写。山东省委高度重视，省委常委、秘书长王清宪亲自主持总体策划，明确研究方向，提出写作思路，组织论证研讨。省委常委、宣传部部长关志鸥对丛书编写工作进行重点安排部署，多次主持调度，有力保障课题研究顺利推进和丛书最终完成。

本书主要由山东大学谭明冉教授具体组织撰写。在编写过程中，得到了山东大学王学典、邢占军和翟奎凤教授，台湾吴进安和林登顺教授等专家学者的大力支持，山东大学的王佩愉、刘娇娇和魏俊潇同学帮助收集资料和润色修改。在此表示衷心的感谢！

由于时间和水平有限，本书许多观点尚需要进一步的完善，于此请教于大方之家，以求日后有所增益修改。

本书编写组

2018年11月